흉내 육아
vs
진짜 육아

흉내 육아 vs 진짜 육아

발행일	2017년 6월 5일

지은이	유 미 진		
펴낸이	손 형 국		
펴낸곳	(주)북랩		
편집인	선일영	편집	이종무, 유재숙, 권혁신, 송재병, 최예은
디자인	이현수, 김민하, 이정아, 한수희	제작	박기성, 황동현, 구성우
마케팅	김회란, 박진관		
출판등록	2004. 12. 1(제2012-000051호)		
주소	서울시 금천구 가산디지털 1로 168, 우림라이온스밸리 B동 B113, 114호		
홈페이지	www.book.co.kr		
전화번호	(02)2026-5777	팩스	(02)2026-5747

ISBN	979-11-5987-593-9 03370 (종이책) 979-11-5987-594-5 05370 (전자책)

이 도서의 국립중앙도서관 출판예정도서목록(CIP)은 서지정보유통지원시스템 홈페이지(http://seoji.nl.go.kr)와 국가자료공동목록시스템(http://www.nl.go.kr/kolisnet)에서 이용하실 수 있습니다.
(CIP제어번호 : CIP2017013133)

흉내 육아

다른 집 아이와 비교하지 않고 소신대로

VS

아이를 키우는 자기주도적 육아 이야기

진짜 육아

유미진 | 지음

북랩 book Lab

나는 육아를 글로 배웠다. 옛날처럼 마을 공동체 안에서 같이 사는 동네 아이들이나 친인척의 아이들이 커나가는 모습을 보며 자란 세대가 아니었기 때문에, 주변에 아이를 키우는 선배 엄마들이 거의 없었다. 결혼을 늦게 하는 추세에 따라 친구들 사이에서도 아이엄마 첫 세대쯤 되다 보니, 참고할 만한 롤 모델이 거의 없었다. 신식(?) 트렌드에 맞춰 키우려다 보니, 엄마나 시어머니의 육아 방식은 고리타분하게 느껴졌다. 나의 육아 선생님은 육아서와 각종 인터넷 커뮤니티였다. 많은 육아서를 탐독하며 다양한 육아 이론을 익혔다. 육아에 대한 고민이 생기면 인터넷 카페에 물어 얼굴도 모르는 육아 동지들로부터 답을 얻고자 했다.

아이를 키우면 키울수록 더욱 모르겠다고 느꼈다. 아이의 월령에 따라 육아에 대한 고민들도 시시각각 변모했다. 매번 새로운 형태와 내용으로 다가오는 고민의 실체는 내가 과연 잘하고 있는가에 대한 불안감이었을 것이다. 연습 한번 해본 적 없이 실전을 감당해내야 했던 초보 엄마인 나에게 육아가 주는 중압감은 크게만 느껴졌다. 책을 읽어도 현실에 적용 못 하는 내가 점점 한심하게 느껴졌다. 다른 엄마들은 잘만 하고 있는 것 같은데, 나만 이렇게 우왕좌왕하고 있나 싶었다. 욱하는 성격적 결함마저 합쳐져 나는 스스로를 나쁜 엄마라고 여기게 되었다.

육아서가 말하는 원칙과 지침대로, 각종 육아 이론에 의한 방법을 잘만 따르면 우리 아이도 훌륭해질 것만 같은데, 현실에서 실천이 안 되니 얼마나 답답하던지. 애초에 나는 황새를 좇아가기 힘든 뱁새의 기럭지를 갖고 있는지도 모른다는 생각을 했다.

너무 완벽한 엄마 역할을 지향했던 것 같다. 착한 아이로 살아온 껍질을 엄마가 되어서도 벗어버리지 못했나보다. 좋은 엄마 콤플렉스에 스스로를 옭아매고 죄책감에 시달려왔다. 엄마로서의 자존감도 바닥을 치자, 누가 나 대신 우리 아이들 좀 키워주면 좋겠다는 생각까지 했다. 더는 이렇게 살면 안 되겠다는 생각을 하기 시작했다. 죽이 되든 밥이 되든 '마이 웨이'로 가보자고 결심했다. 내가 가고 있는 길에 자신감을 갖기로 했다. 아이를 사랑한다는 진심이면 이미 충분하다고 주문을 외우기 시작했다. 이기적이더라도 내가 편한 육아를 하기로 했다.

이제는 엄마로만 한정되어 왔던 정체성에서 벗어나 '나'의 정체성을 찾으려고 노력 중이다. 내가 행복해지기 위한 방법을 연구한다. 홀로 있는 시간을 확보하고, 그 시간에 성장을 위한 노력을 기울이고 있다.

이 땅의 많은 엄마들이 나와 크게 다르지 않을 거라 생각한다. 7080 베이비붐 세대에 태어나, 일어서기 시작한 경제적 부흥을 어린 시절부터 누려왔다. 이전 세대의 노력으로 배고픔 모르는 어린 시절을 보내고, 고등교육까지 다 받은 우리 세대가 아닌가. 그런 우리가 갑자기 떠안은 육아라는 숙제는 생애 처음의 고난에 가까웠으리라. 학교에서 배운 적도 없는 육아를 감당하기 위해 넘어야 할 산은 높기만 했을 것이다. 넘쳐나는 정보 속에서 나의 선택이 무겁게 느껴지고, 우리 아이가 잘 크고 있는지 불안하다.

옛날, 중국의 안지추가 쓴 『안 씨 가훈』 서문에 이런 이야기가 있다.

그런데 위진 시대 이후에 씌어진 작품들에 이르면, 이치로 보나 내용으로 보나 겹치기투성이고, 앞사람을 이어서 흉내 낸 것만이 눈에 띈다. 그야말로 문자 그대로 '지붕 아래 지붕을 이고, 마루 위에 마루를 꾸미는' 경우에 견줄 수 있을 뿐이다. 내가 지금 그것을 충분히 알면서도 또 다시 여기에 이 책 한 권을 더하고자 하는 이유는 결코 세상을 향해서 '이것만은 꼭 모범으로 삼아야 할 책'이라고 강요하려는 것이 아니다. 그 주요한 이유는 우리 가족의 가풍을 가지런히 정돈하고, 내 손으로 내 자손들을 이끌어서 깨우쳐주고 싶을 뿐이다.

— 『안 씨 가훈』(홍익출판사)

지붕 아래 지붕을 이고 마루 위에 마루를 더하고자 할지라도, 나는 나의 이야기를 전하고 싶었다.

이 책은 효과적인 양육 방법이나 정보를 알려주는 친절한 안내서가 아니다. 내가 겪어온, 그리고 겪고 있는 시행착오를 적나라하게 보여주는 '고군분투기'에 가깝다고 볼 수 있다. 나와 똑같이 아이를 키우는 평범한 엄마들에게 공감과 위로를 전하고 싶었다. 나의 부족한 육아 이야기를 통해 '엄마가 다 완벽할 수는 없어. 너는 잘하고 있어'라는 응원을 해주고 싶었다.

한 인간으로서 완벽하지 않은 내가 육아라는 난관을 어떻게 헤쳐 나가는 중인지, 이를 어떤 방법으로 극복하며 성장해 나가는지를 솔직하게 썼다.

그래서 이 책의 장르는 약간 모호하다. 힘든 순간을 토로하는 에세이이기도 하고, 이런 방법이 좋지 않을까 제안하는 육아서이기도 하며, 성장 이야기를 담은 자기계발서이기도 하다. 엄마로서, 아내로서, 나로서의 삶을 한 카테고리 안에 꼭 맞게 담을 수는 없기 때문이다.

이 책을 선택한 엄마들도 자신들만의 이야기가 있을 것이다. 이리저리 흔들릴 수밖에 없는 세풍(世風) 속에서 나만의 길을 가기란 쉽지 않다. 그렇더라도 용기를 잃지 않고 꿋꿋하게 가기 바란다. 내가 행복하기 위한 방법을 끊임없이 찾았으면 좋겠다. 내가 성장하고 행복해지면, 아이들은 그런 나의 뒷모습을 보며 성장할 것이다.

나는 흔히 마주치는 옆집 엄마다. 좋은 엄마가 되고 싶었던 옆집 엄마의 좌충우돌 스토리를 통해, 나만 이렇게 힘든 게 아니었구나 하고 공감하며, 눈앞의 답답한 현실을 살아낼 수 있는 용기를 가지기 바란다. 평범한 나의 이야기가 끝도 없을 것 같은 육아의 터널을 지나고 있는 이 세상의 모든 평범한 엄마들에게 건네는 위로가 되었으면 한다.

2017년 6월
유미진

CHAPTER 01

육아?
어떻게 해야
하는 거야?

특별한 육아가
너무 많다

　나는 요즘 책을 많이 읽으려고 노력한다. 예전에도 지금만큼은 아니더라도 책을 가까이하고 산 편이었다. 아이를 갖게 되면서 몇 년 하던 직장생활을 그만두게 되었다. 아이를 열 달 품고 있는 동안 일을 하지 않았기 때문에 책 읽을 시간이 많았다. 그 시절 주로 읽은 책은 이제 태어날 아이를 어떻게 키워야 하는가에 대한 육아서들이었다.

　생애 한번도 해본 적 없는 경험, 임신과 출산에 관해서 책으로 익혔다. 임신 몇 주차에는 아기의 내장이 생겨나고, 몇 주차에는 피부가 형성되기 시작한다는 등의 내용을 공부해나갔다. 육아법에 대한 책도 여러 권 접했다. 하루 몇 분씩 책을 읽어주면 아이가 바르게 성장하는 데 도움이 되고, 아이의 감정을 읽어주면 정서 발달에 도움이 된다고 했다. 이렇게 키우면 훌륭한 어른으로 성장할 수 있겠지. 아인슈타인이나 빌게이츠 같은 세기의 거장들까지는 아니더라도, 훌륭한 인품과 능력을 겸비한, 우리나라에서 제법 성공하는 사람 정도는 될 것 같다고 믿게 되었다.

　책에는 아이를 훌륭하게 키우는 온갖 진리와 방법들이 나와 있었기 때문에, 그대로 따라 하기만 하면 문제될 건 없다고 생각했다. 그렇게 나는 나를 닮은 아이가 '바람직하게' 성장해가는 모습을 그리며 꿈에 부풀었다. 매스컴이나 주변에서 접하는 문제아들을 보면 '왜 저렇게 키울까?'하며 이해할 수 없었다. 부모가 제대로 못 키워서 그렇다고 한심하게 여기곤 했다. 지금 생각하면 오만의 끝을 달렸던 것 같다.

나를 꼭 닮은 아이가 태어났다. 지금껏 익힌 기술(?)들을 펼쳐보리라며, 열심히 적용해보려 노력하는 나날들이 시작되었다.

아이가 태어나기 전에 읽은 내용들은 막상 실체가 없어 막연하긴 했어도, 그동안 머리로 갈고 닦은 이론들을 적용해볼 '대상'이 생겨서 설레었다. 먼저 수면 교육. 따라 하기만 하면 백일 된 아가가 8시간 통잠을 잘 수 있단다. 밤에 자다가 아이가 깼을 때 배고픈 시간이 아니면 토닥토닥하며 다시 잠들게 도와주어야 한다. 그렇게 해보니 아이가 '네, 알겠어요' 하고 딱 잠이 들면 좋으련만, 계속 운다. 우리 집은 빌라라 아래윗집이 신경 쓰여 밤에 아이를 하염없이 울릴 수도 없다. 자고 있는 남편이나 친정엄마 깨실까 봐 할 수 없이 안아주거나 수유를 해야만 했다. 적용 실패.

책에서 이야기하는 하루 리듬을 지키기 위해서, 수유 시간이 안 되었는데 울고 보채면 최대한 시간을 끌어야 했다. 그러려면 어쩔 수 없이 아기를 울려야 한다. 같이 계시던 엄마는 그렇게 애를 계속 울리면 안 된다 하시고, 남편도 애 어떻게 되는 거 아니냐고 반대한다. 배는 하난데 사공이 너무 많다. 역시 적용 실패.

갓난아이에게 적용할 수 있는 이론이 실패하자, 나는 다른 이론을 찾아 나섰다. 요즘은 소위 '책 육아'라고 해서 엄마들이 아이에게 책을 많이들 읽힌다. 말도 아직 못 하는 어린 아기에게 책을 읽어주면, 아이의 두뇌가 자극되어 아이가 똑똑해진다고 했다. 아기 뇌의 70%가 3세 이전에 형성되므로, 이 시기에 최대한 많은 자극을 주어야 한단다. 이 시기를 놓치면 안 될 것 같았다.

산후조리원에 있을 때부터 각종 전집 브랜드 영업사원들이 찾아와서 들려주는 이야기는 엄마들의 '아이를 잘 키우고 싶은 욕구'를 자극했다. 그 전집을 안 사면 안 될 것 같았다. 결국 브랜드 전집 두 질을 집에 들여놓고, 아이가 50일 좀 지나면서부터 그림책을 보여주고 읽어주었다. 전집 영업사원의 유혹은 거부하기 힘들었다. 하지만 우리 집 통장 잔고를 감안해야 했으므로 유혹에서 겨우 벗어날 수 있었다. 그때 거절하지 않았다면 아마 지금쯤 우리 집은 브랜드 전집으로 가득 찼을지도 모른다. 마이너스 잔고와 함께.

그 당시 접한 육아법은 한 달에 한 질의 전집을 집에 들이고 아이에게 읽어줘야 한다는 것이었다. 단, 굳이 비싼 브랜드 전집이 아니어도 된다고 했다. 책은 어떤 책이든 고유한 가치가 있으므로 중저가 브랜드도 상관없고, 꾸준히 들여서 읽어주기만 하면 된단다. 옳거니, 그때부터 중고 전집을 들이기 시작했다. 가장 크고 활성화되어 있는 인터넷 카페 '중고나라'에서 살다시피 했다. 아이가 잠들면 어떤 책이 좋은지, 어떤 책을 살 건지 고르고 검색하는 게 나의 주된 일과였다. 사들이기도 열심히 사들였지만, 읽어주기도 열심히 읽어주었다.

나는 뒷심이 약하다. 뭐든 시작하면 초반에는 꾸준히 하는 듯하지만, 끝까지 하기 참 힘들어한다. 아이가 커가면서 저 좋아하는 책만 꺼내 수십 번 수백 번 반복해 보는 경우가 늘었다. 새로운 책을 읽어주고 싶어도 완강히 거부할 때가 있어, 내 취향대로 고른 전집들 중에 빛을 못 본 책들이 늘어만 갔다. 갖은 수를 써서 안 읽은 책들을 보여주려는 노력은 그다지 하지 않았다. 그 정도의 에너지도 끈기도 나는 별로 없었다.

그러던 차에 질 좋은 단행본이 질 떨어지는 전집보다 낫다는 새로운 이론(?)을 접했다. 그때부터 내가 무얼 했을지는 말 안 해도 예상할 수 있을 것이다. 잘 보는 몇 가지만 빼고 전집을 처분하기 시작했다. 최저가의 상태 좋은 중고 전집을 찾느라 밤을 지새우는 과거의 나 같은 엄마들에게 그 책들을 팔아버렸다. 그러고는 좋다는 단행본들을 사들이기 시작했다. 지금은 그 단행본들이 전집처럼 책장에 빽빽이 꽂혀 있다.

아이에게 무조건 많이 읽히는 게 좋은지, 한 권을 깊이 있게 읽히는 게 좋은지 모르겠어서 알아보기도 했다. 어떤 책을 읽어줄 것인가 하는 고민은 지금도 계속된다. 아이가 어릴 때는 창작을 많이 읽히는 게 감수성과 창의성 발달에 좋다고 하고, 네댓 살쯤 되면 과학 동화도 읽혀야 하고, 좀 더 크면 철학 동화니 사회 동화 같은 것도 읽혀야 한단다. 초등학생쯤 되면 위인전도 읽혀야 하는데, 근래에는 인문학이나 고전 열풍이 한창이다. 아이에게 고전까지 접하게 해주어야 한단다.

책 육아의 방법론만 해도 이렇게 복잡다양하다. 지금 인터넷 검색창에 '육아법'이라고 검색해보라. 무슨 무슨 육아법이라고 해서 수십 수만 정보를 접할 수 있을 것이다. 북유럽 식 육아, 프랑스 식 육아, 아빠가 하는 육아, 공감하는 육아, 배려하는 육아, 전통 육아, 체질 육아, 여행 육아, 영재 육아, 남자아이 육아, 외동아이 육아, 형제 육아 등등, 일일이 다 나열할 수 없을 정도로 육아법들이 차고 넘친다. 이 많은 육아법 아래 깔려 질식할 지경이다.

그래서 나는 '방황 육아' 중이다. 이거 읽으면 이게 맞는 것 같고, 저거 읽으면 저게 맞는 거 같다. 물론 다 좋은 방법들이고 맞는 말이지만, 다 실천하기에 참으로 버겁다. 정보의 홍수 시대라 육아법에 관한 정보 역시 범람한다. 특히나 귀가 얇은 나는 이처럼 다양한 육아법에 우왕좌왕 갈피를 못 잡고 있다. 아직 큰아이가 일곱 살인데, 이제까지 내가 아이 키운 방법을 도화지에 선으로 그려본다면, 지그재그로 표현될 것이다. 뷔페에 가서 식사해본 경험이 다들 있을 것이다. 가짓수가 그렇게나 많은데, 막상 내가 먹는 종류는 몇 가지 안 된다. 아무리 맛있는 음식의 종류가 많다 한들, 내가 먹을 수 있는 음식의 양은 한정되어 있다. 취향이라는 게 있기 때문이다. 그래서 요즘은 결혼식 피로연의 음식을 갈비탕으로 한정하는 경우도 많이 있다. 나는 개인적으로 종류가 무척 많아서 골라야 하는 머리 아픈 상황보다는, 종류는 몇 가지 안 되어도 딱 보기 좋게 세팅되어 있는 식탁을 선호한다.

　육아법도 마찬가지이다. 누가 좀 '이게 정답이야, 이렇게 해'라고 말 좀 해주면 좋겠다. 요즘같이 정보의 취사선택 능력이 결정적인 세상에서 육아법 역시 취사선택해야 하는 게 되어버렸는지도 모르겠다. 문제는 육아의 경우 시행착오의 여파가 크다는 것이다. 잘못된 정보는 올바르게 고치면 되지만, 자칫 잘못된 육아의 길로 접어들면 돌이키는 데 힘이 더 많이 든다. 그 대상이 우리 아이들이기 때문이다. 아이들이 마루타도 아니고, 어느 것이 효율적인지 이것저것 실험해볼 수는 없는 노릇이다.

　옛날에는 대가족 제도 하에 한 마을에 모여 살면서, 아이를 키울 때 집안 어르신이나 동네 어르신들로부터 직접 조언을 얻을 수 있었다. 동네에 아이들이 많아, 그들이 커가는 과정을 볼 기회도 많았다. 육아라는 것을 해보진 않았어도 삶 속에서 살아 있는 경험으로 미리 접할 수 있었을 것이다. 우리 엄마만 하더라도 형제가 6명이었고, 시집가기 전 친정에 살 때 큰외삼촌의 아이들, 즉 조카들과 함께 지냈다. 엄마는 종종 그 아이들, 지금의 내 외사촌 언니오빠들이 자랄 적 이야기를 들려주곤 했다.

지금은 어떤가? 특히 아이가 어릴수록, 혹은 기관에 안 다닐수록 다른 집 아이들을 만날 기회가 적다. 아파트의 경우에는 그나마 나을 것 같다. 엘리베이터 타고 오고가면서 아래윗집에 아이가 있는지 정도는 알 수 있으니까. 하지만 우리 동네는 아파트 단지가 아니라 주로 빌라가 많은 곳이다. 큰아이 낳으면서 지금 사는 동네로 이사 왔는데, 처음에 이 동네엔 아이들이 거의 없는 줄 알았다. 아이 프로그램에 참여하러 일부러 문화센터 같은 데 가지 않는 이상 아이의 친구를 만들어주기조차 힘들었다.

다행히 지금 내게는 누구보다 친하게 지내는 동네언니가 한 명 있다. 그 언니도 사실은 인터넷 카페를 통해 알게 되었다. 우리 아이와 그 언니의 아이는 가장 친한 동네 친구이다. 아무튼 아이의 친구도 일부러 만들어주어야 하는 세상이다. 이렇게 단절된 세상에서 남의 아이 커가는 모습을 볼 기회는 더더욱 적다. 옛날처럼 삶 속에서 육아를 접해보지 않은 요즘 엄마들에게 내 아이 키우기는 그야말로 '하늘에서 뚝 떨어진 육아'일 수밖에 없다.

요즘 엄마들은 외롭기까지 하다. 특히 직장에 다니지 않는 어린 아기의 엄마는 더하다. 하루 종일 말 못 하는 아이와 까꿍놀이 하는 것도 솔직히 힘들다. 하루에 남편이나 슈퍼마켓 직원 말고, 어른 사람이랑 대화할 기회가 정말로 거의 없다. 나만 고립된 세상에 살고 있는 것 같다. 요즘도 엄마들이 주로 회원인 인터넷 카페에 들어가보면, 동네친구 찾는 글들이 심심찮게 보인다. 그들을 볼 때마다 과거의 나를 보는 것 같다. 나도 그랬으니까.

지금이야 아이들이 어린이집에 다니게 되면서 어린이집 엄마들 커뮤니티가 생겨 가끔 '커피 한 잔'을 할 수 있게 되었지만, 아이가 어리던 시절엔 나도 사무치게 외로웠다. 그때 의지할 만한 친구라곤 육아서와 인터넷 카페가 전부였다. 육아 고민이 있으면 책을 읽었다. 그런데 방법이 많아도 너무 많다. 책에 적힌 대로 해도 안 먹힐 때도 많다. 그럴 땐 인터넷 카페에다 고민을 올렸다. '몇 개월 아이인데 이유식을 너무 안 먹어요'라든가, '아이가 몇 개월인데 밤에 너무 자주 깨요' 따위의 질문을 하고, 거기에 달린 댓글에 의존했다.

남편은 "육아를 글로 배웠어요"라며 책이나 인터넷 글에 매달리는 나를 비웃기도 했다. 하지만 어쩌겠는가, 물어볼 사람이 없는데. 큰아이가 이유식을 너무 안 먹는 시기가 있었다. 그때 친정엄마는 너도 그랬다며, "너 닮아서 어쩌냐?"하고 걱정만 하시고, 시어머니는 두 아들 다 없어서 못 먹던 아이들이라 이런 고민을 이해하지 못하셨다.

알고 싶어서, 배우고 싶어서 육아서를 읽었다. 그런데 읽다 보면 특별한 육아법이 너무 많아 어떤 걸 골라야 할지 모르겠다. 너무 많이 알아도 문제다. 단순무식이 최고라는 말이 왜 있는지 알겠다. 대학 나온 똑똑한 요즘 엄마들, 육아하기 너무 어렵다.

내 아이에게
맞는 육아란?

　우리 집에 오는 지인들은 깜짝 놀라곤 한다. 집에 무슨 책이 이렇게 많냐고. 집이 도서관 같다고. 나는 책을 좋아해서 예전부터 나만의 서재를 갖고 싶은 로망이 있었다. 아니나 다를까. 결혼 후 신혼집을 꾸밀 때 가장 신경 쓴 곳도 서재였다. 드레스 룸은 없어도 서재는 꼭 있어야 한다는 주의였다. 한 벽면 전체를 책장으로 꾸미고 책으로 채워넣었다.

　아이가 생기며 새로 이사 온 집은 서재가 조금 더 넓어져서, 책장을 더 사서 역시 한 벽면을 책장으로 꾸몄다. 아이가 태어날 때 즈음 마침 '거실의 서재화'가 유행했다. 나도 거실에 있던 텔레비전을 방으로 옮기고, 거실을 아이 책장으로 도배하기 시작했다. 전집을 사 모으던 시기에는 책장에 책들이 가지런히 꽂힌 것이 보기에도 훌륭했다. 열심히 읽어주기도 했지만, 가지런히 정돈된 많은 책들을 보며 희열을 느꼈던 것 같다. 전집들을 '감상'하면서, 이 책들을 다 읽어주면 아이가 훌륭하게 자라겠지, 공부도 잘하겠지…, 따위의 헛된 기대만 했다.

　그러다 단행본으로 관심이 옮겨가면서, 책장에 꽂혀 있던 책들의 크기가 다채로워지기 시작했다. 알다시피 단행본은 같은 키의 책이 별로 없다. 크기와 두께가 다 제각각이라, 모아서 꽂아두면 들쑥날쑥 난리가 난다. 키대로 정렬해두지 않는 이상 정돈된 책장은 더 이상 기대하기 힘들다. 나는 가지런히 정리 잘하는 성격도 아니어서 이제 책장은 딱 보기에 다소 산만해졌다. 책이 책장에만 꽂혀 있는 것도 아니다. 아이들이 본 책을 다시 그대로 꽂아두지 않고 바닥에 아무렇게 두다 보니, 거실 바닥 또한 어지럽기 일쑤였다.

사정이 이러하니 남편의 불만이 나오기 시작했다. 남편 역시 정리 벽 있는 깔끔한 성격은 아니지만, 들쑥날쑥 통일성 없는 책들로 가득한 거실이 지저분하다고 느껴졌나 보다. 이 많은 책들을 애들이 다 보냐며, 안 보는 책들은 처분하라고 난리다. 이렇게 정리가 안 되면 애들 성격도 산만해진다며, 틈만 나면 잔소리를 해댔다. 나는 나대로 변명거리가 있다. 안 보는 책이 어딨냐고, 있는 책은 언젠가는 보게 되어 있다고, 책이 바닥에 막 펼쳐져 있어야 아이들이 책을 한 권이라도 더 집어 든다고 말이다. 아무튼 거실의 책들은, 아니, 나의 책 읽어주는 육아는 여전히 남편과의 사소한 말싸움 원인이 되고 있는 중이다.

아이에게는 수다스러운 엄마가 좋다는 얘기가 있다. 그만큼 아이와 대화를 많이 시도하라는 뜻일 것이다. 언어 능력도 침묵하는 엄마 쪽보다 말을 많이 하는 엄마 쪽 아이가 더 발달할 것임을 쉽게 추측할 수 있다. 아쉽게도 나는 말수가 많은 편이 아니다. 아직 걷지 못해 누워 있는 아이에게 "OO야, 까꿍", "기저귀 갈자", "배고파? 맘마 먹자" 따위의 말 말고, 무슨 말을 어떻게 더 건네야 할지 몰랐다. 도대체 얘랑 어떻게 수다를 떨라는 건지.

이럴 때 내게 큰 도움을 준 게 바로 그림책 읽어주기였다. 적혀 있는 대로 읽어주기만 하면 되니까 어려울 것도 없었다. 신기하게도, 백일도 안 된 아기는 책을 보여주면 가만 응시하기도 했고, 심지어 내가 들려주는 이야기를 집중해서 듣고 있다는 착각마저 들게 했다. 같이 나란히 누워 책을 읽어주다가 책을 놓치는 바람에, 아이의 얼굴에 책을 떨어뜨려 울게 한 기억도 있다. 아무튼 책은 아이와 나를 연결시켜주는 매개요, 책 읽어주기는 할 수 있는 가장 쉬운 방법이었다.

아이가 어려서는 집에 있는 시간이 많으니까 함께 책 읽는 시간이 많았다. 하지만 기관에 다니기 시작하면서 책 읽는 시간이 확 줄었다. 혹자는 아이가 책 읽는 시간이 부족하면 책으로 하는 육아의 본질에 위배되므로, 기관에 보내는 걸 제고하라고 하기도 한다. 하지만 나는 그렇게까지는 하지 않고, 그냥 흘러가는 대로 두었다. 주말에 아이가 집에 있는 날이면 자연스레 책을 들춰보는 시간이 늘었다. 평일에는 책 보는 시간이 좀 줄어도 별로 개의치 않았다.

아이가 매일 읽은 책의 목록과 읽은 책의 누적 권수를 기록해서 1만 권 읽기에 도전하는 미션을 수행하는 엄마들도 있다. 하지만 나는 우리 아이들이 책에 빠져 날마다 책만 읽기 바라지는 않는다. 내가 책 읽어주는 시간은 주로 잠자리에서이다. 잠자리에서 짧으면 일이십 분, 길게는 삼사십 분까지도 읽어준다. 우리 아이들에게는 이것이 잠자리 의식이라서, 자러 들어가기 전엔 항상 읽을 책을 골라 갖고 들어간다.

집에 책이 많으면 책과 함께 호흡하고, 책과 함께 놀 수 있다. 아이들에겐 책이 놀잇감이고, 나에게는 공기와도 같은 셈이다. 물론 펴보지 않은 책은 역할을 하지 못한 죽은 상태나 다름없다고 말할지 모른다. 하지만 꼭 그렇지만은 않다. 하루에 이 많은 책들을 모두 다 꺼내 읽을 수는 없다. 하지만 읽은 책은 읽은 책대로, 안 읽은 책은 안 읽은 책대로 제 역할을 다하고 있다. 갖가지 제목과 색깔의 이야기들이 책장에 꽂혀 있다. 하루에 한 권을 꺼내서 표지만 본다 할지라도, 그 자체로 의미가 있다. 그림책을 예로 들면, 표지에는 책 한 권을 응축하는 그림과 함께 제목이 실려 있어, 이 책엔 어떤 이야기가 담겨 있을까 하는 궁금증을 자아내기 마련이다. 궁금증이 책을 봐야겠다는 의지로 이어지면 책장을 펼치게 될 것이고, 그렇지 않다면 다음 기회가 언제나 남아 있다. 책이 사방에 없다면 있을 수 없는 일이다.

나는 한 권의 책을 책꽂이에서 뽑아 읽었다. 그리고 그 책을 꽂아놓았다. 나는 이미 조금 전의 내가 아니다.

세계의 대문호 앙드레 지드가 남긴 말이다. 뺐다가 표지만 보고 다시 꽂는 한이 있더라도, 책이란 일단 있고 봐야 한다. 그것이 독서라는 사건이 일어날 수 있는 첫 번째 필수조건이다.

아이들에게 책을 읽어주는 각자의 이유가 있겠지만, 나는 아이들이 책을 삶의 쉼표로 생각했으면 좋겠다. 한참 다른 놀잇감들을 갖고 놀다 문득 무료해지거나 다른 무언가를 하고 싶을 때, 어슬렁거리다 보고 싶은 책을 발견하고 그 자리에 풀썩 주저앉아 잠시 읽다가 던져놓고 다시 다른 놀이를 하러 가는 것, 이걸로 충분하다. 책읽기가 미션이 되는 순간 책은 더 이상 '놀 거리', '즐길 거리'가 되지 않는다. 아이들이 자라 나중에 삶에서 그들만의 쉬는 방법 가운데 책이 함께할 수 있다면 더할 나위 없이 좋을 것 같다. 독서는 분명 훌륭한 양육 도구 중의 하나이다. 하지만 아이 책 읽히기에 너무 몰입하다 보면 주객이 전도되어, 마치 독서가 양육의 목적이 되는 것 같은 일이 발생할 수 있다.

내가 어렸을 때는 지금처럼 그림책이 넘쳐나질 않았다. 30여 년 전 그 당시에도 전집은 있었다. 우리 엄마가 유일하게 사준 전집이 전 학년 통틀어 『한국 위인전기』, 『한국 전래동화』, 『학습백과사전』, 그리고 좀 더 나중에 사준 『청소년 문학전집』과 『파브르 곤충기』였다. 저학년 무렵 한국 위인전이랑 전래동화는 책장이 너덜너덜해지도록 읽고 또 읽은 기억이 난다. 내가 스스로 읽었지, 엄마는 한번도 강요한 적도 읽어준 적도 없다. 아이에게 책을 많이 '읽어주는' 요즘과는 참 다른 풍경이다. 하지만 그것도 분명 소극적인 형태의 책과 관련된 육아였다고 볼 수 있다. 읽어준다는 것과 스스로 읽게 한다는 방법이랑 책의 양과 종류만 달랐지, 책 읽는 환경이 제공되었음에는 틀림없다. 당시 엄마는 무슨 육아법을 미리 알고 한 것도 아니었을 테고, 어떤 책을 골라야 할지 밤늦게까지 고민하지도 않았을 것이다. '대충 이쯤 되면 이런 게 좋겠지'라고 당신이 생각한 대로, 혹은 동네 아줌마한테 흘려들은 정보대로 책을 샀을 것이고, 다양한 선택지 속에서 답을 찾아야 하는 애로사항 따위는 상대적으로 적었을 것이다. 어쨌거나 결과는 비슷하다. 그 엄마의 딸은 책을 즐기는 엄마가 되었으니까. 아무튼 책과 함께하는 양육법은 고금을 통틀어 강조된다. 세계 명문가의 주된 교육법이나 유대인 교육법에서는 독서의 중요성이 빠지지 않고 등장한다. 윈스턴 처칠, 루스벨트, 케네디 등의 명문가에서의 독서 교육은 자녀 교육론에서 가장 진부하게 거론되고 인용되는 주제이기도 하다.

내가 책 육아를 예찬하는 것처럼 비쳐졌을 수도 있겠다. 독서 교육이 중요하다고 여기서 강조하고 싶은 생각은 없다. 내가 말하고 싶었던 바는, 수많은 육아법의 홍수 속에서 내가 부분적으로나마 유일하게 지켜나가고 있는 것이 바로 책 읽어주기라는 것이다. 엄밀히 말하면 나는 책 육아를 하는 게 아니라 책 수집 육아를 한다고 하면 너무 나를 폄하하는 것일까. 솔직히 '제대로' 책 육아를 하고 있는 이들에게 견주기엔 부끄럽다. 명함도 못 내밀 것이다. 위에서도 이야기했지만, 잠자리에서만 읽어주는 것이 고작이니까. 그저 내가 좋아하는 책이라는 매체를 육아의 영역에 잠깐 끌어다 쓰는 정도라고 표현하는 것이 옳겠다.

아이들이 저마다 다 다르고 엄마의 성향도 저마다 다 다른데 '이게 최고다, 정답이다'라고 할 수는 없을 것 같다. 내 아이한테 맞는 육아법이 무엇이냐고 누군가 묻는다면, 음, 사실은 아직도 잘 모르겠다. 내가 책을 좋아하니까 그나마 책을 읽어줄 뿐, 내가 별로 좋아하지 않는다면 더 소홀할 수도 있을 것 같다. 안 맞는 옷을 입으면 불편한 게 당연하다. 결국 내 아이에게 맞는 육아는 나에게 맞는 육아와 뗄 수 없는 관계에 있다.

다시 우리 집 책장으로 돌아가 생각해본다. 바야흐로 미니멀리즘이 트렌드이다. 꼭 필요한 것만 남기고 나머지는 비우라는 것이 주된 메시지인데, 우리 집 책장은 흐름을 역행하는 듯하다. 아무리 좋아하는 책이라지만, 너무 많이 짊어지고 있는 건 아닐까 살짝 고민스럽다.

육아법도 마찬가지가 아닐까 싶다. 내게 꼭 필요한 것들로만 채우고 필요 없는 것들은 비워내야 한다. 다 짊어지고 살 수는 없다. 업무의 효율성을 극대화시켜야 할 때도 선택과 집중을 하라고 했다. 아이를 키울 때도 내 아이에게 맞는 방법은 엄마인 내가 제일 잘 안다. 그걸 찾는 것이 우리가 할 일이다. 너무 많은 방법론들에 흔들려 우왕좌왕하기에 우리 아이들의 어린 시절은 참 짧다. 엄마인 나와 내 아이가 한 팀으로 잘 굴러갈 수 있어야 한다. 책에서 꼭 시키는 대로 하지 않아도, 나와 내 아이에게 이 길이 맞는다면 이 길로 가면 된다. 아무리 좋은 음식도 내 입맛에 안 맞으면 그만이다. 마찬가지로, 아무리 좋다는 육아법도 나와 아이에게 맞지 않으면 억지로 따를 필요가 없다. 너무 많은 정보들에 휘둘리지 말고 나만의 길을 갔으면 좋겠다. 다만 그 길을 갈 때에 우리 곁에 책이 있어 책과 함께 숨 쉬고, 거기 담긴 맑은 기운을 담뿍 받고, 중간 중간 책과 함께 쉬어갈 수 있는 여유를 누릴 수 있기를 바랄 뿐이다.

평범함과
특별함 사이에서

　혼히들 말하길 평범한 게 제일이라고 한다. 하지만 아이를 키우다 보면 평범함과 특별함 사이에서 우왕좌왕하게 된다. 어떨 때는 아이가 남들만큼만 평범하기를 바라다가도, 또 어떨 때는 우리 아이는 특별했으면 좋겠다고 바란다.

　아이가 처음 세상 빛을 볼 때 부모들이 가장 바라는 건 특별하지 않다. 그저 남들처럼 손가락 발가락 열 개 가지고 건강하게 태어나기만 바란다. 아이의 성장 과정에 맞춰 바람도 달라진다. 다른 아이들과 비교해서 평범한 발육을 하고 있으면 안도하고 조금 더 욕심을 내기도 한다. 아이가 돌 지나 말을 시작할 때가 되면, 제때 말했으면 좋겠고 말이 좀 더 빨랐으면 하고 바라기도 한다. 반대로 다른 또래 아이들은 말을 저 정도 하는데 우리 아이가 좀 늦다 싶으면 불안해한다. 아이가 좀 늦게 걸으면 혹시 많이 늦어지는 건 아닐까, 그저 남들처럼 평범하게 컸으면 좋겠다는 바람을 갖게 된다. 아이의 발육에 기본적인 요건이 충족되었다 싶으면, 그때부터는 부모의 욕심이 등장하기 시작한다. 더 이상 자녀가 다른 아이들처럼 평범하기만을 바라지 않는다. 내 아이는 특출한 재능이 있기를 바라고, 공부도 특별히 잘하기를 바라게 된다. 이러한 모순적인 생각은 부모라면 누구나 한번쯤 해보았을 것이다.

우리 첫 아이는 발육이 남달랐다. 영유아 검진을 받으면 키며 몸무게며 늘 상위 5% 안에 들 정도로 큰아이였다. 그래서 작은아이들을 둔 부모가 바라는 평범한, '평균치 기대'에 대한 건 알 수가 없었다. 둘째 아이를 낳고 보니 이제는 알겠다. 둘째 아이는 큰아이와 달리 골격도 약하고 키도 몸무게도 평균에 못 미친다. 나는 이제 평균만큼만 되기를 바라는 부모가 되었다.

큰아이가 좀 평범했으면 하고 바라기도 한다. 큰아이는 유난히 어린이집 가기를 싫어했다. 아침마다 눈뜨면서 하는 말이 "오늘 어린이집 가기 싫어"였다. 다른 아이들은 엄마가 데리러 가면 더 놀고 싶어서 "엄마, 좀 있다가 다시 와"라고 한다는데, 나는 그렇게까지 바라지도 않는다. 잠깐 놀고 와도 좋으니 그저 즐겁게만 가주면 더 바랄 게 없을 지경이었다. 반대로 작은아이는 더 어릴 때부터 어린이집에 보냈는데도, 처음 적응기 한두 달을 제외하고는 가기 싫어한 적이 거의 없다. 형아가 다니니까 원래 가는 건가 보다 하고 가는 건지는 모르겠으나, 아무튼 고마운 일이다.

큰아이는 여러 가지로 다소 독특한 면이 많다. 우선 방금 이야기한 등원 거부에서부터 성격도 일반적이지 않다. 대여섯 살이면 재밌는 개봉 애니메이션 영화를 보러 영화관도 갈 법한데, 무섭다며 여태 한번도 가본 적이 없다. 몸을 잠시도 가만히 두지 않고 산만하고, 성격이 급해 말할 때 "어, 어…," 하기도 한다. 일곱 살인 지금도 유난히 겁이 많다. 텔레비전으로 〈뽀로로〉를 보다가도, 무서운 장면이 나올 것 같으면 텔레비전으로부터 멀리 떨어져 숨기도 한다. 어릴 적에는 내가 하는 액세서리에 관심이 많아 반지, 귀걸이를 무척이나 좋아했다. 한번은 귀걸이를 너무 하고 싶다며 사달라기에, 동네 문방구에 가서 여자아이들이 공주 놀이할 때 쓰는 귓볼에 집는 형태의 귀걸이를 사줬다. 그랬더니 한동안 주구장창 그걸 달고 다녀서, 지나가는 사람들이 한번씩 다 쳐다보고 말을 걸기도 했다. 물론 어린이집에 갈 때도 하고 갔다. 반지는 어린아이 손에 맞는 사이즈가 없어서 사주기도 애매했다. 그런데 헐렁한 걸 갖겠다고 떼를 써서 사줬는데, 몇 번 잃어버리고 울고불고하기도 했다. 남편은 그 당시 아이의 성 정체성이 흔들리는 거 아니냐고 심히 우려했는데, 지나고 보니 기우이긴 했다.

누군가는 남자애들이 다 그렇다고 평범하다고 할지도 모르겠는데, 그 모든 것들이 나한텐 유난히 특이하게 느껴졌다.

나름 육아서를 많이 읽었는데, 막상 내 아이 일이 되고 나니 참 어렵다. 아마 남의 아이가 저렇다면 나 역시 "애들 다 그렇지, 크면서 다 괜찮아져"라고 말할지도 모른다. 조금만 더 멀리 관찰자 입장에서 바라보기가 참 쉽지 않다. 아이를 키워본 경험이 있는 어른들이나 육아 선배의 말들도 들을 땐 "그래, 별거 아니야"라며 고개를 끄덕이지만, 내 아이의 문제 앞에서는 그게 잘 안 된다. 얘만 특이한 것 같고 큰일 난 것처럼 호들갑 떨게 된다.

많은 책들이 말하길, 부모는 아이를 믿고 기다려주어야 한다고 한다. 그런데 세상에서 가장 힘든 일이 내 아이 믿고 기다리는 것이다. 차려놓고 밥 먹으라고 불러서 당장 안 오면 금세 목소리가 커지고, 양치하거나 손 씻을 때 꾸물거리면 빨리 못 하냐고 채근한다. 나도 전형적인 빨리빨리 한국 사람이구나 싶다. 아이가 준비될 때까지 기다리지 못하는 나의 현주소가 여실히 드러난다.

한글교육의 경우, 부모들은 우리 아이가 남들만큼만 따라가라고 한글을 가르치는 것일까, 아니면 남들보다 앞서가라고 한글을 가르치는 것일까? 남들 아는 만큼은 알아야 하는 평범함과 남들보다는 더 잘 알아야 하는 특별함을 동시에 추구하는 것일 수도 있다. 어느 쪽에 무게를 두든 간에 조금 더 들여다보면, 평범함과 특별함을 가르는 기준은 다른 아이들이다. 다른 아이들의 수준을 기준 삼아 우리 아이의 현재를 파악한다. 이것이 바로 아이를 기를 때 절대로 하지 말아야 할 금물 중의 하나인 비교이다. 다른 아이나 형제자매 간에도 비교의 말은 절대로 하지 말라고 한다. 하지만 어찌 안 할 수가 있으랴. 당장 둘이 차이 나는 부분이 바로 눈에 보이는데! "양치하러 가자"라고 말하면 작은아이는 곧바로 쪼르르 욕실로 들어간다. 반면에 큰아이는 "잠깐만, 이것만 하고"라고 대답하고는 기다려도 함흥차사다. 두 번 세 번 오라고 하다가 급기야는 목소리가 커진다. 매번 잔소리를 안 할 수 없는 상황이다.

때로는 나의 어린 시절과 아이를 비교하기도 한다. 엄마인 나는 여자니까 남자아이의 생리에 익숙하지 않다. 남자와 여자의 뇌 구조 자체가 달라 집중할 수 있는 대상, 시간, 잘하는 것도 모두 다 다르다는데, 내가 너무 여자의 관점에서만 아이를 판단했을 수도 있다. 그러고 보면 평범함과 특별함이라는 것도 관점의 차이라는 결론이 나온다. 흔한 비유로, 같은 양의 물을 보고도 누구는 "물이 반이나 있네" 그러고, 누구는 "물이 반밖에 없네" 한다. 마찬가지로 같은 행동을 보고 평범하다고 느낄 수도, 비범하다고 느낄 수도 있는 것이다.

조금 더 나아가 생각해보면, 이렇게 관점을 뒤집는 것이 창의성의 시작이고 발상의 전환이다. 내가 '빨리 와서 양치하라'고 할 때, 자기 일다 하고 오겠다고 꾸물대는 행동은 내 말을 무시하는 마음이기보다는, 하던 일을 마저 끝내고 싶어 하는 마음이다. 어찌 보면 자기가 하는 일에 집중하고 있는 중인데, 내가 그걸 끊고 오라고 재촉하는 것인지도 모른다. 『부모의 관점을 디자인하라』(이화자, 노란우산)라는 책에서 저자는 이렇게 이야기한다. 산만한 아이는 쓸데없이 돌아다니는 아이가 아니라 이것저것 궁금한 것이 많은 아이라고. 산만한 아이는 창의성이 빛나는 아이라고. 아이에게 건네는 부모의 말 한마디도 마찬가지이다. 스폰지처럼 쏙쏙 흡수하는 아이들에게 부정적인 언사는 금물이라고 이 세상의 모든 육아서들이 주장하고 있다.

관점 뒤집기, 발상의 전환은 이 시대의 주요 키워드이자 모두가 추구하는 것이기도 하다. 모든 아이들은 창의적이다. 아이들이 커 나가면서 모든 방향으로 열려 있는 그들의 감각은 부모의 닫힌 사고방식, 교육이라는 시스템에 의해 점점 닫히고 있는지도 모른다. 아이들이 말하는 걸 가만 들어보면 기발한 상상과 표현에 놀랄 때가 많다. 큰아이가 남긴 어록이다.

창 밖에 구름이 떠가는 걸 보고 "어, 하늘이 움직이네."

머리 감은 후의 내 머리 냄새를 맡고는 "설거지 냄새 나."

"너 어디서 왔니?" 물으니 "마트에서 왔어요."

자기가 한 설사를 보고 "똥이 찢어졌네."

'새끼'가 뭐냐는 동생의 질문에 "아기를 새끼라고 하는 거야. 너도 새끼야."

곤충들이 짝짓기하는 과학책을 보더니 "아기도 짝짓기해서 생겨요?"

집을 판다는 이야기에 "집은 팔기 무겁잖아요."

아이가 저런 말을 할 때마다 우습기도 하고 신기하기도 해서 기록해두었다. 어른인 내 머리에서는 나올 수 없는 표현들이다. 창의성이란 게 사실 별것 없다. 특별한 어휘를 쓴 것도 아니고, 그저 아이의 관점에서 표현한 것뿐이다. 있는 그대로 내버려두면 창의성이 망가지지 않고 자랄 수 있을 텐데, 우리는 창의성을 키워준다고 또 무엇인가를 제공해주려 노력한다. 내 아이가 특별하게 자라기를 바라는 마음이 너무 많은 것을 잃게 하는지도 모른다. 오히려 그러한 '특별한 교육'이 아이를 평범하게 만들고 있다. 어른의 머리처럼 평범하게.

누구에게나 내 아이는 특별하다. 아이가 아주 어릴 때, 건강하기만 하면 더 이상 바랄 것이 없다고 생각하던 시절로 돌아가자. 문득 육아와 연애가 비슷하다는 생각을 했다. 연애 초반에는 상대방과 함께 있는 것만으로도 가슴이 콩닥거리고 행복하다. 연애의 기간이 길어질수록 상대방에게 자꾸 바라는 것이 생긴다. 내가 원하는 대로 해주면 좋겠고, 내가 바라는 모습과 어긋날 때는 싸우기도 한다. 원만한 관계를 위해서는 상대방을 있는 그대로 인정할 수 있어야 한다고 했다. 연애도 그렇고 부부관계도 그렇고 부모와 아이의 관계 역시 그렇다. 사실 어려운 부분이다. 아이를 키우면서 어찌 기대하지 않을 수 있으며, 어찌 욕심 부리지 않을 수 있겠는가.

기대와 욕심을 버리지 못하는 부모가 평범한 부모라면, 이제부터는 내 아이의 있는 그대로를 인정할 줄 아는 '특별한 부모'가 되도록 노력해보자. 욕심을 버리고 내 아이의 모든 것들이 특별하다는 것을 깨달아보자. 더 이상 다른 아이와 비교해서 평범함과 특별함의 잣대를 들이밀지 말고, 내 아이 자체를 바라보고 인정하고 기다려줄 줄 알아야 한다.

아름다운 꽃도 필 시기가 되어야 핀다. 아무리 물과 거름을 주고 '빨리 펴라 빨리 펴라' 한들, 꽃의 생체 리듬에 맞추어 피게 되어 있다. 내 아이라는 특별한 꽃이 만개할 수 있게 인내해야 한다. 남들 눈에는 평범해도 내 눈엔 세상에서 가장 특별한 내 아이 아니던가. 내 아이를 사랑하는 그 순수한 마음에만 집중하자. 우리 아이들은 있는 그대로 특별하니까.

사교육?
시켜, 말아?

요즘 수학 태교라고 해서 임산부들이 수학 공부하는 것이 '핫'하다고 한다. 태교는 클래식 듣기나 뜨개질하는 정도로만 있는 줄 알았더니, 태교 분야도 점점 진화하나 보다. 아이가 서너 살쯤 되면 홈스쿨에서 부터 각종 사교육이 시작되는데, 이제는 그것도 모자라서 태아들도 공부시키는 세상이다.

나도 큰아이가 8개월 무렵 전집 출판사의 홈스쿨을 두세 달 정도 시킨 적이 있다. 돌도 안 된 아이를 앉혀놓고 방문 선생님은 전집에 딸린 교구들을 가지고 일이십 분 놀아주고 갔다. 그때는 아이에게 뭔가 교육 프로그램을 제공해줘야겠다는 생각보다는, 아이와 전문적으로 놀아주는 방법을 배우고 싶었다. 외출이 어려운 어린아이와 하루 종일 집에서 시간 보내는 것이 따분했는데, 일주일에 한 번 있는 선생님의 방문은 아이에게도 나에게도 새로운 기분을 안겨주었다.

아이가 돌을 넘기자 집 근처의 문화센터에 등록해서 콧바람을 쐬기도 했다. 사실 문화센터의 삼사십 분 수업을 맞추기 위해 아이의 낮잠 시간도 조절해야 했다. 아이 컨디션이 좋지 않은 날엔 아이가 수업시간에 짜증 부린 적도 많았다. 돌이켜보면 일주일에 한 번 문화센터에 왔다 갔다 한 것은 아이를 위해서라기보다는 나의 외출을 위해서였던 것 같다. 사교육이란 것에 살짝 발을 담그기 시작한 것이다.

아이가 네다섯 살쯤 되니 주변에 홈스쿨을 시작하는 집이 부쩍 많아졌다. 한글, 영어, 중국어, 미술놀이, 수학 같은 과목을 선생님이 집에 방문해서 가르쳐주는 거다. 이 무렵 나는 적기교육 쪽에 마음이 기울고 있어서, 군이 조기교육을 시킬 필요를 못 느꼈다. 하지만 내 연약하기 그지없는 믿음은 동네 지인들이 이런 게 좋다더라 하면 흔들릴 수밖에 없었다. 그럴 때면 조기교육의 폐해에 대한 책을 보며 마음을 다잡곤 했다.

조기교육의 문제점 따위는 내가 더 보태지 않겠다. 한글교육의 예를 들어보자. 요즘은 이르면 한글을 서너 살부터 시키는 부모가 많다. 그러나 아이의 발달 시기를 고려해볼 때, 문자를 이해하고 습득할 수 있는 나이가 될 때까지 문자 교육을 서두르지 말아야 한다고 한다. 아주 어린 나이에 특별한 교육 없이 문자를 줄줄 읽어대고 습득하는 극소수의 언어 신동이 아닌 다음에야, 초등학교 들어가서 배워도 충분하다는 말이다, 적어도 이론상으로는. 실제로는 어떤가. 한글은 당연히 떼고 입학해야 학교 수업을 따라갈 수 있다고 한다. 대다수의 아이들이 한글을 배우고 들어오기 때문에 초등 1학년 선생님들도 한글에 큰 비중을 두지 않는다고 한다. 당장 알림장도 써야 하는데 까막눈으로 입학했다간 애가 고생한다고, 얼른 가르치라고 선배 맘들이 다그치기도 한다.

우리 큰아이는 한글을 6살에 깨쳤다. 나도 처음에는 '학교 가서 배우면 되겠지'라고 생각했다. 그런데 주위에 방문 학습으로 한글을 하지 않는 아이는 우리 아이뿐이었다. 역시나 불안이란 놈이 스멀스멀 마음에 번졌다. 주변에 물어보면 다들 그래도 한글은 입학 전에 떼고 들어

가야 한다는 의견이 우세했다. 안 흔들릴 수가 없다. 강심장이 아닌 나는 결국 계획(?)을 조금 바꿔 7살에 가르쳐야지 하고 마음을 먹던 중이었다. 큰아이가 작년 중반쯤 어린이집 6세반에 다닐 무렵, 또래 여자아이들 사이에 편지 주고받는 게 열풍이었던 모양이다. 기껏해야 자기 이름 정도만 쓸 줄 알던 큰아이가 한글에 부쩍 관심을 보였다. 자기 이름의 'ㄱ'도 거꾸로 쓰고, 존재하지 않는 모음을 막 그려댔다. 거의 상형문자 수준이라고 보면 되었다. 아무튼 한글을 부쩍 쓰고 싶어 하는 것 같아, 인기 있는 한글 교재 1권을 사서 시간 날 때마다 조금씩 가르쳤다. 2권까지 마치니 두 달 정도 걸린 것 같다. 2권까지면 자음만 반 정도 마칠 정도의 진도지만, 혼자 벽에 붙여둔 한글 자모음도를 보고 모르는 나머지 자음들을 묻곤 했다. 그러더니 한글을 깨쳤다. 어려서부터 배운 아이들은 한글 떼는 데 1년도 넘게 걸리는 경우도 있다고 한다. 늦게 배울수록 점점 더 금방 배운다. 적기에 배울수록 시간도 단축되고 효율적임은 두말할 필요도 없다.

어쨌거나 결론은 우리 아이 역시 한글을 학교 입학 전에 떼었다는 것이다. 나름 적기교육이었다고 믿고 있지만, 8살 입학하고 배워야 진짜 적기라는 이론으로 따지면 조기교육인 셈이다.

이러한 문제점들을 인식한 교육부가 새로운 방침을 내놓았다. 2017년에 입학하는 초등학교 1학년 교과 과정에 한글교육의 비중을 늘린다고 한다. 연필 잡는 법도 포함되어 있다고 한다. 옳은 방향이긴 하지만, 그런다고 부모들이 입학 전에 한글을 안 가르칠지는 의문이다.

영어는 또 어떠한가. 나는 영어교육 분야를 전공했지만, 영어를 언제 어떻게 시작해야 하는가에 대해서 정답 같은 하나의 이론은 존재하지 않는다. 언어는 12살 이전에 대부분 습득된다는, 촘스키 교수의 언어습득의 결정적 시기 가설 정도가 유명하다. 그래도 공부한 바에 의하면, 모국어의 체계가 확립된 상태에서 제2언어를 습득하는 게 좋다고 한다.

하지만 우리나라 엄마들, 영어에 있어서만은 마음이 급하다. 우리나라의 자녀 영어교육 분야에서는 누군가의 경험과 성공 사례에 의거한 귀납 이론을 쉽게 접할 수 있다. 아이의 영어교육에 관심이 많은 엄마라면 대개 노선은 두 가지로 갈린다. 엄마표 영어로 진행하거나 영어 유치원을 보내거나. 영어 유치원은 알다시피 교육비가 만만치 않고, 엄마표로 진행하자니 엄마가 너무 힘이 든다. 가성비나 품값을 떠나, 이쪽 길이 맞는다고 누가 좀 이야기나 해줬으면 좋겠는데, 사람마다 하는 이야기가 다 다르다. 영어 유치원에 죽 다닌 내 지인의 아들이 꽤 두꺼운 영어 챕터북을 줄줄이 읽는 것을 보고 깜짝 놀란 적이 있다. 아웃풋이 확실한 영어 유치원을 나도 진작에 보냈어야 했나 하는 고민을 하기도 했다. 또 한 지인의 초등학생 딸은 엄마표로 영어를 몇 년 진행했더니, 학교에서 영어 대회를 나갈 정도로 잘한다고 해서 부러워한 적도 있다.

수학도 학교 들어가기 전에 어느 정도는 선행학습을 해야 한다고들 한다. 우리 아이는 아직 더하기 빼기도 못 하는데, 이대로 입학하면 1학년 수학 정도는 다 떼고 들어온 아이들에게 밀리면 어쩌나 하는 불안감이 안 생길 수가 없다. 그렇다고 다 배우고 들어가면 아는 내용을 다시 배우는 복습의 형태가 되는데, 수업시간에 혹시 지루해하지는 않을까 우려를 표했더니 주위에서 그런다. 선생님들도 어차피 애들이 다 선행학습을 하고 오는 걸 알기 때문에 다 맞춰서 수업한다고. 그게 사실이라면, 안 배우고 들어간 애들은 어떻게 따라가라는 말인지?

나는 지방에서 학창시절을 보내서인지 사교육을 많이 받지 못했다. 내가 받은 사교육은 초등학교 때 다닌 피아노와 미술학원, 그리고 중학교 때 학원 몇 달 다녀본 것이 전부이다. 내 주변엔 과외를 받는 친구들이 극히 드물었다. 지역적 특성이 작용했겠지만, 확실히 그때 그곳은 지금처럼 사교육 열풍이 심하지는 않았다.

하지만 서울에서 죽 자란 내 남편은 학창시절 과외도 많이 받아봤다고 한다. 사교육을 바라보는 우리 부부의 의견 차이는 아마 여기에서 비롯된 것이 아닐까 한다. 나의 경우 굳이 사교육을 받지 않아도 부족함을 딱히 못 느끼고 자라와서 꼭 시켜야 한다는 생각을 하지는 않는다. 남편의 경우에는 사교육을 받아서 그 정도나마 했던 거라고, 받지 않았으면 더 못 했을지도 모른다는 생각을 갖고 있다. 내가 학교 정규교육 이외의 다른 교육을 많이 받지 않아서인지, 나도 모르게 사교육 결벽주의를 갖고 있지 않았나 싶기도 하다. 사교육을 받으면, 사교육 없이도 잘할 내 아이에게 뭔가 오점을 남기는 것 같다는 생각을 했던 것 같다. 사교육 소용돌이의 한가운데서 아이를 키우다 보니, 그냥 피하는 게 상책이라 여긴 것 같다. 사교육도 잘만 활용하면 충분히 순기능이 많은데, 너무 폐단에만 몰두한 게 아니었나 싶기도 하다. 나의 이러한 결벽주의가 아이의 배우고자 하는 의지마저 억누르고 기회를 앗은 건 아닌지 돌아보기도 했다.

지금 우리 아이는 피아노도 배우고 미술, 태권도도 배운다. 이 중에서 내가 시켜서 시작한 건 하나도 없다. 친구들이 하니까 어느 날 내게 배우고 싶다고 말해서 시작했다. 처음엔 "그런 건 다 나중에 배워도 돼"

라고 말했다가, 내가 너무 아집에 사로잡혀 있다는 생각이 들었다. 심사숙고 끝에 배우고 싶은 건 일단 기회는 주자는 쪽으로 마음을 바꿨다.

하지만 학교 공부에 관련된 사교육 쪽은 아직도 마음이 내키지 않는다. 주변에선 '파닉스'도 시작해야 하고 수학도 1학년 과정 시작하라고들 하는데, 학교 들어가기 전까지는 실컷 놀게 하고 싶다. 선배 엄마들이 보면 아직 학부모가 아니니까 순진한 생각 하고 있다고 할지도 모른다. 이런 나 역시 아이가 초등학교 가면 왜 진작 안 시켰나 후회하며 학원을 알아보러 다닐지도 모르겠다. 내가 나중에 학군과 사교육 생각해서 대치동으로 이사 가게 될지 어떨지는 아무도 모른다.

내 인생의 고민만도 해결할 게 많고 선택할 게 산더미인데, 아이의 교육에도 선택지가 너무 많아서 힘들다. 흔들리지 않는 우직한 뚝심이 있어서 누가 뭐라든 한 길만 갔으면 좋겠는데, 신이 내게 팔랑귀를 주셔서 쉽지가 않다. 이러한 혼돈 속에서도 내가 굳게 믿는 단 한 가지는, 아이는 어릴 때 실컷 놀아야 한다는 거다. 이런 말을 하면 또 한편에서는 너무 놀기만 하면 공부하는 습관이 형성 안 돼서 나중에 힘들다고 말하기도 한다. 앞서 이야기했지만, 내가 학부모가 되면 어찌 변할지 알 수 없다. 하지만 적어도 미취학 아동의 엄마인 지금으로서는 실컷 놀게 하고 싶다. 30여 년 전 어린 시절에 이것저것 많이 배우지 않은 나도 엄마노릇 잘(?)하며 잘살고 있지 않은가. 사교육으로부터 자유로운 대한민국 부모는 거의 없다. 나 역시 자유롭지 못한 덕에 아이에게 피아노도 시키고 미술도 시키고 있다. 그렇지만 진짜 마음은 실컷 놀게 하고 싶다. 배움을 강요하는 엄마가 되고 싶지 않다.

언젠가 아이가 '피노키오' 노래를 부르는데, 가사를 듣고 깜짝 놀란

적이 있다. 이 노래가 내가 어릴 때도 있던 노랜데, 사교육의 역사가 이리도 오래되었나 하는 생각도 했다. 가사를 적어보면 이렇다.

꼭두각시 인형 피노키오 (중략) 피아노 치고 미술도 하고 영어도 하면 바쁜데. 너는 언제나 놀기만 하니 말썽쟁이 피노키오야. 우리 아빠 꿈속에 오늘밤에 나타나 내 얘기를 전해줄 수 없겠니. 하고 싶은 것이랑 먹고 싶은 것이랑 모두모두 할 수 있게 해줄래.

요즘 아이들의 현주소이다. 아, 피아노 치고 미술도 하는 우리 큰아이의 이야기이기도 하다. 예체능 사교육만 해도 하루가 참 짧다. 놀 시간이 참으로 부족한 요즘 아이들 참 불쌍하다. 친구들을 만나 놀기 위해 학원에 가야 한다는 요즘 아이들 참 안 됐다. 내 아이가 부모가 시켜서 마지못해 공부하는 꼭두각시 인형이 되지 않기를 진심으로 간절히, 간절히 바란다. 꿈속에서 이야기하지 않고, 하기 싫은 건 하기 싫다고 내게 직접 이야기할 수 있는 아이이기를 바란다. 그리고, 내가 막무가내로 공부시키는 그런 엄마가 되지 않기를….

내가 맘충이라고?

'맘충'이라는 신조어를 들어보았을 것이다. '된장녀', '김치녀'에 이어 여성 비하의 말들은 잘도 만들어낸다. 내가 20대 '리즈' 시절 된장녀라는 말이 한참 유행했는데, 30대인 지금은 까딱하다간 맘충 소리를 들어야 한다. '맘충'이라는 말을 네이버 국어사전에서 찾아보면 이렇게 나온다. '엄마를 뜻하는 맘(mom)의 뒤에 혐오의 의미로 벌레 충(蟲)을 붙인 비속한 신조어. 카페나 음식점 등 공공장소에 아이들을 데리고 오는 젊은 어머니들에 대한 혐오를 나타내는 신조어.' 남들에게 피해를 주는 엄마들에게 국한되어 쓰여야 할 것 같은데, 인터넷 글에 달린 댓글들을 보면 꼭 그렇지만도 않다. 우리나라에 애 키우는 엄마들 전체를 겨냥해서 폭넓게 쓰이는 대명사 같은 느낌이 든다.

얼마 전 누리과정 보육료 대란이 있었다. 정치적 편 가르기 현상은 둘째치고, 어린이집이나 유치원에 아이를 보내는 부모에게는 지자체의 예산 편성이 되고 안 되고가 크나큰 이슈일 수밖에 없었다. 당장 가계에 직격탄이기 때문이다. 그런 기사들에 달린 댓글을 보면 '맘충'이라는 단어가 제법 등장한다. 누가 썼는지 모르지만, 대부분 애 키우는 엄마들을 비난하고 비아냥거리는 내용이다. 어린아이 기관에 넣어두고 맘충들은 커피숍에 모여앉아 희희낙락한다는 내용부터 자기 아이 자기가 키워야지 왜 국가에서 도와주어야 하느냐는 내용까지, 근거도 다양하다. 워킹 맘만 지원해주면 되지 왜 전업주부까지 보육료를 지원하느냐에 대해서는 같은 엄마들 사이에서도 편이 갈리기도 한다. 보육료 지급 여부나 형평성에 대해 여기서 논의할 생각은 없다. 다만 애 키우는 신성한 일을 하는 엄마들이 왜 맘충 소리를 들으며 공격당해야 하는지 울화통이 터진다. 당시 나는 그런 댓글을 보고 화가 치밀어 반박하는 댓글을 열심히 썼다. 댓글을 올리기 무섭게 내 댓글은 찾아볼 수도 없을 만큼 한참 뒤로 밀릴 정도였다. 댓글 전쟁이나 다름없었다.

나는 대한민국에서 아이 키우는 82년생 엄마이다. 얼마 전 『82년생 김지영』이라는 소설을 읽었다. 공교롭게도 하필 나랑 똑같이 82년생이라는 제목에 끌렸다. 김지영은 30대 여자들을 대표하는 가장 흔한 이름이다. 읽어보았더니, 사소한 차이는 있지만 큰 틀에서 그냥 나의 이야기였다. 대한민국에서 아이 키우는 30대 엄마들이 겪고 있는 현실의 삶 그대로를 옮겨놓았다. 거기서도 맘충이에 대한 에피소드가 나온다.

주인공이 어느 날 아이를 유모차에 싣고 테이크아웃 커피를 들고 잠깐 공원에 앉아 있었다. 그때 옆에 점심시간에 나와서 자기들끼리 수다 떨던 직장인들 몇이서 요즘 젊은 엄마들에 대해 비아냥거리며 맘충이라는 표현을 했다. 충격을 받은 주인공은 그날 저녁 퇴근한 남편한테 "여보, 사람들이 나더러 맘충이래" 하며 충격의 토로를 하는 장면이 나온다.

나 역시 맘충이라는 둥 하는 인터넷 댓글들을 보고 하도 어이가 없어서 남편한테 따지듯 물은 적이 있다. 당신도 나를 맘충이라고 생각하느냐며. 당시 남편은 이렇게 대답했다. 그런 할 일 없는 '댓글러'들이 쓴 같지도 않은 말에 괜히 열 받지 말라고, 애 키우는 아빠들은 그런 생각 아무도 안 한다고, 다 애 안 키워본 놈들이 하는 말이라고. 나를 위로 하려 한 말이었는지는 모르겠지만, 아무튼 내 남편은 그렇게 생각 안 한다니 다행이라며 나는 마음을 가라앉혔다. 내 애 키우기도 아등바등 한데 왜 내가, 왜 우리가 그런 말을 들어야 하는지 모르겠다.

큰아이가 네 살 때 처음으로 아이를 어린이집에 보냈다. 당시 둘째를 가진 만삭 임산부였다. 전업주부인 나는 신생아를 케어하며 첫째까지 돌볼 자신이 없어 내린 선택이었다. 당시 낮잠은 어린이집에서 재우지 않았기 때문에 점심만 먹은 후에 데려왔다. 오전 시간만 맡겨도 얼마나 큰 도움이었는지 모른다. 신생아와 네 살 아이를 한꺼번에 돌보는 것은 여간 힘든 일이 아니다. 아이를 셋, 넷 키우는 엄마들에게 새삼 경의를 표한다. 신생아는 24시간 손이 가야 하는데, 네 살 아이가 그동안 영감처럼 가만히 앉아 있는 것도 아니다. 역시 이것저것 챙겨주어야만 하는 나이이다. 육아가 버거운 나에게 마침 고마운 국가 정책이 있어 아이를 잠깐 맡아준다는데, 마다할 이유가 없었다. 감사한 마음으로 아이를 맡겼는데, 이게 뭐가 그리 큰 잘못이라고.

이렇게 말하면 옛날에는 그런 도움 없이 혼자 다 키웠다고 반박하는 이들이 있다. 하지만 대가족 공동체로 어르신들과 함께 살던 시절에는 그들의 도움을 받을 수 있었다. 우리 엄마 세대가 홀로 아이를 키운 첫 세대 정도 될 것 같은데, 그 세대 엄마들, 힘들었을 것이다. 하지만 마음만은 지금보다 덜 힘들지 않았을까 생각한다.

굳이 변명을 하자면, 요즘은 아이한테 해주어야 할 것들이 너무나 많다. 내가 어린 시절에는 집만 나가면 동네 골목이 있고 친구들이 모여 있었다. 학교 끝나면 골목에서 혹은 아파트 마당에서 해질 무렵 엄마가 저녁 먹으라고 부를 때까지 실컷 뛰어놀았다. 요즘은 친구들과 놀게 하려면 각자의 집으로 부르거나 학원같이 아이들이 모인 곳으로 보내야만 한다. 골목 문화가 없어진 요즘은 놀 친구들도 일부러 찾아주어야만 하는 상황이다.

아이들 교육도 신경 써야 할 것이 너무나 많다. 불안한 엄마들이 커피숍에 모여앉아 나누는 이야기 중의 상당수는 교육 문제일 것이다. 그렇다고 엄마들이 매일 커피숍에 모여 있는가 하면, 그렇지도 않다. 나도 직장생활을 해봤지만, 근무시간 9시간 동안 완전히 일만 하진 않는다. 점심시간도 있고, 오후에 나른한 시간이 되면 동료와 잠깐 커피타임을 갖기도 한다. 엄마들도 마찬가지이다. 아이를 기관에 보내고 놀기만 할 수 없다. 청소도 해야 하고 빨래도 해야 하고, 아이가 오기 전에 장도 보고 간식도 준비하고, 저녁 준비도 해야 한다. 하루가 얼마나 짧은지 모른다. 어쩌다 엄마들과 모여 커피를 마시거나 함께 시간을 보낼수 있다. 하지만 결코 시간이 남아서가 아니다. 집안일들에 대한 기회비용이 그만큼 발생한다. 커피 마시고 들어오면, 밀린 일들은 결국 내 몫이다. 어떻게든 해치워야만 한다.

그런데 할 일이 없어 커피숍에서 희희낙락한다고 하니, 억울하다. 힘들게 열 달 동안 아이를 뱃속에 넣고 다니다가 힘들게 아이를 출산하고, 밤잠도 포기하고 핏덩이 같은 신생아를 겨우 키워서 오늘까지 왔는데, 그래서 가끔 커피 좀 마시겠다는데, 맘충이라니! 맘충이가 안 되려면 어떻게 해야 하는 건지 묻고 싶다. 가사 일만 죽어라고 해야 하나? 기계도 아니고 좀 쉬면 안 되는 거냐고 묻고 싶다. 물론 개중에는 아이를 기관에 맡겨놓고 정말로 놀러만 다니는 극단적인 경우도 있을 수 있다. 그렇지만 그것이 우리나라 모든 엄마들의 모습인 양 일반화시켜서 싸잡아 욕하는 건 아니지 않은가. 이 세상 모든 사람에게는 엄마가 있다. 누워서 침 뱉는 우를 범하지 않았으면 좋겠다.

우리나라 엄마들의 삶은 일을 하든 안 하든 참 고달프다. 맞벌이 가정은 맞벌이 가정대로, 외벌이 가정은 외벌이 가정대로 힘들다. 우리나라 워킹 맘은 슈퍼우먼이 되어야 한다. 밖에서는 직장생활을, 집에 돌아와서는 주부의 일을 동시에 다 해내야만 한다. 똑같이 돈 벌면서, 엄마라는 이유로 짊어져야 하는 생활의 무게가 더 크다. 칼퇴근해서 아이를 픽업하러 가거나 도우미 아줌마 퇴근시간에 맞춰 얼른 집에 가야 하는데, 눈치가 보인다. 아이를 핑계로 회식자리에 빠지는 것도 한두 번이지, 정말이지 눈치가 보여 죽겠다. 임시 공휴일 같은 날에 우리 회사가 쉬지 않으면 당장 아이 맡길 곳이 없어 전전긍긍한다. 고달프다 정말.

첫 아이를 낳으면서 하던 일을 그만두었다. 아이가 둘이 되면서 다시 일할 수 있는 가능성이 더 없어졌다. 전업주부의 경우에는 아이만 키우다 보니, 나를 잃어버렸다는 느낌을 받을 때가 많다. 회사 계속 다니는 친구들은 잘나가는 것 같은데, 나는 집에서 바보가 되어가는 느낌. 단절된 경력을 메꾸기도 쉽지 않다. 아이들이 어느 정도 크고 다시 일을 해보려 하면, 할 수 있는 일이 마트 캐셔 정도이다(마트 캐셔는 아줌마들이 비교적 경력 없이 시작할 수 있는 일의 대명사로 통하니까 거론했다). 아이를 낳기 전에 하던 일로 되돌아가기가 현실적으로 어렵다. 전공이 전문직이 아닌 이상 우리나라 아줌마들이 다시 일할 수 있는 기회는 참으로 제한되어 있다. 능력이 없어서 집에 주저앉은 게 아닌데, 맘충이라는 말을 쓰는 이들은 억울하면 나가서 돈 벌라고 한다. 정체성을 잃어버린 것 같아 속상한데, 그런 말까지 들으려니 속이 꽉 막히는 것 같다. 워킹 맘이나 전업 맘이나 힘들게 살고 있다, 우리나라 여자들은.

남편들은 주부의 삶을 부러워하는 모양이다. 우리 남편도 가끔 "그럼 나랑 바꾸자"고 말하곤 한다. 자기도 집에서 살림했으면 좋겠다는 남자 지인들을 여럿 보았다. 집에 있으니 여유로워 보이는 모양이다. 장담컨대 한 달만 해보면 못 해먹겠다는 소리가 나올 것이다. 매일매일 반복되는 가사일이란 '여기는 어디며 나는 누구인가'라는 본연의 질문이 자동으로 나오게 한다. 해도 티 안 나고, 안 하면 티 왕창 나는 것이 집안일이다. 집을 깨끗이 치워두었는데, 아이들이 하원하면 집안 아수라장 되는 거 과장 안 하고 5분이면 가능하다. 정말 순식간에 어지르는 재주를 타고난 아이들이다. 퇴근한 남편들이여, 집안 꼴이 이게 뭐냐는 이야기는 제발 하지 마시라. 분명히 청소하고 치웠다. 금세 어지르는 건 당신의 아이들이다. 이렇게 어지르고 치우는 것이 반복되는 일상이다. 심지어 '또 어질러질 거 뭣 하러 치우나' 하는 자포자기의 심정이 들 때도 있다.

나가서 돈 벌어오는 남편이든 집에서 살림하는 아내이든, 누구에게나 각자 위치에서 삶의 고충은 있게 마련이다. 상대방이 가진 것만 부러워하지 말자. 좋은 만큼 나쁜 것도 있는 게 당연하다. 내가 가진 것에 감사하고 최선을 다할 필요가 있다는 걸 깨닫고 살아야 한다. 이 단순한 진리를 모르고 살기 때문에 불행하기 십상이다. 하루 종일 육아와 집안일에 시달린 아내가 듣고 싶은 말은 오늘 하루도 애 보느라 수고했다는 한마디이다. 하루 종일 밖에서 상사 눈치 보랴 돈 벌랴 시달린 남편이 듣고 싶은 말 역시 오늘 하루도 수고했다는 한마디이다. 이 말 한마디를 하지 못해 고성이 오고 간다. 당장 내가 힘든 것만 생각하기 쉽다. 세상에서 가장 힘들고 괴로운 사람이 나라고 생각한다. 상대방의 입장에서 아주 조금만 더 생각해보면 된다. 아, 저 사람도 나만큼 힘들었겠구나 하고 아주 조그만 보듬어주면 관계가 아주 평탄해진다.

아이가 태어나면, 안 싸우던 부부도 싸울 일이 부쩍 늘게 되어 있다. 육아관이 달라서이기도 하지만, 당장 내 몸이 피곤해 죽겠기 때문이다. 아이가 신생아일 때는 밤에도 자주 깨서 운다. 한두 시간마다 깨서 우는 아이를 안고서, 쿨쿨 자는 남편이 원망스러웠던 경험은 여자들이면 대부분 있을 것이다. 내일 회사 가야 하는 남편 입장이 충분히 이해는 가지만, 왜 그렇게 얄밉던지. 그거 가지고 뭐라고 하면 남편들 대답은 똑같다. 난 회사 가서 일해야 하지만, 당신은 집에서 쉴 수 있잖아. 간밤에 한두 시간 간격으로 깼는데, 낮에 아기가 잘 때 잠깐씩 눈 붙이는 걸 갖고 쉰다고 여기다니! 나도 그땐 참 많이 싸웠다. 지나고 나니 아주 조금씩만 더 이해해줄 걸 하는 후회가 든다.

얼마 전 남편이 자기한테 결혼정보 회사에서 전화가 왔다고 톡이 왔다. 그렇게 자기를 노리는 사람이 많다며 감사하게 생각하고 살란다. 실소가 터졌지만 뭐, 이제 와서 어쩌겠는가, 감사하고 살아야지. 적어도 내 남편은 나를 맘충이라고 생각하지는 않으니까. 표현은 잘 안 해도 내 육아의 고충을 가장 잘 아는 우리들의 남편은 적어도 우리 편이다. 세상이 다 맘충이네 뭐네 욕해도 기죽지 말자.

잘 키우고 싶은 마음

아이가 태어나면 정말 잘 키울 자신이 있었다. 누구보다 건강하고 똘똘하게 키우기 위해 태교도 열심히 하고 책도 많이 읽었다. 태교라고 해서 특별한 걸 한 건 아니다. 어쩌다 보니 두 아이 임신 때 모두 학업 중이어서 공부를 해야만 했다. 내가 무언가에 열심히 집중하고 노력하면 아이의 집중력도 좋아질 거라고 믿었다. 둘째 아이 때는 못 했지만 첫째 아이 임신 중에는 아쿠아로빅, 임산부 요가, 조깅을 했다. 나와 아이 모두의 건강을 위해 열심히 운동하고 출산을 준비했다. 모든 게 완벽했고, 태어나기만 하면 되었다.

아이가 태어났다. 아이가 건강하게 태어났다는 기쁨도 잠시, 현실은 내가 꿈꾼 그것과 달랐다. 밤낮 울어제치는 아이 때문에 나도 울었다. 소파에 앉아 잠든 아이를 안고 평화로운 오후 햇살을 만끽하는 건 환상에 불과했다. 그런 걸 상상했으나 동화에서나 나오는 장면일 뿐이었다. 아이가 잠깐 잠든 사이 끼니를 겨우 해결해야 했고, 아이를 안고 볼일을 본 적도 여러 번이었다.

가장 힘든 건 역시나 잠이다. 만삭 때는 이리 누워도 불편하고 저리 누워도 불편해서 하루라도 빨리 꺼내고 싶은 마음뿐이었다. 그런데 낳고 나니 그렇게나마 잤던 통잠이 그렇게나 그리울 줄이야. 오늘은 제발

4시간만이라도 자주었으면 하며 잠들었다가, 아이가 울어서 시계를 보면 어김없이 1시간 반 지나 있을 뿐이다. 다시 돌아가라면 다시는 돌아가고 싶지 않은 인생의 암흑기나 다름없었다. 아이가 예쁘기는 했지만, 내 잠과 바꾸고 싶을 만큼 예쁘진 않았다. 매슬로(Maslow)의 욕구 단계에서도 보면, 사랑과 애정을 느끼는 것이 자고 싶고 먹고 싶은 본능적인 욕구보다 위 단계이다. 기본 욕구가 해결되어야 아이가 예쁜 것도 알 수 있는 것 아니겠는가. 아이가 태어나면 모성이 샘솟는다는데, 먼 나라 이야기인 듯했다. 이 아이를 책임지는 것이 나의 의무이기에, 해야 할 일만 겨우 했다. 먹이고 씻기고 재우고…. 그저 아이가 잠 좀 안 깨고 자주는 게 소원일 뿐이었다.

큰아이가 생후 두 달쯤 되었을 무렵, 너무 심하게 울고 잘 먹지도 못하더니 급기야 분수토를 해댔다. 신생아가 분수토를 하면 위험신호라서 당장 응급실로 가야 한다고 했다. 그래서 밤에 응급실로 갔다. 응급실 간이침대에서 대기하며 얼마나 울었는지. 혹시 잘못되기라도 하면 나는 어떡해야 하나 하며 하염없이 울었다. 어쩌면 모성은 아이와 함께할수록 점점 생기는 게 아닌가 싶다. 아무튼 엑스레이 촬영 결과 장에 가스가 가득 찼으니 입원하라고 했다. 그 조그만 장에 비눗방울 같은 가스 덩어리들이 방울방울 가득 차 있는 사진을 보고 안쓰러워서 또 울었다. 가스를 빼려면 모유를 만 하루 이상 먹이지 말라는 의사의 주문이 있었다. 두 달 된 신생아를 굶기란다. 아이는 배고파서 애처롭게 울어대고, 내 마음은 내 마음대로 찢어졌다. 정말이지 너무나 힘든 시간이었다.

과학적으로 증명되지는 않았지만, 영아 산통이라고 해서 신생아가 이유 없이 너무 울 때가 있다. 큰아이는 정말 너무 울어댔는데, 그 이유를 알지 못해 더 답답하고 애처로웠다. 아이가 영아 산통을 겪을 때는 내장 기관이 덜 발달해서 불편하기 때문에 그리 운다는 설이 있다. 남편은 당시 모유 대신 보리차를 좀 먹여보자고 했다. 그런데 내가 '책'에서 이유식을 시작하기 전에는 모유 이외에 다른 맛이 나는 물은 먹이지 않는 게 좋다는 내용을 본 적이 있어, 보리차는 죽어도 안 된다고 버텼다. 결국 아이가 입원한 건 마치 보리차를 먹이지 않은 내 잘못처럼 되어버렸고, 그 덕분에 남편으로부터 여전히 지겹도록 비난받고 있다.

아이를 침대에서 재웠는데 떨어져서, 뇌에 이상이 생긴 건 아닌가 식겁하여 병원에 데리고 가보기도 했다. 제때 기저귀를 안 갈아줘서, 온 엉덩이에 시뻘겋게 발진이 생기기도 했다. 수없이 많은 시행착오를 거쳐 지금에 이르렀다. 참 서툰 엄마다. 나도 엄마인 것이 처음이라 그런 걸 어쩌겠는가.

아이들이 어느 정도 자란 지금도 여전히 나는 서툴다. 특히 모든 과정이 처음인 큰아이를 기르는 것이 쉽지 않다. 아이가 동네 형 집에 놀러갔다가 형의 장난감을 주머니에 넣고 온 적이 있었다. 모르고 있다가 나중에야 그 사실을 알게 되어 적잖이 당황했다. 그럴 때 어떻게 대처해야 하는지 책에서 여러 번 읽었는데도, 막상 내 아이의 문제가 되니 하나도 생각나지 않았다. 결국 친한 언니에게 물어보니, 화내지 말되 강하게 다시는 그런 일이 없도록 이야기를 나누어야 한다고 했다.

못된 짓 할 때는 그냥 단순무식하게 몽둥이찜질을 해서 혼쭐 내는 편이 차라리 쉬울 것 같다. 뭐 그리 조심해야 할 것들이 많은지. 훈육할 때 설사 아이 마음이 다칠까, 반발심이 일어날까 따위 등 세심하게 고려해야 할 사항들 때문에 할 말도 못 할 지경이다. 아이의 거짓말에는 또 어떻게 대처해야 하는지, 한 친구가 자기랑 안 놀아준다고 속상해할 때는 어떻게 이야기해줘야 하는지. 아, 아동심리학이라도 공부해야 할 판이다.

하지만 역시 경험의 힘은 위대하다고, 둘째는 모든 것이 다 그리 수월할 수가 없다. 출산할 때도 병원 도착한 지 두 시간 만에 순풍 나오더니, 신생아 시절에도 그리 어려움을 느끼지 못했다. 여전히 잠은 잘 못 잤지만, '이미' 어떤 것인지 경험으로 아는 덕분에 그러려니 하고 모든 험난한 과정을 잘 넘길 수 있었다. 한 뱃속에서 나왔는데 둘의 성향이 전혀 달라서 당황한 것 빼고는 대부분 무난하게 넘겼다.

여전히 모르겠는 것투성이이고, 부족한 점이 참 많지만 아이를 잘 키우고 싶은 마음은 누구 못지않다. 세상 모든 엄마들이 다 마찬가지일 것이다. 육아를 하면서 구석으로 물러나 있던 나 자신을 찾고 싶은 마음이 문득문득 들긴 하지만, 아직 내 삶의 0순위는 아이들이다. 올해가 시작되던 첫날 1월 1일에 쓴 2017 데일리 체크 리스트를 인용하겠다.

- 책 100권 읽기
- 아이들에게 영어책 5권씩 읽어주기
- 아이들 평생습관 만들어주기
- 정리하기
- 사랑과 존경하는 아내, 부드럽고 엄한 엄마 되기
- 아이들 있을 때 스마트폰 사용 지양하기

- 아이들 눈 맞추고 경청하기

나 자신에 국한되는 것보다 대부분 아이들과 관련된 내용들이다. 내 정체성의 상당 부분이 엄마라는 역할로 귀결됨을 알 수 있는 대목이다. 어떻게 하면 더 나은 엄마가 될 수 있을까를 꽤 자주 고민한다. 내가 아이들을 위해 무엇을 해줄 수 있을까 고민하던 찰나에 마음에 와닿은 유명한 시를 인용한다.

부모로서 해줄 단 세 가지

— 박노해

내가 부모로서 해줄 것은 단 세 가지였다.

첫째는 내 아이가 자연의 대지를 딛고
동무들과 마음껏 뛰놀고 맘껏 잠자고 맘껏 해보며
그 속에서 고유한 자기 개성을 찾아갈 수 있도록
자유로운 공기 속에 놓아두는 일이다.

둘째는 '안 되는 건 안 된다'를 새겨주는 일이다.
살생을 해서는 안 되고
약자를 괴롭혀서는 안 되고
물자를 낭비해서는 안 되고

거짓에 침묵 동조해서는 안 된다.
안 되는 건 안 된다!는 것을
뼛속 깊이 새겨주는 일이다.

셋째는 평생 가는 좋은 습관을 물려주는 일이다.
자기 앞가림을 자기 스스로 해나가는 습관과
채식 위주로 뭐든 잘 먹고 많이 걷는 몸 생활과
늘 정돈된 몸가짐으로 예의를 지키는 습관과
아름다움을 가려 보고 감동할 줄 아는 능력과
책을 읽고 일기를 쓰고 홀로 고요히 머무는 습관과
우애와 환대로 많이 웃는 습관을 물려주는 일이다.

　세 가지가 세 가지가 아닌 것이 흠이긴 하지만, 아이를 정말로 저렇
게만 키울 수 있다면. 아니, 나부터 저런 사람이고 싶다. 잘 키우고 싶
다 보니 욕심이 생긴다. 누가 먼저랄 것도 없이 불안도 함께 찾아온다.
알랭 드 보통은 그의 책 『불안』에서 '불안은 욕망의 하녀'라고 했다. 보
다 유명해지고, 중요해지고, 부유해지고자 하는 욕망의 하녀. 내 아이
가 사회적으로 성공하기를 바라는 욕심을 좇다 보니 불안해진다. 내가
제대로 하고 있는 것일까. 만일 아니라면 내 아이가 잘못되면 어쩌나.
제때 맞는 교육 기회를 제공해주지 못해 아이의 앞길을 망치고 있는 것
은 아닐까. 나중에 나를 원망하면 어쩌나…. 이런 온갖 근심들이 피어
오른다. 남들 하는 만큼은 시켜야 할 것만 같다. 이것이 바로 욕망의 노
예가 되는 시발점이다. 진정 아이를 위한 것인지, 나의 불안을 잠식시키

기 위함인지 냉철하게 판단해야 한다.

　그런데 바로 이 지점에서 우리는 많은 우를 범하고 산다. 아이의 성공이 곧 나의 성공이 되는 것, 나와 아이를 동일시하는 것에서 부모 자식 간에 불행의 씨앗이 싹튼다. 나 역시 '나는 내 인생, 너는 너의 인생을 살면 되지'라고 다짐은 하지만, 막상 아이가 남들 앞에서 인사를 잘 안 하거나 실수를 하면, 마치 내가 무례함을 저지른 것마냥 얼굴이 화끈거린다. 나중에는 아이의 성적이 나의 성적이라도 되는 것처럼 느끼는 날이 오게 될까 두렵다. 아이는 잠깐 들렀다 가는 손님 대하듯 하라고 했다. 그래서 나는 하나의 인격체로 존중하자고 마음속으로 수없이 되뇌는 중이다.

　어린 자식이 있다면 최선의 능력을 다해 돕고 지도하고 보호해야 하지만, 그보다 더 중요한 것은 아이에게 공간을 허용하는 일이다. 존재할 공간을. 아이는 당신을 통해 이 세상에 왔지만 '당신의 것'이 아니다.

— 에크하르트 톨레

CHAPTER 02

분노조절
장애 엄마

화내는 엄마

어느 일요일, 아침 먹고 일찍 근처 숲 공원으로 아이들 데리고 산책을 나갔다. 날씨가 풀리면서 자연의 기운을 한껏 느끼라고, 가능하면 주말에 밖에 나가려고 노력 중이다. 차에서 내려 공원으로 들어서자마자, 마음껏 뛸 수 있다는 해방감에 신난 아이들은 이리저리 뛰어다니며 너무 좋아했다. 나무 그루터기도 관찰하고, 체육 시설에서 다리도 찢다가, 철봉에도 매달려보는 아이들이다. 나 역시 상쾌한 아침 공기를 폐 깊숙이 들이마시며 숲을 만끽했다. 아이들도 나도 기분 좋은 출발이었다.

공원 안에는 아이들을 위한 놀이터가 있었다. 모래밭 위엔 그네, 미끄럼틀, 시소, 해먹 따위가 있어서 아이들이 재밌게 놀 수 있었다. 우리 동네에는 아이들 놀이터가 별로 없어서 그네를 자주 탈 수가 없다. 오랜만에 그네를 만난 큰아이는 역시나 물 만난 고기처럼 그네에서만 한참을 놀았다. 이윽고 점심때가 되었고, 이제 밥 먹으러 가자고 하니 역시나 예상한 반응이다. "싫어! 더 놀 거야!" 요즘 큰아이는 내가 무슨 말을 하든지 일단 싫단다. 한두 번 좋은 소리로 말을 하다가, 끝내는 윽박지르기 또는 화내는 걸로 마무리된다. 미운 일곱 살이라더니, 정말이다. 말끝마다 말대답은 어쩌나 꼬박꼬박 하는지. 제법 논리적일 때도 많아 말문이 막힐 때도 많다. 미니 버전의 사춘기 아들을 대하는 기분이다.

아무튼 시간 됐으니 가자고 몇 번 말하다 안 돼서 결국엔 으름장을 놓았다.

정해진 레퍼토리다. "다음엔 다시는 안 올 거야" 혹은 "나중에 그거 안 사줄 거야" 같은 협박으로 마무리하는 거다. 이것도 안 통할 땐 "엄마 먼저 간다" 하고 휙 돌아서 걸어가면 그제야 쫓아온다. 점심 먹으러 식당에 들어갔다. 자리 잡고 앉으려는데 큰아이가 내가 앉아야 할 자리에 앉는다. 작은아이 밥을 먹어야 해서 옆자리에 앉으랬더니, 싫다고 버틴다. 자기는 그 자리가 좋아서 거기 꼭 앉아야겠단다. 동생 때문에 그러니까 네가 옆으로 좀 가서 앉으라고 겨우 구슬렸더니, 녀석이 이윽고 옆자리에 앉았다.

문제는 거기부터였다. 옆자리에 앉아 있으면서 계속 징징대는 것이다. 내 자리라고, 엄마가 다른 데로 가라고. 충분히 설명했는데 계속 그런다. 결국 내가 짜증을 냈더니 맞은편에 앉은 친구한테 그런다(부모님과 함께 오지 않은 이웃집 아이도 함께 있었다). "○○이는 좋겠다. 엄마가 집에 있어서. 나도 엄마가 여기 없으면 좋겠다." 그 말을 듣는 순간 어이가 없다. 그래서 바로 대꾸했다. "그래? 그럼 엄마 이제 네 엄마 안 할게. 엄마 이제 간다?" 그러니 또 싫단다. 뭘 어쩌라고. 그렇게 한참 실랑이를 했다. 아니, 말싸움을 했다고 보는 편이 맞을 것 같다.

내가 얘랑 무얼 하고 있나 싶은 것이 '내가 이러려고 엄마가 됐나', 자괴감이 들고 괴로웠다. 억울한 생각이 갑자기 들어서 이웃집 아이한테 물었다. "○○야, ○○이가 보기에 누가 잘못한 거 같아? 이러니 이모가 무서운 사람이 될 수밖에 없어." 아, 내가 대체 아이들이랑 무슨 대화를 나누고 있는 것인지. 서른 중반의 어른이 일곱 살짜리들이랑 나누는 대화 수준이라니. 이웃집 아이가 그랬단다. 나더러 유령, 도깨비, 귀신보다 더 무섭다고. 맨날 화내는 이모라고. 그래도 억울하다. 다 녀석들 위해서 공원도 데리고 나간 건데, 기껏 나가서 화내고 짜증내고. 마음이 천근만근이다.

내가 처음부터 화내고 윽박지르는 건 절대 아니다. 처음 몇 번은 충분히 좋게 이야기한다. 근데 녀석들이 몇 번을 말해도 안 듣는 게 문제다. 그렇게 분노 게이지가 서서히 오르다가 결국엔 펑 터져버린다. 요즘들어 유독 말 안 듣는 큰아이한테 화를 내게 된다. 아이들과 얼마 전에 있었던 대화이다.

큰아이: 엄마가 포비처럼 친절했으면 좋겠어.
나: 포비? 왜?
큰아이: 포비는 화도 안 내고 항상 상냥하니까.
작은아이: 엄마 포비 되지 마. 그냥 엄마 해. 아빠는 뚱뚱하니까 포비 같아.

포비는 뽀로로의 친구 이름이다. 아…, 나는 북극곰보다도 못한 엄마구나. 아이가 어릴 때 나더러 "엄마는 성격이 정말 포악해"라고 말한 적도 있다. 아이는 나를 늘 화내고 짜증내는 엄마로 인식하고 있었다. 화 안 내도록 노력하겠다는 약속도 여러 번 했는데, 참 지키기가 어렵다. 아이가 그런다. "거봐, 엄마는 또 약속 안 지키잖아. 상냥하게 말하기로 했으면서." 안다. 나도 안다. 친절하고 상냥하게 말하려고 노력하는데, 아이들이 사고를 치거나 한두 번 말해 안 들을 땐 나도 어쩔 수가 없다.

근래 아이들과 읽은 『엄마를 화나게 하는 10가지 방법』이라는 동화책이 있다. 어쩌면 그렇게 내 마음을 잘도 그려놓았는지! 책에 나오는 10가지 모두 화가 나기는 하지만, 그 중에 최고봉은 어지르기, 못 들은 척하기이다. 큰마음 먹고 청소 싹 하고 정리 싹 해두면, 거짓말 안 보태고 5분 안에 아수라장이 된다. 불러도 대답 안 하는 것은 어떻고! 한두 번 좋은 말로 조용히 부르면, 일부러 못 들은 척하는 건지 정말 못 들은 건지, 당최 대답을 안 한다. 이 책을 읽고 보니 못 들은 척하는 것일 수도 있다는 생각도 든다. 목소리 톤이 좀 올라가서 몇 번 더 부르면 그때 가서야 하는 말이, "알았어, 잠깐만." 몸에 사리 만들 생각이 없는 나는 기어이 화를 내고 만다.

나는 우리 아이들이 인사를 잘했으면 좋겠다. 경비실 앞에 지나다닐 때 옆구리를 꾹 찔러야 경비 아저씨들에게 인사를 한다. 어린이집 가서 친구 엄마들을 만났을 때도 인사를 좀 알아서 잘하면 좋으련만, 꼭 잔소리를 해야만 한다. 내가 늘 큰소리로 밝게 인사하는 모범을 보이는데도 녀석 눈에는 그게 안 들어오나 보다. 인사를 왜 스스로 안 하는지 모르겠다. 어려서는 오히려 잘하더니, 크면서 점점 더 안 한다. 인사 좀 잘하라는 이야기는 거르지 않고 거의 맨날 하는 것 같다. 도대체 왜 인사를 안 하냐고 물으면 하는 말이, 부끄럽단다. 인사는 부끄러운 게 아니라고 아무리 강조해도 나아지는 것 같지가 않다.

아이 키우는 게 정말 내 마음 같지가 않다. 그래서 화가 자꾸만 난다.

애당초 나는 엄마라는 자리가 안 어울렸을지도 모른다는 생각을 한 적도 많다. 아이의 머리가 큰 후로 특히 근래 들어 하루도 화를 안 낸 적이 별로 없는 것 같다. 이쯤 되니 내가 분노조절 장애는 아닐까 하는 생각을 했다. 인터넷에 분노조절 장애 간이 테스트가 있어 해보았더니, 나는 분노조절 능력이 조금 부족한 단계란다. 한두 개만 더 체크했어도 분노조절을 못 하는 상태로, 전문적 상담이 필요한 단계가 나올 뻔했다. 상담을 떠나, 이게 아이들한텐 얼마나 폭력일까 하는 생각도 든다. 때리는 것만 폭력이 아니라, 이렇게 감정 자제가 안 되는 것도 감정 폭력이라는 생각이 든다. 아이를 때리지만 않을 뿐, 나의 말과 언어가 얼마나 아이한텐 무서울까. 어느 그림책에는 엄마가 화를 낼 때마다 아이의 몸이 조각조각 흩어져버려서, 엄마는 그걸 찾으러 다닌다는 이야기가 있다. 아이한테는 엄마가 자기의 세상이나 다름없다는데, 그런 엄마가 화내고 소리 지르면 아이 마음이 조각날 정도로 아플 것이다. 그러면 그 조각난 마음들을 다시 갖다 붙이면 흔적 없이 붙기는 할까? 아마 생채기가 남겠지. 이런 생각을 할 때면 마음이 꼭 고구마 먹은 것 같다.

우리 엄마는 나를 어떻게 키우셨을까. 모든 에피소드가 기억 나는 건 아니지만, 어린 시절을 돌이켜보면 엄마는 우리에게 화내거나 소리 질러서 내게 상처가 된 적이 별로 없는 것 같다. 얼마 전에 내 초등학교 일기장을 본 적이 있다. 특히 1학년 일기장에는 3분의 2가 동생이랑 싸워서 엄마한테 혼난 이야기가 나온다. '동생 잘못도 있는데 엄마는 왜 나만 혼낼까?'라며 억울한 마음을 마지막에 적어놓긴 했지만, 엄마가 화를 많이 냈다거나 소리 질렀다는 표현은 거의 없었다. 나는 상냥한 우리 엄마를 하나도 닮지 않은 엄마다.

오늘 정점을 찍은 큰아이의 말 한마디가 있다. 저녁에 집에 돌아와 양치하고 씻으라고 말하는데, 역시나 한 번에 말을 듣지 않는다. 이번 엔 화를 크게 내진 않고, "네가 이렇게 좋은 말로 몇 번 해도 안 들으니까 엄마가 자꾸 화내는 거야."라고 아이를 살짝 다그쳤다. 그러자 아이가 그런다. "난 필요 없나봐." 순간 아차 싶어 왜 그렇게 생각하느냐고 물었다. 아이는 "엄마를 맨날 화내게 하는 나는 필요가 없어" 한다. 내가 이 아이한테 무슨 짓을 했나 싶었다. 그래서 얼른 아이를 붙잡고 매달리듯 말했다. "00아, 엄마는 세상에서 너를 제일 많이 사랑해. 그렇지만 네가 잘못을 할 때는 야단을 칠 수밖에 없어. 앞으로는 네가 잘해줬으면 좋겠어."

유난히 화를 많이 낸 하루였다. 아마 아이의 마음에도 생채기가 많이 났을 것이다. 상처가 쌓이고 쌓여서 터진 한마디가 자기가 필요 없다는 말이었다. 자신의 존재를 부정하는 한마디다. 나의 비난 섞인 꾸중이 스스로를 나쁘다고 생각하다 못해 필요 없다고 생각하게 한 것이다.

엄마가 화를 내면 아이들은 자기를 스스로 나쁜 아이라고 생각한다. 또 점점 말을 안 듣게 된다고 한다. 화내는 엄마에 익숙해지는 것이다. 엄마의 목소리가 점점 커질 수밖에 없다. 악순환의 고리를 끊어야 하는데, 화만 되풀이되는 상황이다. 요즘 큰아이는 자기가 화가 나면 문을 쾅 닫고 들어가버린다. 일곱 살의 사춘기 아들이 이러다 마음의 문까지 닫을까 너무 걱정스럽다. 지금 이런데, 정말 사춘기가 오면 그땐 어찌 감당할까 싶다. 아이가 감정을 처리할 때 나처럼 화내는 걸 배울까 봐 겁도 난다. 이러면 안 되는데 안 되는데 하면서도, 또 화내는 나 자신이 너무 한심스럽고 또 화가 난다. 화를 낸다는 것은 자기 감정의 절제가 안 되고 감정의 쓰레기를 여과 없이 쏟아내는 것에 불과하다. 나는 아이에게 내 감정의 쓰레기 폭탄을 마구 투하하고 있다고 볼 수 있다! 그래서 어떨 때는 내가 쓰레기 엄마 같다고 느낀다.

상담을 받아볼까? 나의 아이를 손님 대하듯 하듯 하면 될까? 남의 애 대하듯 하면 된다고? 화가 나는 순간 심호흡을 하고 열 번을 세어보라는데, 효과가 있을까? 참으면 화병 난다는데, 화병 날 만큼만이라도 우선 좀 참아보기로 오늘도 결심한다. 화를 내기 전에 딱 세 번만 세어보기로 마음먹어본다. 아, 엄마 노릇하기 정말 어렵다.

"화를 내는 것은 가장 비싼 사치이다."

— 이탈리아 속담

다른 엄마들도
소리를 지를까?

나는 아들 둘의 엄마이다. '딸만 둘 있으면 금메달, 딸 하나 아들 하나면 은메달 혹은 동메달, 아들만 둘이면 목매달'이라는 우스갯소리가 있다. 아들만 둘인 나는 목매달이다. 두 아들 손잡고 어딜 가면 꼭 한 번씩 물어보는 어르신들이 있다. 아들만 둘이냐고. 내가 80년대 엄마만 되었어도 아들 둘이면 목에 힘주고 다닐 수 있었을 텐데. 요즘은 어쩐지 안쓰러운 눈빛들이다. 열에 아홉으로부터는 어떡하냐며 안 됐다는 듯한 무언의 메시지를 느낄 수 있다. 그 중에는 딸 하나 더 낳으라는 말을 덧붙이기도 한다. 어쩌다 한 명 정도는 부러워하는 분도 있다. 주로 나이 지긋하신 할머니인 경우인데, 당신이 옛날 딸만 낳은 죄인이라는 넋두리를 한다. 지금은 딸들 덕분에 호강하며 살 텐데, 아들 못 낳은 아쉬움은 아직도 남아 있는 모양이다. 아들 둔 엄마에 대한 괴담(?)은 또 있다. 딸 가진 엄마는 나중에 딸네 부엌에서 늙어죽고, 아들 가진 엄마는 길바닥에서 늙어죽는단다.

아이들에게 미안하지만 고백하자면, 처음에 큰아이의 성별을 알고 병원을 나와 집으로 돌아오는 버스에서 울었다. 딸을 무척 바란 나였다. 둘째 성별을 알던 날도 생생하다. 병원 침대에 누워 초음파 화면을 뚫어져라 쳐다보고 있었다. 그곳만 집중해서 응시하고 있는데 글쎄, 뭔가 보이는 것이다. 설마 설마하면서 CD를 받아 집에서도 몇 번이나 돌려보며 확인했다. 슬픈 예감은 틀리지 않는 법이다. 첫 아들 초음파의 분석 경험 덕분에 둘째는 쉽게 확신할 수 있었다. 또 아들이다. 주변에서도 심심찮은 위로를 건넸다. 동성이면 자기들한테는 더 좋다는 '위로'의 말을 참 많이 듣고 산다.

우리 아들들은 비교적 순한 편이다. 첫째 아이가 어릴 때 주변으로부터 순하다는 이야기를 많이 들었다. 일곱 살인 지금은 절대 순하지 않지만. 둘째 역시 순하다. 심하게 나대지 않는 편이다. 그래도 아들은 아들이라고, 딸들에 비할 수는 없다. 딸도 딸 나름이라고 하는 사람도 있겠지만, 내가 본 딸들의 모습은 카페에서도 그림 그리며 얌전히 앉아 있고, 어딜 데리고 가든지 설치지 않고 얌전히 손잡고 잘 따라다녔다. 심지어 강연회 자리에 딸을 데리고 오는 경우도 몇 번 봤는데, 매번 어쩌면 그렇게도 얌전히 잘 앉아 있는지! 딸 엄마들은 우아하게 커피를 마실 수 있는 반면, 아들 엄마들은 놈들을 잡으러 다녀야 한다. 잠시만 정신 놓으면 민폐 끼치기 십상이라, 공공장소에서는 각별히 주의를 기울이고 있어야 한다. 시선고정과 주의집중이 필수이다.

아들 녀석들은 가르쳐주지도 않았는데 '빵야빵야', '으악' 따위의 효과음을 내며 총 놀이, 칼싸움 하는 걸 좋아한다. 가만히 앉아 있는 것이 이 아이들에겐 고역이어서 몸을 한시도 가만두지 않는다. 자연스레 주의를 줘야 할 때가 많아지고, 목소리도 커진다. 아들 엄마들이 몇 년 아이 키우다 보면 몇 데시벨 올라가는 것은 크게 이상한 일이 아니다. 나중에 아들 엄마들은 깡패 같아진단다. 딸 없는 것도 서러운데, 이건 너무하다.

우리 집은 2층이다. 아들만 둘 낳을 줄 알았으면 무슨 수를 써서라도 1층으로 이사했을 것이다. 아이가 어느 정도 커서 굳이 필요 없을 것 같은 마음에 놀이매트를 얼마 전에 내다 버렸다. 결정적으로 집안 인테리어를 해치는 너덜너덜해진 놀이매트를 하루라도 빨리 처분하고 싶었는데, 속이 다 시원했다. 공교롭게도 매트를 내다 버린 지 이틀쯤 후에 아래층에서 전화가 왔다. 시끄러워 살 수가 없다고.

원래 아랫집에는 마음씨 좋은 할머니가 살아서 층간 소음에 대한 스트레스 없이 살아왔다. 그 할머니는 작년에 이사 나갔고 새로운 집이 이사 왔는데, 여태 잘 참다가 이제 터진 모양이었다. 청소도 번거롭고 미관을 해치는 놀이매트는 죽어도 다시 깔고 싶지 않고, 방음 시공을 알아보자니 가성비가 좋을 것 같지도 않았다. 고민만 하다가 찾은 나의 미봉책은 아이들로 하여금 까치발로 걷게 하는 것이었다. 내가 뛰지 말라는 무언의 광선을 눈으로 쏘면, 아이들은 까치발을 한다. 그러다가도 어느덧 쿵쿵 뛴다. 멈출 수 없는 용수철의 본능인가 보다. 뛰는 게 본능인 아이들에게 매번 뛰지 말라고 잔소리하기도 미안할 지경이다. 그래도 층간 소음의 장벽 앞에서 내 목소리는 커질 수밖에 없다.

우리 엄마가 나한테 자주 하는 말이 있다. 왜 이렇게 애들한테 소리를 지르냐고. 딸만 둘 키운 우리 엄마는 절대 이해 못 할 거다. 소리 안 지를 수가 없는 걸 어떡하라고. 조곤조곤 이야기가 통하는 건 딸들한테나 통하는 이야기다. 나도 다 시도해봤다. 처음엔 상냥하게 이유를 설명한다. 그러다 안 되면 약간의 협박을 섞어서, 그래도 안 되면 윽박 지르고 소리 지르게 된다. 나라고 소리 질러대고 싶은 게 아니다, 절대. 나 역시 무슨 일에도 거의 화내지 않고 조용하게 타이르는 우아한 엄마이고 싶다. 우악스러운 엄마가 되는 것 같아 방법을 찾고자 관련 책도 많이 읽었다. 시중에는 아들의 뇌에 관련해서, 혹은 소리 지르지 않고 아들 키우는 방법을 소개한 책이 많다. 아들의 뇌는 집중력이 짧아서, 훈육할 때는 짧고 굵게 하라고 했다. 또 멀리서 소리만 지르지 말고, 가까이에서 아이의 눈을 마주하고 강한 메시지를 전하라고 했다. 하지만 여자인 엄마인 나는 어느 샌가 주저리주저리 훈계를 하고 있고, 내 할 일을 하느라 멀리서 소리만 지르고 있다.

주위를 보면 소리 지르는 엄마는 나밖에 없는 것 같다. 집에서는 어떤지 모르지만, 밖에서 보기엔 다들 우아하게 육아하는 것처럼 보인다. 나 역시 밖에서는 주위를 의식해 언성을 낮추는 편이다. 집에서는 보는 사람도 없으니 데시벨 올라가는 것은 순식간이다.

큰아이는 근래 들어 부쩍 어린이집 가는 것을 싫어한다. 아침에 눈 뜨며 하는 첫소리가 "어린이집 안 가면 안 돼?"이다. 아침마다 설득도 해보고 달래기도 하고 온갖 방법을 다 써보지만, 결국엔 시무룩하게 등원하곤 한다. 우는 날도 많다. 어느 날 아침에는 현관 나서기 전에 설득하고 이야기 나누다가 폭발하고 말았다. 아이에게 다른 아이들은 그렇게 가기 좋아하는데, 너는 대체 왜 그러냐고 소리를 있는 대로 다 질러댔다. 속이 너무 상한 나머지 화와 짜증을 다 쏟아냈다. 어린이집으로 걸어가는 중에도 도저히 마음이 가라앉지가 않아서, 아이와 눈도 마주치지 않고 앞만 보고 걸었다. 아이가 미안하다고 사과하는데도, 어른인 내가 화가 풀리지 않아 대답도 안 했다. 참 자격 없는 어른이다. 나이만 먹었지, 인성은 최악인 것 같다.

또 하루는 동생이 욕실에 들어가 있는데, 욕실 문을 잠근 채로 문을 닫아버려 난리가 난 적이 있다. 작은아이는 당시 문을 혼자 열고 나올 정도의 나이가 아니어서 자지러지게 울고만 있었다. 당황해서 어찌할 바를 모르다가, 문을 열기 위해 뾰족한 것을 찾아서 겨우 열었다. 문을 열기까지의 몇 분이 몇 시간처럼 느껴졌다. 사태가 해결되고 나서 무슨 일이 벌어졌을지 짐작할 것이다. 큰아이한테 사상 최악으로 소리를 질렀다. 악의로 한 행동이 아니었을 텐데, 세상에서 가장 못된 짓을 한 사람 대하듯 했다. 화가 누그러지고, 서럽게 울고 있는 아이가 미안하고 안쓰러워 나도 울었다. 내가 대체 무슨 짓을 하고 있나 싶었다.

나 같은 사람이 아이 키울 자격이 있나 싶은 적이 한두 번이 아니다. 제대로 키우지도 못할 거면 낳지나 말지, 얼떨결에 아이를 둘씩이나 낳아서 아이에게 못할 짓을 하고 있다는 생각을 자주 했다. 아이에게도 상처가 되고, 나 또한 속상해 죽겠다. 소리 지르고 화내고 감정을 다 쏟아내면 개운해야 하는데, 그런 후엔 마음이 훨씬 더 가라앉는다. 죄책감이 이루 말할 수가 없다. 다른 엄마들은 어떻게 아이 키우고 사는지 모르겠다. 화를 낼까? 내도 나처럼 소리 지르고 그러진 않겠지. 아니면 애초에 성격이 좋은 사람이거나.

남편이 나더러 그런다. 어쩔 때는 내가 큰아이 계모 같단다. 남편한테 그런 소리 들을 정도로 나는 형편없는 엄마 같다.

다른 사람들에게는 화를 거의 내지 않는다. 오히려 할 말도 제대로 못 하고 사는 편이다. 그런 내가 가장 가까운 사람들한테는 막 대하고 있다. 참 이중적이다. 아이들이 훗날 엄마를 기억할 때, 화내고 소리 지르는 엄마로 기억할까 봐 두렵다. 엄마를 생각하면 따뜻하고 포근하고 자상한 이미지가 떠올라야 하는데… 가끔 아이한테 물어본다.

나: ○○아, 엄마가 너한테 화 많이 내지?

아이: 응. 조금 많이.

나: 그럼 엄마 싫겠네?

아이: 아니, 그래도 ○○이는 엄마 사랑해.

확인 사살을 당하고 나면 그냥 한숨이 나온다. 혹시라도 아니라는 대답이 나오기를 바라는 내가 바보다.

그럼에도 불구하고 화내고 소리 지르는 엄마를 사랑해주는 아이에게 고맙고 미안하다. 올해의 목표는 화 안 내는 엄마다. 그런데 어느덧 화내고 있는 나 자신을 볼 때 자괴감이 많이 든다. 내가 인성이 덜됐는데, 누가 누구를 키우고 훈육하겠나 싶다. 아이는 나를 무조건적으로 사랑해주는데, 나는 아이를 조건적으로 사랑하는 엄마인 것 같다. 기대에 충족될 때만 사랑해주는 엄마. 친엄마면 뭐하나, 계모보다 못한데. 왜 그 순간을 참기 힘들까? 나는 원래 인내가 없는 사람인가? 곰곰 생각해보니 나는 아이들이나 남편이 내 기대와 어긋나는 행동을 보이면 참기가 힘든 것 같다. 애당초 기대가 잘못된 걸까? 기대가 없으면 실망도 없다는데, 기대수준을 팍 낮추면 좀 나아지려나? 그렇다고 내가 막 이상적인 걸 기대하는 것도 아니잖은가.

작은아이는 대체로 순한 편이다. 하지만 한번 떼가 났다 하면 감당이 안 된다. 주로 떼쓰는 이유가 자기 장난감이 없어졌을 때 찾아내라는 건데, 그럴 때마다 환장하겠다. 그 조그만 것들을 맨날 어디에 두고는, 기억도 못 하고 나한테 찾아내란다. 네 거니까 네가 찾으라고 하면,

징징대고 떼쓰다가 결국 울음보를 터뜨린다. 큰아이도 어릴 때 그랬는데, 어찌 그런 것까지 닮는지 신기할 정도다. 큰아이는 이제 내가 안 찾아주는 걸 아니까 자기 것은 자기가 알아서 찾는 편이지만, 이제 네 살인 작은아이는 막무가내다. 한두 번도 아니고 하루에도 몇 번씩 그런 일로 떼를 쓰니, 정말 환장할 노릇이다. 작은아이한테는 어리다는 이유로 다소 너그러운 건 사실이지만, 자꾸 이런 일이 반복되다 보니 점점 참을 수가 없어진다. 내가 성인군자도 아니고, 점점 화내는 횟수가 늘어만 간다.

그래도 작은아이에게는 상대적으로 좀 관대한 편이다. 아직 어려서 반항이나 혼날 짓을 많이 하지 않기도 하지만, 따지고 보면 기대를 덜하는 것 같다. 큰아이한테 아무래도 바른 행동에 대한 기대를 많이 하는 편이다. 일곱 살인 아이에게 너무 많은 것을 기대하고 있나 싶기도 하다. 덩치만 컸지 아직 학교도 안 다니는 애기인데. 주위에 동생 없는 외동 일곱 살은 집에서 그냥 애기 취급하던데. 불쌍하다, 우리 큰아이. 엄마 감정의 쓰레받기구나. 매 순간 다짐한다. 화 안 내기로, 소리 안 지르기로. 오죽하면 아침에 일어나자마자 다섯 번씩 외친다. "화 안 내는 엄마가 되자"라고. 남들한테만 잘하지 말고, 내 아이한테 잘해야겠다고 또 한번 다짐한다. 잠깐 들렀다 가는 귀한 손님이니까. 손님 떠난 후에 뼈저리게 후회하고 싶지 않다. 내 품 떠나고 나서, 좀 더 잘해줄걸 하는 회한을 남기고 싶지 않다. 오늘 하루라도 화 안 내는 엄마가 되어 봐야겠다.

분노의 불길이 타오르고 욕망의 파도가 끓어오를 때, 이것이 분명 옳지 않다는 것을 알면서도 도리어 버젓이 범하고야 만다. 아는 자는 누구이고 범하는 자는 누구인가? 그것은 모두 바로 자기 자신이다. 그러하니 분노와 욕망이 일어나려 하는 순간에 생각을 확 돌이키면, 사악한 마귀도 본래의 참 마음으로 돌아갈 것이다.

—『채근담』

욱하는 감정

　남편이랑 며칠째 냉전 중이다. 부부 사이에 말을 아예 안 하고 살 수는 없고, 정말 꼭 필요한 말만 냉랭한 어투로 한마디 하는 게 전부다. 평소에는 톡도 자주 하는 편인데 잘 안 하고, 일찍 들어오는지 여부만 짧게 주고받았다. 이번 부부싸움의 발단은 작은아이의 장염이다. 작은아이가 새벽에 갑자기 징징거리며 깨더니, 배가 아프단다. 그러다 속이 불편한지 구토를 했다. 어제 저녁에 먹은 버섯 두 덩어리가 나왔다. 겨우 진정시켜 다시 재우고 아침에 일어났는데, 계속 배가 아프단다. 열은 없고 아무래도 체한 것 같아 침으로 손가락을 땄다. 남편은 장염 아니냐며, 먹은 음식 중에 잘못된 게 없는지 생각해보란다.

　어제 먹인 음식을 생각해보니, 점심은 어린이집에서 먹고 저녁은 집에서 버섯볶음이랑 된장국 해먹은 게 다이다. 나는 전혀 문제될 게 없다고 말했다. 그랬더니 잔소리를 시작한다. 우리 아이들은 우유를 좋아해서 항상 플라스틱 소재의 빨대 컵에 우유를 담아 먹인다. 비스 프리(BPA Free) 소재이고, 빨대는 일회용 빨대를 교체해서 사용 중이다. 남편은 그게 불만인 모양이다. 플라스틱이라 삶지도 못하고 비위생적이라고 생각하는 것이다. 그런 컵에다가 우유를 담아 먹이니 애가 장염이 걸리는 거 아니냐고 갖다 붙인다. 갑자기 뒷목이 뻐근해지면서 열이 확 받아서 쏘아붙였다. 갓난아기 젖병도 아니고, 그걸 삶긴 왜 삶냐고! 남편이 그런 소리를 할 때마다 속에서 욱하고 올라온다.

한동안 일회용 행주를 쓴 적이 있다. 그랬더니 보풀 날리고 소재도 안 좋다고 면 행주를 삶아서 쓰란다. 하여간 삶는 거 정말 좋아한다. 아니, 살림은 내가 하는데 왜 자기가 잔소리를 하는지, 짜증이 치밀어 오른다. 다른 부부들은 주로 어떤 문제로 싸우는지 모르겠지만, 우리 부부가 싸우는 이유는 주로 이런 것들이다. 내가 팔자에도 없는 남편 시집살이를 하고 있는 중이다. 오히려 시어머니로부터는 결혼 이후 어떤 잔소리도 들어본 적이 없다. 어머님은 여장부같이 호탕한 분이라, 사소한 문제 갖고 나한테 잔소리 한마디 하지 않으시는 분이다. 하나님은 참 공평하신 분이다. 좋은 시어머니를 내게 준 대신에 잔소리꾼 남편을 내게 주셨다.

아이들한테도 화를 참지 못하는 내가 남편이라고 사정이 다르지 않다. 가만히 듣고 참는 성격이 아닌 나는 남편이 한마디 하면 한마디 다시 맞받아쳐야 직성이 풀린다. 욱하는 성질까지 있어서 말싸움으로 번지는 건 금방이다. 아이 장염 문제가 못 삶는 플라스틱 컵을 써서 발생했다는데, 듣고 가만히 있을 수가 없었다. 내가 우유가 눌어붙은 컵을 그대로 재사용하는 것도 아니고, 세제 묻혀서 빡빡 깨끗이 씻어서 사용하는데, 왜 장염을 거기 갖다 붙이는지 이해할 수가 없었다. 그날 아침 우리 부부 사이에는 고성이 오갔다. 더 최악인 건, 아이들이 옆에 있었다는 것이다. 웬만하면 아이들 앞에서는 안 싸우려는 우리 부부지만, 그날은 도저히 참을 수가 없었다.

아픈 아이를 데리고 병원에 가서 장염 진단을 받았다. 장염은 일단 굶기는 게 상식이다. 의사도 그렇게 말했고, 나도 그렇게 알고 있었다. 병원에서 돌아오자, 남편은 미음은 괜찮다며 미음을 쑤어서 먹이라고 했다. 병원에 데려가기 전 아침에 물을 먹고 죄다 토해냈었다. 물만 먹어도 토하는데 미음은 괜찮다니? 이해도 안 가고 확 올라오는 감정을 누르고 나는 내 생각대로 일단 굶기겠다고 말했다. 그러자 남편은 자기 뜻을 전혀 받아들이지 않는 나를 보고 답답하다며 말문을 닫았다. 본격 냉전은 그때부터 시작되었다.

　나는 나와 다른 생각과 심한 충돌을 일으킬 때에 주로 욱하고 올라오는 것 같다. 특히 남편은 옛날 사고방식을 많이 가진 편이다. 나보다 세 살 많을 뿐인데, 생각하는 거 보면 어떤 때는 서른 살은 더 먹은 것 같다. 특히 현대의학보다는 민간요법을 더 신뢰하고, 서양의학에 대해 약간 불신하는 면이 있다. 가령 배 아플 땐 보리차가 최고라는 식이다. 비타민은 알약보다 과일로 섭취하는 게 최고라고 믿는 양반이다. 물론 의학 상식도 수시로 변하는 요즘이라 절대 진리가 있다고 보기는 어렵다. 하지만 통용되는 상식선에서는 받아들여도 될 만한 것들이 많은데, 자기 생각에서 벗어나면 수용하려 들지 않는다. 바로 여기가 내가 욱하는 지점이다. 나랑 생각이 달라도 너무 다르다. 그럼 절대 병원 출입을 삼가야 할 사람이 가끔 아플 때 병원에는 왜 가는지 모르겠다.

　다른 집의 부부싸움도 아이 교육 문제와 연관되어 있는 경우가 많으리라 추측한다. 우리 부부 역시 교육관에 차이나는 부분이 있어서 이 문제로 많이 다퉜다. 앞서 언급한 바 있지만, 남편의 경우에는 학창시절 사교육의 도움을 많이 받아서인지 사교육 문제에 긍정적이다. 필요하면 받을 수 있다고 본다. 반면 나의 경우, 한때 '사교육'을 시키면 아이에게 당장 부작용이 날 것만 같은 사교육 강박 같은 게 있었다. 사람의 생각은 쉽게 변하지 않는다. 수십 년간 가지고 있던 생각을 상대방이 설득하려고 해봤자 충돌만 나기 십상이다. 이러한 우리의 생각 차이는 만날 수 없는 평행선처럼 쉽게 좁힐 수 없었고, 결론 안 나는 다툼으로 이어졌다. 그럴 때면 으레 짜증이 슬슬 올라오고 화가 치민다. 감정이 가라앉은 상태에서 이성적으로 생각해보면, 생각의 차이가 분명히 존재하고 인정할 부분을 인정해야 한다는 것을 알겠는데, 나는 왜 그게 안 되는지 모르겠다. 남편이 내 생각에 설득이 안 되면 답답하고, 욱하는 말이 먼저 나온다.

나의 욱하는 감정에 대해 고백하고 나니, 내가 마치 성격 파탄자 같다. 하지만 밖에 나가서는 할 말도 제대로 못 하고 산다. 그게 더 문제다. 소중한 내 가족들에게는 감정을 거르지 않고 내뱉으면서, 남들한테는 싫어도 좋은 척할 때가 있고 남들 눈치를 보고 산다. 거절을 잘 못해서 손해본 적도 많다. 길거리에서 우유 영업하시는 분에게 거절을 못해서 3년째 배달우유를 받아먹고 있는 중이고, 학습지 영업하는 선생님에게 풍선 하나 얻었다가 인적사항을 좀 적어 달라는데 거절을 못 해서, 마지못해 학습지를 받아보기도 했다. 요즘은 초반에 끊는 연습을 해서 그나마 낫지만, 전에는 보험 영업전화가 오면 바쁘다고 끊자는 이야기를 못 해서 이삼십 분을 실컷 듣다가 생각해보겠다고 겨우겨우 끊은 적은 부지기수이다.

남들이 나를 어떻게 생각하는지에 대해서 너무 신경 쓰고 살아왔다. 누군가가 나에게 적대적이면 그게 너무 신경 쓰이고 참기 힘들었다. 그래서 그 사람의 마음에 들도록 억지로 노력한 적도 있다. 왜 세상

사람들 모두가 나를 좋아해야 하고, 왜 모두에게 인정받고 싶다고 생각했는지 모르겠다. 20대 때는 아무튼 나 자신보다 남에게 더 집중하고 살았던 것 같다.

30대 중반을 살고 있는 지금은 아무래도 세월의 힘이랄까, 정도가 덜하긴 하다. 아줌마가 되어서 그런지 약간은 낯도 두꺼워졌고, 다른 사람들의 마음에 들고자 노력을 덜하는 편이다. 아무튼 이런 현상을 심리학에서는 '착한 사람 콤플렉스'라고 부르는 모양이다. '착한 아이 증후군'이라고도 불리는 이들의 특징은 화나거나 짜증 나는 자신의 감정을 겉으로 드러내지 않고, 언제나 밝고 명랑하다. 다른 사람의 부탁을 거절하지 못하고 싫은 티를 못 내기 때문에, 다른 사람의 일을 위해 자신의 일을 미루는 경우도 있다. 규칙이나 약속 안 지키는 것을 못 참기도 한다. 남편은 이런 나를 "남들한테만 호구"라며, 어디서 당하고 오면 또 호구 인증하고 왔냐고 놀리기도 한다. 어릴 때는 착하다는 말이 참 좋았던 것 같다. 공부 잘하는 착한 아이가 되려고 노력했다. 그래서 결국 곤란한 부탁을 거절하지 못하고, 억울한 일을 당해도 아무 말도 못하는 바보 같은 어른이 되었다.

참 이율배반적이지 않은가. 남들한테는 착한 사람이면서, 집에서 아이와 남편한테는 지나치게 솔직한 것 말이다. 남들한테서 받은 스트레스를 집에 와서 푸는 사람. 집에서 가정폭력을 행사하는 술꾼들과 다를 게 뭔가 싶기까지 하다. 이런 게 흔히 말하는 내적 불행일지도 모르겠다. 내적 불행은 대물림된다는데, 내가 알게 모르게 내 아이한테 착한 아이 되기를 강요하고 있는 건 아닌지 걱정이다. '착하다', '잘한다'라는 칭찬도 별로 좋지 않다는데, 칭찬 제대로 하기도 쉽지 않다. 칭찬은 되도록 잘한 행동에 대해서 구체적으로 하고, 결과보다는 과정에 대해서 하라고 한다. 하지만 바쁜 일상 속에서 '올바른 칭찬'을 실천하기가 버거운 게 사실이다. 생각 없이 편하게 "아이, 착하네"라고 말하기가 현실에서는 더 쉽다.

밖에서 착한 사람이 되기 위해 받은 스트레스를 집에서 푸는 것이건 화를 못 참아서 터뜨리는 것이건, 나의 욱하는 성질은 이렇게 남몰래 집에서 진행 중이고, 우리 가족에게 부정적인 영향을 미치고 있는 중이다. 아이는 부모의 거울이라는데, 이런 나를 닮을까 몹시 두렵다. 아이가 나의 감정처리를 배울까 봐, 의견 안 맞을 때는 엄마 아빠처럼 싸워도 된다는 것을 배울까 봐 겁이 난다. 어른인 우리도 이렇게 다투는데, 형제자매끼리 혹은 친구끼리 싸우는 걸 보고 야단칠 자격이나 있는지 모르겠다. 그래서 아이들 앞에서 싸우면 안 된다고 하나 보다. 아빠 엄마가 싸우는 걸 목격한 아이가 "엄마 아빠도 싸우잖아요"라고 말하면 할 말이 없을 것이다. 적어도 아이 앞에서는 절대로 싸우지 말아야겠다.

내가 화내고 욱할 때 남편이 내게 늘 하는 말이 있다. 존중받지 않는 느낌이 든단다. 왜 아니겠는가. 누군가 나에게 화를 내면, 성인군자가 아닌 이상 나를 만만하게 본다는 느낌이 들 것이다. 얼마나 나를 무시하면, 말로 하지 않고 화부터 내는지 이해하기 힘들 것이다.

몇 년 전 텔레비전에서 '화'에 대해서 다룬 프로그램을 본 적 있다. 화를 내는 방법을 배웠듯이, 화 안 내는 방법도 배울 수 있다고 말했다. 화가 올라오는 순간을 알아차리고 잠깐 멈추라고 조언한다. 화라는 감정을 억지로 억제하려 하지 않고, 스스로 다스리는 훈련을 하라고 한다. 이 지긋지긋한 화의 사이클에서 벗어나려면, 잠깐 멈추는 연습을 해봐야겠다. 내 소중한 사람들에게 더 이상 상처를 주는 아내가, 엄마가 되고 싶지 않다, 더 이상은.

어느 선량한 부부가 불가피한 사정으로 이혼을 했다. 남편은 성질 나쁜 여자와 재혼해 새로 얻은 여자와 똑같이 나쁜 사나이가 되었다. 아내 역시 나쁜 사나이와 재혼했지만, 얼마 후 그 사나이는 선량한 사람이 되었다.

―『탈무드』

나의 자존감

사람들이 술을 마시는 이유 중의 하나로 현실 부정을 꼽을 수 있다. 술을 먹으면 기분이 좋아지기도 하지만, 또 다른 내가 된 것 같은 기분을 느낄 수 있다. 술을 마시면 평소에 하기 어려웠던 이야기도 할 수 있는 용기가 생기기도 하기에, 취중진담이라는 말도 있는 것이다.

나 역시 20대에는 술 마시는 것이 좋았다. 맨 정신으로는 민망해도, 알코올의 힘만 있으면 노래방에서 신나게 춤추고 놀 수 있었다. 말하기 창피하지만, 술을 마시고 친구들이랑 나이트에 갔다가, 호기롭게(?) 친구들을 위해 다른 테이블에 앉은 남자들과 셀프로 부킹을 시켜준 기억도 있다. 가물가물하지만 번호도 따줬던 것 같다.

졸업 후 입사한 회사에서는 회식이 많은 편이었는데, 필름이 끊길 때까지 마신 적도 많다. 회식 자리에서 혼자 무반주로 노래도 여러 번 했다. 물론 맨 정신으로는 힘들었을 일이다. 좀 지저분한 이야기인데, 한번은 회식 후 나를 데리러 온 당시 남자친구가 온몸에 힘이 풀린 나를 감당하지 못해, 이삼백 미터 되는 거리를 택시를 탔다가 나의 구토물을 손으로 받은 적도 있다. 그 남자친구는 지금의 내 남편이다. 남편은 지금까지도 이 일화를 읊어대곤 한다.

아무튼 그 시절 나는 술 잘 먹는 여사원으로 통했다. 당시 나는 맥주를 즐기지도 않았다. 꼭 소주를 고집했다. 맥주는 배만 부르고 잘 안취한다고 도수가 높은 소주를 즐겨 마셨다. 그렇다고 주량이 그렇게 센것도 아니었다. 당시 주량을 감안해보면 1병이 최대였던 것 같다. 2병까지 마신 날엔 어김없이 구토를 했다. 그렇게 마신 다음날 죽을 것 같았냐면, 그렇지도 않았다. 다음날 출근길에 약국에 들러 '술 깨는 약'을 사서 먹고 나면, 오전엔 좀 힘들어도 오후 되면 살아나곤 했다. 그게 다20대니까 가능했던 것 같다.

적고 보니 정말로 온몸이 화끈거리는 무용담들이다. 너무 창피하고, 내가 내 몸을 참 혹사시켰구나 싶다. 아이를 둘 낳고 키우는 현재의 나는 소주는 입에 대지도 못한다. 두 번의 임신과 출산으로 인한 공백(?)으로 주량이 확 줄었기 때문이다. 물론 나이도 무시 못 하고…. 남편은 나더러 20대에 평생 마실 술을 다 마시고 다녔다고 비아냥거리곤 한다. 아무튼 요즘은 맥주만 고집한다.

그 시절 나는 왜 그렇게 술을 마셔댔을까? 앞서 썼지만 술을 마시면 기분도 좋아질뿐더러 용기도 샘솟았다. 내가 내가 아닌 기분. 맨 정신으로는 하기 힘든 행동을 할 수 있었으니까.

가만 돌이켜 생각해보니, 나는 다른 내가 되고 싶었던 것 같다. 패기있는 신입사원이라면 외향적이고 열정적이어야 한다는 강박이 있어서, 술의 기운을 빌려 외향성을 흉내 낸 것이 아닌가 생각한다. 목소리만 큰사람이 사실은 여린 자아를 갖고 있다고 하듯이, 나의 내향성을 술의 기운을 빌어 커버하고자 한 게 아니었을는지. 그렇게 해서라도 회사로부터인정받고 싶었나 보다. 능력으로 인정을 받아야지 술로 인정받으려 하다니! 그 시절이 딱하기 그지없다. 한번 더 생각해보면 낮은 자존감의 발현이 아니었나 싶다. 있는 그대로의 나를 드러내지 못했으니까.

지금의 나는 막 외향적이지도 않고 막 내성적이지도 않은, 외향과 내향의 그 어디쯤 되는 듯하다. 20대에는 이 정도로 말수가 적지는 않았던 것 같은데, 지금의 나는 말이 많은 편이 아니다. 예전에는 술을 마시면 말수가 많아지곤 했는데, 요즘은 술을 마셔도 말이 많아지지 않는다. 나를 꾸밀 필요가 더 이상 없어졌다고 해야 할까. 직장생활을 다시 한다면 어떨지 모르겠지만, 사회적으로 인정받아야 할 필요가 없어져서 그런지, 전보다 솔직한 삶을 살고 있다는 생각이 든다. 가까운 지인들과 술을 마셔도, 마시기 전과 후의 기분이 그렇게 달라지지 않으며, 취해도 취하기 전의 내 모습과 차이가 별로 안 나는 것 같다. 나이를 먹으면서 '망나니' 시절에 비해 철이 든 건지, 아니면 자존감이 높아진 건지, 심리학자처럼 원인을 콕 집어 설명하기는 힘들다. 하지만 분명한 것은, 나는 지금 매우 편안하고 행복하다는 것이다. 나에게 맞는 옷을 입을 때 가장 편한 법이다. 지인들과의 술자리가 전혀 부담스럽지 않다. 알코올을 마시기 위함이 아니라, 그들과 '함께하기' 위한 자리이기 때문에 너무 좋다.

유년 시절을 돌이켜보면, 그때도 다른 아이들 앞에 나서는 걸 그다지 좋아하지 않았던 것 같다. 공부를 잘했기 때문이었는지 반장 선거 때 아이들은 항상 나를 추천했다. 하지만 반장 후보가 되면 나는 항상 기권했다. 그 덕에 결국 부반장을 몇 번 해야 했다. 아니면 환경부장이나 무슨 부장 따위의 감투를 써야 했다. 투명하지 않던 그 시절엔 감투 쓴 아이의 엄마는 두 손이 무겁게 학교를 자주 드나들어야 했다. 그래서 엄마는 나의 감투를 그다지 달가워하지 않았다. 엄마가 좋아하지 않은 이유도 있지만, 나는 리더라는 자리가 부담스럽기도 했다. 리더로서 책임 지는 것이 버거워서, 조용히 옆에서 보조해주는 자리를 선호했던 것 같다.

세상은 내성적인 사람보다 외향적인 사람에게 박수를 더 많이 보낸다. 그래서 성장하면서 나도 모르게 매사에 적극적이고자 '노력'했던 게 아닌가 싶다. 회사에서도 남들 앞에 대표로 서야 할 때가 많았다. 외향적이고 적극적인 모습으로 최선을 다했지만, 앞에 서면 긴장되고 불편한 마음은 늘 있었다. 활기차고 발랄한 모습이 정답이라는 강박만 가지고 있지 않았어도, 좀 더 편하게 받아들일 수 있었을 텐데.

근래에 자존감에 대한 책이 시중에 부쩍 많이 나왔다. 그 책들이 하는 공통적인 말은 있는 그대로의 나를 인정하라는 것이다. 본연의 나를 인정하기까지 시간이 많이 걸렸나 보다.

세월이 흐르면서 내가 아닌 '다른 나'를 흉내 내는 것이 참으로 피곤하다는 사실을 점점 깨닫게 되어 다행이다. 지금도 사실은 외향적이고 적극적인 사람이 부럽기는 하다. 그렇지만 나도 저렇게 되어야겠다는 생각은 더 이상 하지 않는다. 나라는 사람은 생각보다 혼자 있는 것을 즐기는 사람이었던 것이다. 지금은 적당히 사회관계도 즐길 줄 알고, 혼자 있는 시간도 행복하게 보낼 줄 아는 나에게 만족한다. 근래에 읽은 도리스 메르틴의 『혼자가 편한 사람들』의 한 구절을 인용하겠다.

하지만 우리 사회는 내성적인 사람들을 과소평가하는 경향이 있고, 자기들과 다르다는 이유로 이상하게 쳐다본다. 〈슈피겔〉의 케르스틴 쿨만 기자는 조용한 성품을 지닌 내향인이야말로 '이 시대에 필요한 바람직한 인간상'이라 칭하기도 했지만, 우리 사회는 결코 그렇게 생각하지 않는 듯하다.

저자가 주장하듯이, 내향인의 장점이 점점 부각되는 현대이다. 여전히 외적인 요소가 부각되는 요즘이지만, 많은 이들이 자신의 내면에 눈을 돌리기 시작했다. '힐링'이 최근 몇 년간의 키워드인 것만 보아도 알 수 있다. 성공 신화에 많이 회자되는 페이스북 창시자 마크 주커버그도, 독일의 여성 총리 메르켈도 전형적인 내향인이라고 한다. 도리스 메르틴의 말을 빌자면, '조용한 승리'를 거둔 이들이다.

남들이 뭐라 생각하든 간에 나만의 개성을 지킬 수 있었어야 했다. 사회와 세상이 선호하는 인간상으로 나를 맞추려고 했다. 진짜 나를 보여줄 자신이 없었던 것이다. 자존감의 고양은 있는 그대로의 나를 인정하는 것에서 시작한다. 내향적인 성격이 가진 장점이 많은데, 굳이 내가 가지지 않은 장점을 흉내 낼 필요가 뭐가 있을까. 존재감이 그다지 없으면 어떤가. 굳이 스포트라이트를 받지 않아도 조용히 상대방의 이야기를 경청해주고 공감해주는 누군가의 진실한 친구가 될 수 있다. 나 역시 시끌벅적하고 주도적이기보다는, 상대의 이야기에 귀 기울일 수 있는 조용한 지지자 역할로 나의 사람들 곁에 있고 싶다. 한마디 말보다 진지한 끄덕임으로 상대를 위로할 수 있는 사람이고 싶다.

내 아이가 내향적이기보다는 외향적이기를 바라는 부모가 많을 것이다. 수줍어서 뒤로 빼는 아이이기보다는 이왕이면 남들 앞에서 자신 있게 발표도 잘하는 아이였으면 좋겠다고 바란다. 적극적으로 앞에 나서는 주도적인 아이였으면 싶다. 리더십이 어느 때보다 강조되는 시대이기 때문에 더 그런 것 같다.

나 역시 아들 엄마로서 아들이 멋진 리더로 성장하기를 바란다. 어린이집 선생님 말씀에 의하면, 원생 전체가 함께하는 안전교육 시간에 "누가 시범을 보일래?" 하면, 그 누구보다 먼저 손들고 벌떡 일어나 앞에서 시범을 보이기도 하고, 발표도 그렇게 잘한단다. 행여나 나의 내향성이나 낮은 자존감을 닮았을까 봐 남몰래 걱정하기도 했는데 다행스럽다. 앞으로 성장하면서 어떤 모습으로 성장할지 모르겠지만, 적극적이고 외향적인 아이가 되기를 바라는 엄마의 욕심이다. 세상의 모든 아이가 다 리더가 될 수는 없다. 누군가는 리더가 되겠지만, 누군가는 구성원이 되어야 한다. 그것이 균형이고 조화이다. 비록 옆에서 리더의 보조 역할을 하더라도, 본인이 만족한다면 그만이다. 사회적 역할보다 중요한 것이 내 인생의 리더가 되는 일일 것이다. 제 인생을 주체적으로 리드할 수 있는 아이로 키우는 것에 초점을 두어야 할 것이다. 요즘 시대에 강조되는 '리더십'이라는 것도 꼭 남들을 이끄는 리더의 의미만은 아님을 깨달아야 한다.

이렇게 있는 그대로의 나를 인정하기 시작하니, 술을 퍼마시던 과거의 내 행동들도 이해가 가고, 트라우마가 돼버린 과거의 내 실수들도 받아들이게 되었다. '진짜' 내가 어떤 사람인 줄 알고 나니, 이제는 사람들 앞에 서는 일이 예전처럼 부담스럽지 않다. 과거의 나는 의무와 책임을 다하기 위해 앞에 나서는 행위를 억지로 해냈지만, 이제는 내가 원해서 하는 경우가 많아졌다. 나를 억지로 꾸밀 필요가 없으므로 있는 그대로의 내가 나서면 되었다. 여전히 맡은 이상 잘하고 싶고 완벽하게 해내고 싶지만, 자발적으로 원한 자리이기 때문에 마음은 편하다.

마찬가지로, 내 아이의 타고난 기질도, 있는 그대로의 모습도 인정할 줄 알아야 하는 자리가 부모이다. 내가 내 아이를 인정해주지 않으면 이 세상에 누가 내 아이를 인정해주겠는가. 아이가 어떤 모습이기를 바라는 건 부모의 욕심이다. "그냥 너라서 사랑해"라고 말해주는 엄마 밑에서 자라는 아이의 자존감은 어느 누구보다 탄탄할 것이다. 남에게 해를 끼치거나 위험한 행동이 아닌 다음에야 지금 그대로의 아이 모습을 바라봐줄 줄 아는 엄마가 되기를 다짐해본다.

　불행한 말을 본 적이 있는가? 아니면 우울한 새를 본 적이 있는가? 말과 새가 불행하지 않은 이유는 다른 말이나 새들에게 잘 보이려고 애쓰지 않기 때문이다.

— 데일 카네기

내 아이를 위하여

나 같은 사람이 아이를 키워도 되는 걸까? 걸핏하면 화내고 소리 지르는 엄마, 자존감이 낮아서 밖에서는 웃고 집에서는 기분대로 하는 엄마, 남편한테도 욱하는 아내. 제대로 삼진아웃이다.

다음은 한때 인터넷이나 SNS에서 인기 있었던 구인광고이다.

1. 화를 잘 안 내고 편안한 성격의 사람을 구합니다. 젖먹이를 사랑할 줄 알고 돌볼 줄 알아야 합니다. 아기를 안아주고 흔들어주는 것을 좋아해야 하며, 서너 시간마다 젖을 먹일 때 20분간 꼼짝없이 앉아 있을 줄 알아야 합니다. 잠을 조금밖에 안 자도 되고, 아침 일찍 일어나는 것을 좋아해야 합니다. 교육 정도는 상관없습니다. 근무시간은 일주일에 7일, 하루에 24시간입니다. 자신의 엄마를 대신 데려다 놓을 수 있지 않으면 휴가는 없습니다. 승진의 기회도 없습니다.

2. 유아교육 전문가를 구합니다. 스스로 공부하도록 가르칠 수 있고 사랑할 줄 알고, 창의성이 강하고, 학년 전 아동을 위한 개별적 학습 환경을 만들어줄 수 있는 분이어야 합니다. 미술, 음악, 레크리에이션의 전문가여야 하고, 적어도 한 가지의 외국어를 할 줄 알아야 합니

다. 언어학, 심리학, 몬테소리 교육의 훈련을 받은 분이라면 더욱 환영합니다. 아이가 유아원에 가 있는 2시간 동안 휴식을 취할 수 있습니다. 아이가 아플 때는 휴식 시간이 없습니다.

(이후 생략)

'엄마' 구인광고이다. 많은 이들이 이 글을 보고 엄마란 자리는 참으로 위대하다고 생각했을 것이다. 하지만 내가 처음 한 생각은 '난 탈락이네'였다. 화를 잘 안 내고 편안한 성격의 사람에서 이미 탈락이다.

예측했겠지만 첫 단락은 아이가 갓난아이일 때의 엄마 역할이고, 두 번째는 취학 전 아동일 때의 엄마 역할이다. 젖먹이 아이를 키울 때는 참으로 힘겨웠지만, 나 아니면 의지할 데 없는 작은 생명체를 어찌할 수가 없어 어찌어찌 해냈다. 그때는 정말 교육수준 따위는 필요가 없다. 잠 부족을 버틸 수 있는 인내 정도면 된다. 아이가 더 성장해서 서너 살에서 일곱 살 정도 되면, 그야말로 엄마는 만능 재주꾼이 되면 훌륭하다. 모든 분야에 전문가여야 한다는 위의 글은 좀 과한 면이 있긴 하지만, 엄마가 전문적이면 전문적일 수록 좋은 건 부인할 수 없다. 실제로 엄마들은 다양한 역할을 알게 모르게 강요받기 때문이다. 학교 가기 전에 한글, 수학 해줘야지, 영어도 신경 써야지, 음악, 미술, 체육 같은 예체능도 안 할 수 없다. 엄마인 내가 못 하면 전문가에게라도 의뢰해야 한다. 학원을 보내든 문화센터를 가든 가정교사를 붙이든, 스케줄 매니저를 자처해야 할 지경이다. 이렇게 정신없는 중에 아이가 아프면, 다시 24시간 풀가동이다. 특히 아이가 열이 날 때는 한두 시간 간격으로 열을 체크해야 한다. 만일 밤에 열이 안 떨어지면 옷 벗기고 물

손수건으로 계속 닦아주든지, 아니면 해열제 투혼이다.

이후 아이의 성장에 따라 요구되는 엄마의 역할도 조금씩 달라진다. 아이가 초등학생이면 초등 전문가, 사춘기 때는 사춘기 심리 전문가여야 하고, 대학생 때는 경제력이 있어야 한다고 한다. 물론 이상적인 엄마의 기준으로 약간의 해학이 담겨 있기는 하지만, 요구되는 기본적인 소양은 같다. 바로 참을 인(忍)자를 새기는 것이다. 그런 면에서 나는 기본 소양을 덜 갖춘 엄마이다. 고용주 입장에서는 '아쉽지만 다음에 더 좋은 인연으로 만나길 기대합니다'라는 소리가 나올 만하다. 그런 경우라면 잘릴 수나 있지만. 엄마는 자격이 되든 안 되든 종신계약에 묶여 있는 상태이다. 계약조건이 매우 까다로워서 이행하기 힘들어 죽겠는데, 그렇다고 파기할 수도 없다.

주변에서 혹은 사회에서 요구하는 엄마의 조건이 너무 까다롭다. 위의 글만 봐도 숨 막힐 지경이다. 모든 여자들이 한석봉이나 율곡 이이의 엄마 같지 않을 텐데 말이다. 꼭 위대한 엄마가 되어야 하는 건 아니지만, 우리 아이들을 위하여 어떤 엄마가 되어야 할지 늘 생각해볼 필요는 있다.

롤러코스터를 타본 경험이 있을 것이다. 오르막길에서는 굉장히 떨고 긴장하다가, 내려가는 순간에 전율을 느끼는 과정을 반복한다. 롤러코스터에서 내려올 때는 어질어질하고 다리에 힘이 풀린다. 짧은 순간에 감정의 극과 극을 느끼게 되므로, 몸도 마음도 몹시 피로한 상황이 되는 것이다. 반면 굴곡 없는 평탄한 레일을 도는 놀이열차를 타면 굉장히 편안하다. 벌써 내릴 때가 되었는지, 아쉬운 마음 가득이다.

엄마와 아이도 이에 비유할 수 있다. 레일은 엄마의 감정선이고, 그

위에 타는 이는 아이이다. 엄마가 감정에 기복을 보이면 아이 역시 굴곡에 맞춰 불안할 수밖에 없다. 엄마의 감정 흐름이 평온하다면, 거기에 탄 아이도 편안함을 느끼게 된다. 중요한 육아 원칙 가운데 '일관성'이 있다. 아이를 키울 때 부모의 가치관이나 태도에 일관된 흐름이 있어야 한다는 말인데, 감정에도 해당된다고 할 수 있다. 화냈다가 웃었다가 엄마의 감정이 급속도로 왔다 갔다 하면 아이는 헷갈리고 불안하다고 한다. 극단적인 경우이기는 하지만, 신경정신과에서는 이를 조울증이라고 부를 만큼 감정 기복이 큰 것은 병적인 증상이다.

머리가 희끗하신 어르신들을 보면 감정 기복이 그리 크지 않다. 은은한 미소와 미간의 찌푸림 정도로 희비를 나타내는 경우가 많다. 그것이 마음의 평정이 아닐까 한다. 일렁이는 감정의 파고가 점차 낮아지는 것이 연륜일 것이다.

아이를 키우다 보면 평정심을 유지하는 것이 쉽지 않다. 『논어』에 이런 구절이 있다. "군자는 마음이 평안하고 차분하나, 소인은 항상 근심하고 걱정한다." 오죽하면 평정심을 유지하는 이가 군자라고 칭했겠는가. 『장자』의 〈달생〉 편에 있는 '목계(木鷄)' 이야기를 보자.

기원전 8세기 중국에 닭싸움을 매우 좋아하던 주나라 선왕이 당대 최고의 투계(싸움닭) 조련사에게 최고의 투계를 만들어달라며 조련을 맡겼다. 열흘이 지나 선왕이 훈련이 다 되어 닭싸움에 내보낼 수 있겠냐고 묻자, 조련사는 "닭이 강하긴 하나 교만하여 자신이 최고인 줄 안다"며 아직 멀었다고 답했다.

열흘이 또 지나 왕이 묻자 조련사가 대답하길 "교만함은 버렸으나, 상대방의 소리와 행동에 너무 쉽게 반응하기 때문에 인내심과 평정심을 길러야 한다"며 아직 싸움판에 내보낼 수 없다고 했다. 다시 열흘이 지난 뒤 묻자 대답했다. "조급함은 버렸으나 혈기왕성하여 상대방을 노려보고 공격적이라, 눈을 보면 닭의 감정 상태가 다 보이므로 아직은 안 된다." 싸움닭을 조련시킨 지 40일이 지나 조련사가 선왕을 찾아왔다. "이제 된 것 같다"며 "상대방이 아무리 소리를 지르고 위협해도 반응하지 않고 완전히 편안함과 평정심을 찾았다"고 보고했다. 그는 이어 "다른 닭이 아무리 도전해도 혼란이 없다. 마치 나무로 만든 닭같이 '목계(木鷄)'가 됐다. 다른 닭이 감히 상대하지 못하고 돌아서 달아나버린다"라고 말했다.

장자가 말하는 목계지덕(木鷄之德)은 성내는 조급함을 버리고 평정을 유지하는 것을 뜻한다. 감정의 기복이 심한 나에게 가장 필요한 덕이 아닐까 싶다. 친절할 때는 과할 만큼 친절하다가, 화가 심하게 날 때는 주체가 안 되니 아이가 눈치를 본다. 무슨 잘못을 해서 스스로 아차 싶을 때는 나를 흘끔 보곤 한다. 기분 좋을 때 아이들에게 예쁘다고 부비부비 하고 있자면, 남편은 항상 내게 말한다. 한결같은 모습을 보여주라고. 아이들이 헷갈려서 불안해할 수도 있다고 말이다. 내 아이를 위한 최선은 나무 닭처럼 흔들림 없는 평온한 엄마의 모습이다.

큰아이의 앞니 한 개가 흔들린 지 한 달쯤 된 것 같다. 처음에는 조금씩 흔들리다가, 이제는 앞으로 꺾일 정도로 심하게 흔들려서 뺄 때가 되었음을 직감했다. 아직 새 이빨이 보이지는 않지만, 그냥 놔두면 덧니가 날 수도 있겠다 싶었다. 아이는 이빨을 뽑으면 자기도 같이 뽑혀

나갈 것 같다며, 울면서 굉장히 무서워하고 피하고 싶어 했다. 왜 아니겠는가. 나는 지금도 치과에 가서 침대에 누우면 겁부터 나는데, 아이의 기분을 이해하고도 남았다.

며칠 설명해주는 시간을 갖고 드디어 아이도 아이 아빠도 마음먹고 빼기로 했다. 치과에 갈 수도 있었지만, 생애 첫 발치(拔齒)는 우리가 해주고 싶었다. 굵은 실과 솜, 피 닦을 티슈를 준비하고 아이 이빨 깊숙이 실을 칭칭 감았다. 실을 꽉 묶은 후 나는 아이 눈을 가려주고, 아이의 온몸을 꽉 감싸 안아주었다. 남편은 하나 둘 셋 하고 실을 위로 잡아당겼다! 아이는 울고, 우리는 순간 어안이 벙벙해서 실을 살폈다. 실만 빠진 줄 알고 실을 보았더니, 조그만 이빨이 대롱대롱 매달려 있다. 성공이다! 아이도 우리도 정말 기뻤다. 아이를 안고서 "축하해! 해냈어!" 하며 함께 기뻐해주었다.

누구나 겪는 별것 아닌 이빨 빼는 경험이지만, 가만히 들여다보면 이 안에 아이와 부모의 인생이 응축되어 있다. 새 이빨이 자라기 위해서는 젖니를 빼주어야만 한다. 새 이빨 자랄 공간을 마련해두지 않으면 덧니가 나고 만다. 아이가 성장하기 위해서는 피할 수 없는 과정이다. 이빨을 빼주고 나면, 새 이빨을 자라게 하는 것은 아이의 몫이다. 부모는 적당한 영양 공급을 해주면 된다. 덧니가 이미 올라온 경우 아니면 새 이가 나기까지 시간이 걸린다. 아이의 성장에 맞추어 나기 때문에, 부모가 아무리 재촉해봐야 소용이 없다. 오직 아이의 생체 리듬만이 할 수 있는 일이다.

새가 알을 깨고 나올 때도, 나오는 시기는 껍질 안의 새끼가 판단한다. 때가 되면 고통스럽지만 온힘을 다해 부리로 알을 쪼기 시작한다.

어미 새는 마지막에 새끼가 나올 수 있게 조금 쪼아주어 도와줄 뿐이다. 아이가 스스로 자라날 공간을 주어야 한다. 그리고 기다릴 수 있어야 한다. 앞에서 미리 끌어주려고만 말고 한 발 물러서서, 도움이 정말 필요할 때만 조금씩 도와주는 것이 아이한테는 가장 좋다. 이것이 내 아이를 위한 엄마의 두 번째 모습일 것이다.

평정심과 여유를 갖고 아이를 기다려주는 것, 이것이 아이를 위해 내가 해주어야 할 모든 것이 아닐까 생각해본다.

어린이의 마음속에 선천적으로 타고난 경이감이 죽지 않고 살아 있게 하려면, 우리가 사는 세상의 신비, 환희, 그리고 즐거움을 재발견하며, 그 경이감을 함께 느껴줄 어른이 최소한 한 명 늘 곁에 있어주어야 한다.

― 레이첼 카슨

CHAPTER 03

육아서와
다른 현실

공자님 말씀

　세상에는 좋은 육아서가 참으로 많다. 아이를 잘 키우고 싶은 마음에, 또 실전에서 난관을 돌파하고자 방법을 찾기 위해 육아서를 참 많이 읽었다. 나의 독서 인생은 팔 할이 육아서라고 봐도 과언이 아니다. 육아 독서 칠팔년 동안 내 머리를 스쳐간 정보의 양만 놓고 보면, 박사 학위도 받을 수 있을 것이다.

- 아이를 믿는 만큼 더 잘 자란다.
- 아이의 자존감을 키워주는 것이 중요하다.
- 아이는 원래 천재로 태어나므로 키워주는 것은 부모에게 달려 있다.
- 꽃으로도 절대 아이를 때리지 말아야 한다.
- 눈을 맞추고 대화하라.
- 생후 3년 애착 형성이 중요하다. 안정 애착 형성을 하라.
- 책을 많이 읽어주어야 한다.
- 아이의 감정을 읽어주고 공감해주어야 한다.
- 엄마의 내면 상처는 대물림된다. 내면 아이의 목소리에 귀 기울여라.
- 사춘기 자녀와는 거리를 두어라.

- 유대인 교육의 핵심, 질문과 토론이 중요하다.
- 밥상머리 교육과 집 밥의 중요성을 깨달아야 한다.
- 어려서부터 자연과 가까이하게 하고, 여행을 통해 견문을 넓혀주어야 한다.
- 프랑스 부모처럼 아이를 키워라.
- 타고난 면역력을 키워주는 것이 중요하다.
- 디지털 다이어트가 필요하다.
- 아이 몸에 독소가 쌓이게 하는 환경 호르몬, 화학 첨가물이 든 음식이나 생활용품에 주의해야 한다.

일일이 다 열거하자면 끝도 없다. 그 많은 육아서들을 읽은 나는 최고로 좋은 엄마가 되지도 못했다. 곁에서 지켜봐온 남편은 "실천하지도 못할 것을 왜 읽냐?"고 한다. 내가 육아서를 읽는 이유는 읽는 순간만큼은 의욕에 넘쳐서 그대로 실천하고 살 수 있을 것 같기 때문이다. 실제로 읽은 직후에는, 작심삼일까지는 아니더라도 작심일일이라도 할 수 있었다. 그래서 약물 중독처럼 '약발' 떨어지면 또 읽어서 마음을 다잡는 용도였다. 문제는 지속력이다. 당장은 행동에 옮길지라도 지속이 되고 습관이 되고 변화가 있어야 하는데 쉽지 않다. 현실에서는 육아서의 한 줄이 희미해지기 일쑤이다.

아이의 감정을 읽어주고 공감해주어야 한다는 내용의 육아서를 읽은 적 있다. '그랬구나. ○○이가 속상했겠구나'와 같이 아이가 보여주는 감정을 그대로 읽어주란다. 그렇게 '구나, 구나'를 하고 나면 그 다음은? 매번 달라지는 상황에 그 후 어떻게 대처해야 하는지도 잘 모르겠고,

내가 제대로 못 해서 그런지 아이가 달라지는 것도 잘 모르겠다고 느꼈다. 아이에게 해주는 좋은 말이나 엄마가 자주 써야 하는 말에 대한 책을 보고 나서도, 막상 그대로 실천하기가 쉽지 않다. 물을 쏟아 바닥이 흥건한데, 당장 닦으면서 조심 좀 하지 그랬냐는 말이 먼저 나간다. "스스로 물을 따르려고 했구나, 이유가 있어서 그랬구나"라는 세련된 말은 도무지 입에서 떨어지지 않는다.

작은아이는 두 돌 무렵 어린이집에 보내기 시작했다. 입소 대기를 걸어두었다가 연락이 왔을 때, 지금 포기하면 나중에는 자리가 없을 것 같아, 어린 감이 있긴 해도 눈 딱 감고 보냈다. 적어도 세 돌 전까지는 엄마가 데리고 있으라는데 너무 일찍 보내는 것 아닌가, 정말 많이 고민했다. 36개월까지가 주 양육자와의 애착 형성에 결정적인 시기라는데, 이러다가 불안정 애착이 되면 어쩌나 하는 걱정을 밤낮으로 했다. 처음 적응 기간 동안 등원시킬 때 울며 내게 매달리면, 과연 이게 잘하는 짓인가 하는 생각을 수도 없이 했다.

아이의 자연 면역력을 키워주고 싶은 마음은 누구나 있다. 하지만 당장 밤에 열이 38도가 넘으면, 부모는 당황하게 된다. 아이 옷을 벗기고 손수건에 물을 묻혀 열심히 닦아보지만, 쉽게 떨어지지 않는다. 몇 분 지나지도 않아 체온계를 귀에 꽂아보며 초조해한다. 행여나 열이 더 오를까 봐. 잠은 또 왜 그렇게 오는지, 얼른 자고 싶은 마음이 간절하다. 결국에는 불안한 마음에 해열제를 투여하고 만다. 항생제도 안 좋다는 것은 알지만, 당장 염증이 있다는데 안 쓰기도 쉽지 않은 상황이다.

책 읽어주는 것은 또 어떤가. 아이가 또 읽어달라고 하면 끝까지 읽어주어야 한다는데, 빨리 잤으면 좋겠다는 마음뿐이다. 책 읽어주는 것도 은근히 목 아프고 에너지가 쓰이는 일이라, 가능하면 빨리 끝냈으면 좋겠다고 생각한다. 이렇게 하다가는 책의 바다는커녕 책의 웅덩이에도 못 빠뜨릴 것 같다. 아이가 책에 한창 몰입하고 책의 바다에 풍덩 빠질 때 아이의 생각이 부쩍 성장한다는데, 이대로라면 글렀다.

외출이라도 하고 돌아온 날엔 저녁밥 할 시간이 애매하면 '에라 모르겠다. 오늘만 시켜먹자'는 생각이 든다. 맨날 시켜먹는 것도 아닌데, 하며 스스로 변명하고 동네 돈가스 집에 전화를 건다. 집 밥의 힘이 위대하다는데, 집 밥 먹은 아이가 공부를 훨씬 잘한다는데, 이러다가 MSG 잔뜩 먹는 우리 아이만 바보 되는 거 아닌가 하는 불안감이 엄습한다.

또 아이의 천재성을 내가 제대로 발달시켜주지 못해서 망가뜨리고 있는 건 아닌지 불안했다. 몇 개월에는 소근육을 발달시키기 위해 이러한 활동을 해주어야 하고, 몇 개월에는 사고력 증진을 위해 어떤 활동을 시켜야 한다는 등의 구체적인 교육 방법을 알면서도, 실천 못 하는 내가 그렇게 한심할 수가 없었다.

엄하게 훈육하는 엄마이기보다는, 화내는 엄마였다. 화나는 감정을 너무 가감 없이 아이한테 쏟아내서, 아이가 수도 없이 상처받았을 생각을 하면 마음이 쓰리다. 꽃이 아니라 보잘것없는 세 치 혀로 아이를 때리는 엄마였다.

영상 노출은 두 돌 이후부터, 30분이나 1시간 이내로 제한하라고 한다. 큰아이가 돌이 안 되었을 무렵, 이유식을 너무 심하게 거부해서 식탁에 앉혀놓고 안 해본 짓이 없다. 동화 구연하듯이 책 읽어주며 겨우 한 숟갈 떠먹이고, 식탁이 장난감으로 가득하기도 했다. 너무 힘들어서 결국 스마트폰으로 동요가 나오는 앱(app)을 틀어주고 먹였다. 그것도 돌도 안 된 아이한테! 그러면 아이가 현란한 동영상에 정신이 팔려 이유식을 넙죽넙죽 잘 받아먹었다. 아마 스마트폰이 없었다면, 아이는 거의 굶다시피 살았을 것이다.

아이를 데리고 외식을 할라치면, 스마트폰은 거의 구세주 격이다. 한자리에 앉아 있는 게 힘든 아이들을 민폐 끼치지 않고 얌전히 있게 하려면, 그만한 것이 없다. 아이가 동영상을 보고 있는 동안 어른들은 심지어 여유 있게 식사를 할 수 있다! 스마트폰 예찬을 하려는 것이 아니다. 어린아이한테 영상 노출은 위험하다는 것이 과학적으로 증명된 사실이다. 안다. 우리도 너무 잘 알고 있다. 알면서도 피치 못한 선택을 해야만 할 때가 있는 현실을 말하는 것이다. 나도 아이 낳기 전에는 식당에서 스마트폰 쥐어주는 엄마들을 속으로 욕했다. 나는 절대 저런 한심한 부모가 되지 말아야지 하고 다짐했다. 지금은 그때 내가 비난했던 부모들에게 미안한 마음뿐이다.

아이한테 공포심을 주면 절대로 안 된다는데, 너무 말을 안 들을 때면 도깨비 목소리가 나오는 앱이 그리 유용할 수가 없다. 떼쓰고 말 안 듣는 상황이면 요즘도 어김없이 도깨비 앱을 틀곤 한다. 무섭고 섬뜩한 비주얼과 목소리에 아이는 바로 꼬리를 내린다. 얼마나 갈지 모르겠지만, 당장은 효과 만점이라는 데에 만족하는 나다.

프랑스식 육아가 한창 회자되고 있다. 『프랑스 아이처럼』이라는 책을 읽은 적 있다. 읽고 나서 든 생각은 그냥 따라한다고 되는 게 아니라는 거다. 단순한 육아 방식의 차이가 아니라, 보다 훨씬 깊이 흐르는 문화의 차이라는 결론을 내렸다. 프랑스에서는 여자들이 일하는 게 당연하다. 사회 인프라가 잘 구축돼 있어서, 엄마들이 일하기에도 최적의 환경이다. 아이가 백일만 지나도 맡길 수 있는 보육시설이 부족함 없이 마련되어 있고, 탄력적인 근무가 가능해서 제 시간에 아이를 픽업하기 위해 퇴근해도, 어느 누구도 눈치를 주지 않는다. 모두가 그렇게 하고 있고 당연하다는 인식이 저변에 깔려 있기 때문이다.

사회적 인식과 근무 시스템 자체가 다른데, 육아법만 따른다고 우리가 프랑스 엄마가 될 수 있을까. 내가 바뀌기 이전에 사회구조가 먼저 바뀌어야 가능할 거라는 생각이 들 뿐이다.

나는 이렇게 육아서와 동떨어진 육아를 하고 있었다. 나의 현실은 왜 이렇게 힘들기만 한 걸까 하는 자괴감을 느끼기 십상이다. 내가 세상에서 제일 의지가 약한 것 같고, 아이를 위해 그까짓 것 하나 실천 못 하는 형편없는 엄마가 된 기분이다. "누구나 부모 노릇에 대해 의견이 있지만, 가장 좋은 부모는 자기 아이가 없는 부모다"라고 말한 스웨덴의 정신의학자 다비드 에버하르트에게 격한 공감을 하며 위안을 받기도 했다. 정말 그렇다. 자식이 없는 어른은 고매한 인격을 지키면서 우아한 삶을 영위해나갈 수 있을 것이다. 아이가 없으면 나 역시 그렇게 살 자신이 있다!

우리 시어머니가 그러신다. 옛날에는 이런 저런 정보 없이도 애 다 잘 키웠다고. 세상이 복잡해지니까 애 키우는 것도 복잡해져서, 요즘 엄마들이 애 키우기 더 힘든 것 같다고 하셨다. 너무 많은 선택지가 앞에 있으면 결정 장애를 겪기 쉽다. 어머니 말씀처럼 차라리 단순하게 아이를 키우던 옛날이 머리 아프게 고민 안 해도 되고 더 수월했을 것 같기는 하다. 문명이 더 발달해서 손발은 더 편해졌을지언정 골치는 훨씬 더 아프다. 알아야 할 것도 너무 많고, 결정해야 할 것도 너무 많다, 요즘 육아는.

예를 들면, 스마트폰이 없던 옛날에는 아이에게 스마트폰을 사주어야 할지 말지, 언제 사주어야 할지, 스마트폰 게임을 어떻게 하면 자제시킬지, SNS에 너무 미쳐 있는 건 아닌지 따위의 문제를 고민하지 않아도 되었다. 스마트폰이 우리에게 가져다준 편리함도 많지만, 아이를 키우는 입장에서는 그런 미디어가 주는 폐해를 생각하지 않을 수 없다. TV가 집집마다 보급된 때는 내가 태어난 1980년대 초반부터이다. 그러니 그 전 세대 아이들은 집에서 TV 보는 것 대신 밖에 나가 노는 시간이 훨씬 많았을 터이다.

음식만 해도 그렇다. 먹을 것이 귀했던 옛날의 간식이라고 하면, 철에 따라 감자, 고구마 찐 것이나 옥수수, 밤 같은 것들이었다고 한다. 보릿고개를 넘을 때면 쌀이 없어 꽁보리밥을 먹어야 했고, 흰쌀밥 먹는 것이 소원이었다던 우리 엄마의 이야기이다. 생각해보면 그때의 아이들이 건강식품을 먹고 살았던 거다. 요즘은 어떠한가. 각종 과자, 음료수 같은 가공식품이 넘쳐난다. 검증되지 않은 화학물질과 색소 따위가 함유되어 있어, 아이들의 몸에 알게 모르게 독소가 쌓이고 있다.

옛날에 비해 훨씬 엄마노릇하기가 힘든 거 같고, 육아서대로 하기는 더더욱 힘들다. 알아야 할 것도 지켜야 할 것도 너무 많아서 솔직히 지친다. 주위를 보면 다들 잘 해내고 있는 것 같은데, 나는 왜 이렇게 힘든지 모르겠다.

엄마는 부처가 아니다

내 몸이 아프든 부서지든 쉴 수 없는 게 바로 육아다. 반차라도 쓰고 싶은데 그럴 수가 없다. 늦게까지 술 마신 다음날은 아이들이 유난히 더 빨리 일어나는 것 같다. 졸리고 머리도 아프고 힘들어 죽겠는데, 6시부터 일어나 깨운다. 새벽부터 일어나 응가 마렵다 그러고, 물 달라 그러고, 장난감 찾아내라 떼쓰고… 정말 죽겠다.

큰아이가 두 돌 정도 되었을 때의 일이다. 전날 밤에 오랜만에 친한 친구가 우리 동네에까지 놀러 와서 늦게까지 꽤 많이 마셨다. 오랜만에 마신 술이라 몸이 더 힘들었는지, 다음날 아침 도저히 일어날 수가 없었다. 속까지 안 좋아 도저히 버틸 수가 없어서, 하는 수없이 DVD를 틀어주고 화장실 변기를 붙잡고 있어야 했다. 구세주 텔레비전이 없었다면 그날 하루는 어땠을까 상상이 안 간다. 결국 동생이 약을 사다주고 겨우 살아난 몹쓸 기억이다. 애 키우는 엄마는 술도 마음대로 못 마신다.

술은 안 먹으면 된다 치고, 내 몸이 아플 때는 어떤가. 골이 쏟아져 내리는 듯해도, 배가 아파 도저히 일어날 수가 없더라도, 아이를 봐야 한다. 어린아이는 엄마가 아픈 것에 대한 지각이 없어서, 아프든 말든 아픈 엄마에 대한 배려를 보일 것을 기대하기 힘들다. 나는 이유 없이 만성적으로 극심한 복통이 가끔 찾아오는데, 그럴 때마다 너무 힘들다. 병원 가면 그냥 위염 내지 장염이라고 약을 지어주는데, 그걸 먹어도 소용이 없다. 대여섯 시간을 버텨야 복통이 겨우 사그라든다. 진통제가 듣질 않으니, 핫팩을 배에 대고 그 고통을 몇 시간 동안 오롯이 견뎌내야만 한다. 주변에서는 다들 내시경을 해보라고 권했다. 그러나 아이가 어려서 수유 중이거나 혹은 아이를 맡길 수 없는 상황이어서 번번이 미뤄야만 했다.

두 아이를 모두 어린이집에 보낼 수 있는 시기가 오자, 얼마 전 위대장 내시경을 했다. 결과는 딱히 이상이 없었다. 그래도 아픈 증상이 있으니 의사는 MRI를 찍어보자고 했다. 검사를 했으나 역시 원인을 찾을 수가 없었다. 이런 경우에 흔하게 내리는 진단은 '신경성'이다. 내가 그리 예민한 성격도 아닌데 신경성이라니. 현대의학은 참 알다가도 모르겠다.

아무튼 큰애가 돌도 안 되었을 때 그 복통이 찾아온 적이 있다. 돌이 안 된 어린아이는 손도 많이 가고 텔레비전을 보여줄 수도 없어서, 시어머니께 와달라고 부탁을 했다. 부탁하고 의지할 누군가가 있으면 그나마 다행이지만, 주위에 아무도 없을 때는 애를 어찌 키울까 앞이 깜깜하기만 하다. 그래서 요즘은 친정 옆에 사는 게 트렌드란다. 나는 친정이 멀어서 친정엄마 도움을 받고 사는 엄마들이 진심 부럽다.

따라서 엄마는 아프면 안 된다고 한다. 어떤 상황에서도 희생을 감수해야 하는 현실이다. 우리 엄마나 시어머니도 그렇고, 그 세대 엄마들은 밖에서 일하는 남편을 위해 온갖 희생을 감내하며 내조해온 분들이다. 과일 안에 씨가 있는 심 부분이나 식구들이 먹고 남은 음식을 먹는 것이 희생하는 엄마들을 대표하는 상징 같은 것이었다. 당신 몸이 아파 몸져누울 지경이라도 남편 밥은 꼭 차려야 하는 줄로 아는 옛날 엄마들. 요즘 사람인 나는 그런 게 참 이해되지 않는다. 희생이 왜 꼭 엄마들의 미덕이어야 하는지 불만이다. 그래서 나는 과일을 까도 가장 좋은 부분은 내가 먼저 먹는다. 맛있는 것이 있으면 조금이라도 일단 맛을 보고 남편이나 아이들에게 준다. 희생의 미덕에 대한 일종의 소심한 반항이다. 엄마가 있은 다음에야 가정도 있을 수 있다고 생각한다. 허리가 꼬부라진 할머니들을 보면 안쓰럽기도 하고 화가 나기도 한다. 당신 젊음을 나머지 가족을 위해 다 희생하고 남은 건 굽은 허리와 휘어진 다리뿐이라는 생각에, 나는 절대 저렇게 되고 싶지 않다는 생각을 하곤 한다.

남편이 결혼 초에 내게 선물한 책이 있다. 법륜스님의 『스님의 주례사』라는 책인데, 읽고 까무러칠 뻔했다. 결혼도 안 한 스님이 뭐 이렇게 남성 중심적인 시각에서 글을 썼나 하는 생각을 했던 것 같다. 따지고 보면 구구절절 맞는 이야기도 많지만, 남편을 섬기라든가 여성 남성 역할을 구분 짓는 가부장적인 이야기를 읽고 반발심이 드는 건 어쩔 수 없었다. 내 남편이 여자와 남자 역할은 분업 형태가 이상적이라는 발언을 했을 때, 발끈해서 싸운 적이 있다. 요즘 같은 남녀평등 시대에 웬 시대착오적인 발언이냐며 분개했고, 맞벌이 부부가 집안일을 '똑같이' 하는 게 맞는다고 열변을 했다. 실제로 통계에 의하면 맞벌이 가정에서 남성 대 여성의 가사 분담률이 평균 36:64로, 직장 맘이 두 배 정도나 더 하고 있는 것으로 드러났다. 이런 게 남편을 섬기는 방법이라면, 도저히 섬길 마음이 들지 않을 것 같다. 회사를 그만둔 나는 전업주부니까 가사의 대부분을 내가 하는 것이 맞는다고 치지만, 우리나라 직장 맘들 정말 고생한다. 나는 페미니스트는 아니지만, 이런 전근대적인 풍경은 정말 아닌 것 같다는 생각이 든다.

엄마의 일생 중에 여자로서의 자존감이 가장 떨어지는 시기로, 아이를 낳은 직후 수유할 때가 많이 꼽힌다. 아이를 낳고 나면 바로 임신 전의 배로 돌아가는 줄 알았다. 분만하고 나서 처음으로 병원 화장실에 가서 내 배를 보았을 때의 충격은 잊을 수가 없다. 분명히 아이를 빼냈는데, 배는 아주 약간만 들어갔을 뿐이었다. 임신 전에도 배가 납작했던 것은 아니지만, 이건 단순히 똥배 수준이 아니었다! 아이가 들어 있을 때에는 팽팽하게 당겨져서 탄력 비슷한 느낌이라도 있었는데, 분만 후의 배는 그야말로 바람 빠진 풍선이란 표현이 딱이다. 흐물흐물하게 늘어진 뱃가죽이 내 신체 일부라는 사실을 인정할 수가 없었다.

어디 그뿐인가. 아이 낳고 이틀쯤 되니 가슴이 붓기 시작하는데, 모유를 짜내지 않으면 여간 고통스러운 것이 아니었다. 신생아는 젖 빠는 힘이 부족해서 많이 먹지 못하므로, 나의 경우에는 서너 시간 간격으로 유축을 해야만 했다. 모두가 잠든 새벽에도 일어나 유축기로 젖을 짜내야만 했다. 유축기를 처음 사용하던 순간도 잊을 수가 없다. 마치 젖소가 된 기분, 그거다. 내 가슴의 새로운 기능, 인체의 신비로움 따위는 생각할 겨를도 없다. 그 시기에는 유축하고 수유하는 게 전부이다. 지인 중에는 젖소 같은 그 느낌이 싫어서 모유 수유를 한 달 만에 포기한 이도 있을 정도다.

많은 엄마들이 아이 낳은 직후 우울증을 겪고 힘들어하는 이유도, 몸이 힘든 때문이기도 하겠지만 바닥을 친 자존감 때문이기도 할 것이다. 정말 아이 낳고 키우는 게 이런 것일 줄은 몰랐을 테니까. 사람이 자신의 경험치밖에 알지 못한다는 것은 어떻게 보면 참 슬픈 일이다. 아무리 책을 읽고 많이 들었어도, 직접 겪어보지 않으면 제대로 알기가 어렵다. 머리로 아는 것과 몸으로 아는 것은 천지차이이다. 고생이라고 는 딱히 해보지 않고 큰 우리 세대의 엄마들에게는 출산 자체가 크나 큰 관문임에 틀림없다. 그리고 이어지는 육아는 고행의 연속일 수밖에 없다. 엄마니까 당연히 이 정도 고통, 희생을 감내해야 한다는 것은 전 혀 와 닿지 않는 이방의 이론일 뿐이다. 아니, 마땅히 견뎌낼 준비가 되 어 있지 않은 내가 이방인일 수도.

희생되는 것이 하나 더 있다. 한 아이의 엄마가 되는 순간, 나는 내 이름을 잃어버렸다. 처음에는 'ㅇㅇ 엄마'라고 불리는 것이 참 어색했 다. 하지만 이제는 익숙해져버린 'ㅇㅇ 엄마'라는 나의 이름, 나의 정체 성. 엄마가 되면서 내 이름 석 자 불리는 일이 팍 줄었다. ㅇㅇㅇ 고객 님이라 불러주는 보험영업 전화, 슈퍼 계산대, 은행을 제외하면 거의 없 는 것 같다. 남편부터 나를 'ㅇㅇ 엄마'라고 부르는 것이 참 싫었다. 아무 리 애들 앞에서 그렇게 부르는 거라도 싫어서 그냥 내 이름을 불러달라 고 했다.

옛날 어른들이 결혼한 딸이나 며느리를 부를 때 '에미야'라고 하는 게 솔직히 이해가 안 간다. 그래도 우리 시어머니는 내 이름을 불러주 셔서 너무 감사하다. 나는 누구의 엄마이기 이전에 그냥 나이고 싶은 데, 세상은 나를 아이의 엄마로만 불러준다. 어린이집 같은 반 엄마들 이랑 친해져서 교류를 시작할 때, 누구 엄마 말고 서로의 이름을 부르 자고 제안했다. 처음에는 어색했지만 서로 그렇게 부르다 보니, 이제는 오히려 누구 엄마라고 부르는 게 낯설 지경이다. 이름 석 자는 나를 대표하는 정체성이다. 엄마는 나의 정체성의 일부이지, 전부가 아니다. "내 이름을 불러주세요"라고 세상에 외치고 싶다. 오죽하면 시인 김춘수가 이름을 불렀을 때 꽃이 되었다고 표현했을까.

엄마가 되면서 뭐니 뭐니 해도 가장 아쉬운 것은 나만의 시간이 없다는 것이다. 24시간 껌 딱지처럼 달라붙어 있는 아이가 생기면서 나의 하루가 없어졌다. 특히 갓난아기를 키울 때는 밥 먹을 시간은 물론 화장실 가는 시간마저 아이의 스케줄에 맞춰야 했다. 아이가 자는 동안 샤워를 하면 행여나 중간에 깰까 봐 할 수가 없었다. 대신에 아이가 기분 좋게 노는 시간에 소서(saucer)를 욕실 앞에 갖다두고, 거기 앉혀두고 5분 정도 후딱 씻곤 했다.

그 5분의 시간이 어린아이 엄마에겐 그렇게 귀하다. 혼자 커피 한잔 마실 수 있는 단 5분의 여유가 그렇게 소중한 줄은 아이를 낳기 전엔 미처 몰랐다. 주말에 여덟 시 아홉 시까지 늦잠 잘 수 있는 그 자유가 그렇게 소중한 줄은 정말 몰랐다. 지금은 아이들이 어린이집에 가는 오전 시간의 자유가 생겼지만, 아직도 늦잠의 자유는 내게 허락되지 않았다. 나는 두 아이 다 모유 수유를 오래 했기 때문에, 특히 나만의 자유를 갖기가 힘들었다. 아이를 집에 두고 처음으로 혼자 집 앞 슈퍼를 갈 때조차 해방된 기분에 사로잡혔다.

시간이 더 지나 남편에게 큰아이를 맡기고 처음 혼자 외출하던 날의 감동은 정말 특별했다. 큰아이가 처음 어린이집에 갔을 때 내게 허락된 한 시간이 그렇게 소중할 수가 없었다. 한 시간 동안 할 수 있는 일은 어린이집 앞의 빵집에서 커피 한 잔 할 수 있는 정도였지만, 얼마나 감사했는지 모른다. 당시 만삭이었으므로 그나마 그 자유도 두 달밖에 가지 못했지만 말이다. 자유도 뺏겨본 사람이 소중함을 안다고 했다. 구속받던 시절이 있기에 지금의 자유가 무척 소중함을 깨닫게 되었으니, 아이에게 감사해야 할 일인지도 모르겠다.

엄마라서 희생해야 할 것이 참 많다. 건강한 체질을 타고나서 아프지도 말아야 하고, 가끔은 젖소도 되어야 하고, 아이가 허락한 시간만 누릴 수 있는 엄마들의 운명이여. 안타깝게도 나는 그 운명의 부름에 마음을 다해 응하기가 힘들다. 엄마라는 이유로 다 바치고 싶지 않다. 나는 여전히 내 몸이 소중하고, 아직 펼치지 못한 내 꿈이 소중하다. 희생하고 싶지 않은 나를 이기적인 엄마라고 할지도 모르겠다.

하지만 엄마도 사람이다. 엄마이기 이전에 우리는 한 인간일 뿐이고, 부처님은 더더욱 아니다. 그런데 책에서도 사회에서도 이상적인 엄마상을 정해두고, 거기에 못 미치는 엄마로 하여금 자괴감을 느끼게 한다. 좋은 엄마, 나쁜 엄마의 기준은 과연 누가 만드는가? 누구 하나 노력하고 있지 않은 엄마들은 없는데, 다들 각자의 상황에서 최선을 다하고 있는데, 누가 평가의 잣대를 우리에게 들이대는가? 그 기준에 조금이라도 가까이 가고 싶은 엄마들의 마음은 참으로 눈물겹다.

대체 누구 닮았니?

태어난 지 얼마 되지 않은 아기를 앞에 두고 가장 많이 나누는 이야기는 '이 아이가 누구를 닮았는가?'에 대해서일 것이다. 양가 어른들은 손주가 당신 아들이나 딸과 어떤 부분이 닮았는지 이야기하기 바쁘다. 친가 식구들은 아이가 아빠 닮았다고들 하고, 외가 식구들은 아이가 엄마 닮았다고들 한다. 아이가 가족들에게 선사하는 큰 기쁨이기도 하다. 당신들을 닮은 꼬물거리는 예쁜 아가의 탄생, 이러한 축복을 먹으며 아이는 자란다.

누워만 있던 아기는 자라서 점점 말썽을 피우게 된다. 우습게도 이때부터는 서로 상대방을 닮아서 저런다는 말이 나오기 시작한다. 좋은 건 자기 닮았고, 나쁜 건 배우자 닮았다는 식이다. 나도 아빠 닮은 큰아이에 대해 이야기해보려고 한다.

큰아이는 생김새는 나를 닮았다고들 한다. 그런데 하는 행동이나 성격은 아빠를 많이 닮았다. 2년 전쯤 아이랑 미술관에서 하는 키즈 프로그램에 참석한 적이 있는데, 프로그램 선생님이 남편의 지인이었다. 그이가 요즘도 우리 아이가 괜찮은지 물어본다고 한다. 그분의 표현에 따르자면, 그렇게 산만한 아이는 태어나 처음 봤다고 했단다. 에너지가 많은 아들인 점을 감안하더라도, 우리 아이는 주의가 산만하긴 하다.

손발을 한시도 가만두지 않고 떠는가 하면, 잠시도 제자리에 앉아 있지 않는다. 책을 읽어주면 한 자리에서 잘 듣고 있기는 하지만, 손과 발 중에 어느 하나를 자꾸 움직여대서 내가 주의를 주곤 한다.

한번은 ADHD가 의심되어 간이 테스트 항목에 체크를 해보았다. 그랬더니 주의력 결핍 부분은 경미한 수준으로 나왔고, 과잉행동 장애는 어느 정도 맞는 걸로 나왔다! 특히 과잉행동 장애 진단에 '그렇다'고 대답한 항목은 손발을 가만히 두지 못하고 계속 꼼지락거린다, 지나치게 말을 많이 한다, 질문을 끝까지 듣지 않고 대답한다, 다른 사람을 방해하고 간섭한다 등이다. 주변에선 남자애들이 어릴 때는 다 그렇다고 하지만, 엄마로서 걱정이 많이 된다.

나는 어릴 때 집중력도 좋았고, 말썽이라고는 부려본 적 없는 얌전한 여자아이였다. 어른들이 애어른이라고 했을 정도니, 나를 닮은 건 분명히 아니다! 남편은 자기가 어릴 때 은근히 산만했다고 한다. 그래, 당신 닮은 게 확실해. 게다가 겁도 정말 많다. 깜깜한 것을 무서워해서 아직도 영화관에는 한번도 못 가봤고, 텔레비전에 무서운 장면이 나오면 아직도 밖으로 뛰쳐나오고, 밤에 무서워서 혼자 화장실을 못 간다. 우리 남편도 겁이 많다. 놀이공원 가면 바이킹같이 위에서 훅 떨어지는 놀이기구를 전혀 못 타서 연애할 때 참 재미없었다. 쓰고 보니 남편과 아들 흉을 본 것 같아 미안하지만, 사실이다. 나는 안 닮았다.

나는 어려서 울보였다. 여섯 살에 유치원에 처음 다녔는데, 만들기 시간과 밥 먹는 시간이 제일 싫었다. 만들기나 그림 그리는 시간이면 주어진 시간에 다 완성하지 못할까 봐 불안해서 울었다. 지금 생각에는 울 시간에 얼른 하면 될 텐데, 우느라 다 하지 못했다. 여름방학 때

유치원 담임선생님이 보낸 엽서의 그림과 내용이 아직도 생생하다. 우산 쓰고 울고 있는 개구리 그림을 그리고, 선생님이 내가 울면 많이 속상하다고 했다. 방학 끝나고 다시 유치원에 올 때 울지 않고 씩씩한 내 모습을 보고 싶다고 쓰여 있었다.

어릴 때 나는 징그럽게 밥을 안 먹었다. 세상에서 밥 먹는 게 제일 싫었던 것 같다. 엄마젖도 몇 모금 빨다 안 먹고 살아서, 우리 엄마는 단유할 때도 전과 후가 거의 똑같아 하나도 안 힘들게 끊었다고 했을 정도다. 엄마가 밥을 먹여도 꾹 물고 도저히 삼키질 않았고, 오직 우유로만 연명했다고 한다. 유치원 앨범에 보면 점심시간에 한쪽 볼에 밥을 꾹 물고, 건너편에 앉은 아이에게 내 밥 좀 먹어달라고 하는 장면의 사진도 있다. 안 먹으니 당연히 몸도 약했다. 하도 안 먹으니 갈비뼈만 앙상하다고 해서, 우리 엄마가 나를 "갈비야!"라고 부른 기억이 난다. 당시 초등학교 기록부에는 가나다라마 단계로 체급을 매겼는데, 나는 항상 '가' 아니면 '나'였다.

그 업보를 지금 내가 받고 있나 보다. 큰아이는 지금은 잘 먹지만, 서너 살까지 그렇게 먹지를 않았다. 작은아이 역시 먹는 것에 별로 관심이 없다. 얼마 전에 받은 영유아 검진에서 작은아이의 몸무게는 하위 16퍼센트로 나왔을 정도니, 말 다했다. 대체 누굴 닮아 그러냐고 물을 필요도 없이 그냥 나를 닮은 거다. 큰아이가 잘 안 먹어서 둘째는 제발 잘 먹는 아이가 태어나기를 그렇게 바랐건만. 어쩜 그런 것만 닮았는지 한숨이 절로 나온다. 안 먹는 아이를 두고 괴로워하면 남편이 "너 닮아 그런 걸 누굴 탓하겠냐?"라고 하는데 할 말이 없다. 우리 엄마한테 미안하다. 나처럼 이렇게 힘들었을 테니까. 애를 낳아봐야 나를 키위준 엄마 마음을 안다고 하더니, 이럴 때를 두고 하는 말인가 보다.

유전자의 힘은 경외스럽다. 외모를 봐도 희한하게 섞어서 닮았다. 큰아이는 얼굴은 나를 닮고, 골격은 아빠를 닮았다. 작은아이는 얼굴은 아빠 닮았는데, 골격은 나를 닮았다. 두 아이 다 뒷모습은 아빠를 많이 닮기도 했다. 남편 역시 뒤통수가 시아버지랑 빼다 박았다. 하다못해 제스처까지 너무 똑같아서 깜짝깜짝 놀랄 때가 많다. 마찬가지로, 나를 보면 우리 엄마 얼굴이 보인다는 소리도 자주 듣는다.

3억분의 1의 확률로 우수한 정자와 난자가 만났으면 좋은 것만 갖고 태어날 일이지, 왜 안 좋은 것까지 닮는 것인지 불가사의하다.

우리 부모님 세대의 공통점이라는 생각이 들 정도로 양가 부모님은 하나같이 부지런하다. 당신들의 부모님으로부터 하나 물려받은 것 없이 특유의 근면함으로 무에서 유를 일궈낸 분들이다. 우리 아빠는 회사도 다니고 짬짬이 자격증 공부도 해서 사업도 일궈내며 30여 년을 근로했다. 시아버지도 시골에서 무일푼으로 상경해서 가방에 물건 넣고 팔러 다니며 시작한 사업을 여태 하고 있다. 특유의 성실함과 부지런함으로 평생을 살면서 자식들을 키워냈다. 솔직히 고백하면, 7080의 우리 세대가 그런 이야기를 듣자면, 먼 옛날의 무용담으로만 들린다. 나라면 그렇게 할 수 있을까 하는 존경과 경외심이 들지언정 그렇게 살 자신은 없다. 재벌 회장님의 성공신화 이야기가 담긴 책을 봐도, 자식을 훌륭하게 기른 신사임당이나 에디슨의 어머니 이야기를 들어도, 남의 이야기라는 생각부터 든다. 부모님의 훌륭한 점을 왜 물려받지 못했는지 아쉬울 뿐이다.

좋은 건 안 닮고 왜 하필 안 좋은 건 그렇게 귀신같이 닮는지 모르겠다. 피가 물보다 진하다는 걸 꼭 그런 식으로 증명할 필요는 없을 텐데 말이다. 그래서 겁이 난다. 나의 단점들을 앞으로도 계속 배울까 봐 두렵다. 자식은 부모의 거울이라는데, 나와 남편의 어떤 모습이 투영될지 걱정스럽다. 학교 선생님인 한 친구가 그러길, 아이를 보면 그 부모를 굳이 마주하지 않아도 어떤 부모일지 보인다고 했다. 이상한 아이는 엄마도 이상하고, 참 괜찮은 아이는 엄마도 괜찮다고 했다. 부모가 매일 거울을 보며 자기수양을 해야 하는 이유가 여기에 있다. 『논어』에 다음과 같은 구절이 있다.

자로가 군자에 대하여 여쭙자, 공자께서 말씀하셨다. "자기 수양을 통하여 공경스러워져야 한다."
"그렇게만 하면 됩니까?"
"자기 수양을 통하여 사람들을 편안하게 해주어야 한다."
"그렇게만 하면 됩니까?"
"자기 수양을 통하여 백성들을 편안하게 해주어야 한다. 자기 수양을 통하여 백성들을 편안하게 해주는 것은 요임금과 순임금도 오히려 어렵게 여겼던 일이다."

— 『논어』(홍익출판사), p.167

군자와 백성처럼 부모와 자식도 마찬가지이다. 부모가 자기 수양을 통해 자식을 편안하게 해주면 공경이 절로 따라오게 되어 있다. 요임금과 순임금도 어렵게 여겼던 일이라는 구절이 참으로 위안이 된다. 그렇다. 자기 수양을 하는 일은 참으로 어렵고 고된 일이다. 어렵고 힘들다고 해서 부모이기를 포기할 수는 없는 노릇이다. 이왕 부모노릇 할 거 최소한의 노력이라도 해봐야 하지 않겠는가. 이병철 회장이 "이봐, 해보기나 했어?"라고 말했다는데, 해보기는 해야 할 것 같다. 완벽한 사람은 없듯이 완벽한 부모도 없다. 내가 가진 장점은 물려주고 단점은 고쳐나가면서 아이와 함께 성장하면 되지 않을까 싶다.

아이를 통해 내가 성장한다더니, 이렇게 내가 성장하는 것 같다. 아이를 통해 내가 어떤 사람인지 더 잘 알게 되었다. 내가 화를 잘 내는 사람임을 알게 되고, 인내에 대한 고민과 노력을 시작하게 되었다. 아이를 통해 내가 생각보다 나 자신을 사랑하는 사람임을 알게 되었다. 부모자식의 관계, 부부의 관계에 대해 고민하기 시작했고, 어떻게 하면 그 관계가 좋아질 것인가에 대해 고민하기 시작했다. 또 생각 없이 먹던 음식의 좋고 나쁨에 대해 알게 되고, 건강에 관심을 가지게 되었다. 결혼하지 않고 아이를 낳지 않았다면 고민하지 않았을 문제들이다.

노자는 "모른다는 것을 아는 것이 가장 좋다. 모른다는 것을 모르는 것은 병이다"라고 말했다. 최소한 이러한 문제들에 봉착해서 고민한다는 것 자체로 우리는 병자가 아닌 것이다. 어찌 보면 아이는 고민의 시작점이기도 하지만, 한편으로 최소한 고민을 하게 하는 고마운 존재이기도 하다. 고민을 한다는 행위는 내가 모른다는 것을 인정하는 데서 시작되므로 좋은 신호이다. 내가 모른다는 것을 알게 되어서 참 다행이다. 내가 아이를 통해 깨닫고 배우게 된다.

이미 갖고 태어난 신체 특징은 어떻게 할 수 없지만, 후천적으로 물려줄 수 있는 것들에 대해서는 생각해봐야 한다. 내가 가진 장점은 그대로 물려주면 된다. 내가 고쳐야 할 점은 내가 고쳐나가면, 아이가 본

받게 되어 있다. 나 역시 단점투성이 인간이지만, 나의 장점은 무얼까 생각해본다. 나는 게으르기는 해도 한번 마음먹으면 하고자 하는 의지가 강하고, 또 먼저 사과를 잘하는 편이다. 잘 웃고 인사도 잘하고, 가족을 제외한 타인과의 충돌은 가능한 피하는 평화주의자이다. 음, 이런 것도 아이가 본받으면 좋을 것 같다. 나의 성장이 곧 아이의 성장과 연결된다는 것을 늘 명심하고 나부터 성장해 나가야겠다.

그놈의 엄마표

요즘은 엄마표 교육이 참 많다. 엄마표 영어, 엄마표 수학, 엄마표 미술, 엄마표 독서, 엄마표 ○○ 엄마표 ○○…. 앞서 인용한 이상적인 엄마를 찾는 구인광고에서도 엄마는 각종 학과목은 물론 미술, 음악, 언어학, 심리학까지 모든 분야에 능통한 전문가이면 좋다고 했다. SNS에 보면 어쩜 그렇게 다방면에 재주 있는 엄마들이 많은지, 감탄이 절로 나온다. 엄마표를 하는 엄마들을 보면, 유아교육 전문가가 따로 없다. 과목마다 학위를 받은 게 아닌가 싶을 정도다. 이럴 줄 알았으면 학창 시절에 예체능 과목 좀 열심히 해둘걸 그랬나 보다.

나도 엄마표 미술, 엄마표 영어는 따라 해보려고 블로그에서 이웃도 맺어 들락거리고 책도 많이 읽었다. 처음에 몇 개는 따라 해보기도 했다. 유용한 팁도 많고, 그대로만 할 수 있으면 매우 훌륭하다. 중요한 건 꾸준한 실천이 안 된다는 거다. 집에 있는 재료로 엄마표 미술놀이를 할 수 있다는데, 우리 집에 없는 재료가 있으면 패스, 이건 뒷정리가 감당 안 될 거 같아서 패스, 이건 귀찮아서 패스, 이런 식이다. 천성이 게으른 나에겐 무리인가 보다.

엄마표 영어는 또 어떤가. 매일 영어책을 몇 권씩 읽어주라는데, 한글 책 읽다 보니 못 읽는 날도 많다. 영어로 간단하게 말 걸기? 아이가 어릴 때 해보다가 포기했다. 몇 마디 하는 게 뭐 그리 어려울까마는, 참 잘 안 된다. 나의 모국어가 한국어라 한국말 잔소리부터 나가지, 영어가 먼저 나가지 않는다. 아, 꾸준히 하는 게 있다면, 영어 DVD 틀어주기이다. 이건 틀어주면 애들이 조용히 보는 동안 내가 편하니까 참 실천하기 쉽다. 아이가 어릴 때는 영어 그림책을 자주 읽어주었다. 그런데 아이가 자라고 한국어가 편해지는 시점이 오자, 영어책을 거부하기 시작했다. 알아듣기 쉬운 우리말 그림책이 훨씬 재미있는데, 무슨 말인지도 모르는 영어 그림책이 재미있을 리 없다. 집요하게 꾸준히 노출해주지 않아서일 수도 있지만, 아무튼 영어책 읽어주기가 쉽지 않았다. 책에서는 영어 거부증은 흔한 현상이라, 방법을 찾는 것은 내 아이를 가장 잘 아는 엄마의 몫이라고 말한다. 결국은 엄마의 노력이라는 말이다. 어떤 방법을 쓰든 아이를 '꼬셔서' 영어책을 읽어주어야 하는데, 마음 같지가 않다.

내 전공이 영어교육이라 학교에서도 학원에서도 아이들을 가르친 바 있다. 지인들은 내게 전공이 영어인데 뭐가 걱정이냐며, 나더러 내 아이를 가르치라고 한다. 하지만 자기 자식은 못 가르친다는 사실을 너무나 잘 아는 나는 시도조차 해본 적 없다. 나로서는 아이와의 관계를 망치기 가장 쉬운 방법이 내 자식 가르치는 것이다. 좀 가르쳐보려고 앉혀놓으면 꼼지락거리지, 연필 제대로 못 쥐지, 잔소리부터 나간다. 아이가 틀리기라도 하면 속 깊은 곳으로부터 끓어오른다. "이것도 못 해!"라고 소리 지르는 걸 참느라 아주 혼이 난다.

피아노를 내가 가르쳐보려고 한 적이 있다. 정확히 말하면, 아이가 어린이집에서 친구들과 피아노로 동요 치는 것에 재미가 들려, 날마다 동요 치는 걸 가르쳐달라고 조른 적이 있었다. 피아노 기초도 전혀 없는 녀석이, 심지어 건반 치는 손 모양부터 배워야 할 녀석이, 그런 기본은 다 건너뛰고 노래를 치겠단다. 손가락을 아무리 'ㄱ'자로 만들고 치라 해도, 오징어처럼 쭉 뻗은 손가락 그대로다. 피아노 건반과 도레미파솔라시도를 맞춰가며 가르쳐줘도, 금방 까먹는다. 처음에 친절 모드로 시작해도, 끝은 항상 아이의 울음이다. 너무 답답한 나머지 성질을 죽일 수가 없다. 나는 결국 포기했고, 아이가 하도 원해서 지금은 피아노 선생님께 배우는 중이다. 선생님들이 참 대단하다는 생각밖에는 들지 않는다. 혹시 내 아이를 가르쳐봤는가? 도를 닦고 인내를 시험해보려면, 내 아이를 가르치면 된다고 말해주고 싶다.

내 아이를 지도하다 보면, 모든 아이는 천재로 태어난다는 육아 이론에 당장이라도 돌을 던지고 싶은 심정이다. 아이가 어릴 때 어른이 상상하지도 못한 질문을 할 때면 "어머, 얘 창의성 좀 봐, 혹시 영재 아닌가?" 했었다. 그런데 이제는 내 아이가 지극히 평범한 아이임을 깨닫게 된다. 하나를 가르치면 열을 깨우친다는 신동은 더더욱 아니라는 사실에 실망감을 맛볼 수 있다.

엄마표 하는 여자들 정말 대단하다. 세상에서 제일 어려운 게 엄마표인 것 같다. SNS에서 엄마표 밑에서 크는 아이들을 보면, 어쩌면 그렇게 다들 잘 따라주고 잘 크는 엄친아들인지, 혀를 내두를 정도이다. 나도 저렇게만 하면 우리 아이도 저렇게 되겠지 하는 기대에 부풀어 시작하지만, 꾸준한 실천이 힘들다는 것이 함정이다. 모든 것은 내 끈기 없음으로 귀결되고 만다. 뒷심이 없는 내게 무언가를 꾸준히 해서 습관으로 만든다는 것이 얼마나 힘든 일인지 모른다. 내게 뒷심이 있었다면, 나는 지금 이렇게 살고 있지 않을 것이다. 뭔가 엄청 훌륭한 사람이 되었을 것이다, 정말로! 솔직히 말하면 엄마표를 꾸준히 하는 엄마들은 굳이 엄마표 교육이 아닌 다른 무언가를 했어도 성공했을 여자들이라고 생각한다.

자기계발 분야에서는 꾸준히 지속할 수 있는 힘의 중요성이 대단히 강조되고 있다. 사람이 습관을 바꾸기란 정말 쉽지 않다. 우리 뇌는 원래의 상태를 유지하고 변화를 거부하려는 성질이 있기 때문이다. 그래서 습관을 바꾼 이들이 성공하는 것이며, 존경받아 마땅하다.

엄마표를 제대로 하지 못한다는 사실에 다시 또 나는 자신감을 잃는다. 세상에 잘난 엄마들은 왜 이렇게 많은 건지! 사교육을 지양하는 쪽으로 노선을 틀었으면 엄마표라도 잘해야 하는데, 나는 이도 저도 아닌 것 같다. 이러다가 아이가 잘못되면 어쩌나 하는 불안감이 다시 엄습한다. 엄마들이 사교육을 시키는 이유는 불안하기 때문이다. 사교육 대신 엄마표를 하겠다고 마음먹지만, 이마저 제대로 못 하니까 또다시 불안하다.

학교 가기 전에 1학년 1학기 정도는 죽 훑어보고 입학하는 게 좋다는 말을 들었다. 학습지를 전혀 안 하는 큰아이에게 살짝 불안한 마음이 들어 서점에 가서 연산책을 한 권 샀다. 연산책이라고 해봐야 1권이나 2권은 수 세기가 주된 내용이다. 1권은 벌써 작년에, 그러니까 아이가 여섯 살 때 샀다. 처음엔 매일 한두 페이지씩 풀게 하자는 결심을 했다. 결과는 말하지 않아도 짐작할 수 있을 것이다. 매일은 개뿔, 아주 가끔 자기 생각날 때마다 끄적이다가 만다. 내가 학창시절 거의 '수포자' 였어서, 우리 아이만큼은 수학을 부디 제발 좋아하고 잘하기를 바라는 마음에서 절대 강요하지 않았다. 억지로 시켜서 행여나 싫어하게 될까 봐 자기가 하고 싶을 때만 하게 했다. 그러니 진도가 안 나간다.

1권은 1부터 10까지의 숫자인데, 일곱 살인 지금은 좀 지루해하는 것 같아서 아이랑 2권을 사러 갔다. 다 끝내지도 못했는데, 2권으로 넘어간다니 엄청 신나했다. 20까지의 수가 나오는 걸 하니 뭔가 레벨이 높아진 느낌이 들어 좋은 모양이다. 아무튼 요즘도 우리 아이는 생각날 때만 한두 페이지 끄적이고 있다. 문제는 할 생각이 아주 가끔만 난다는 것이다. 그래도 앞으로도 그렇게 자발적으로 신나게 공부를 했으면 하는 바람이다.

얼마 전 친정에 갔는데 아이가 심심해서 친정 앞 마트에서 부루마블을 사주었다. 내가 올해 저지른 가장 큰 실수를 꼽으라면 부루마블을 아이에게 사준 일이다. 중독성이 있어서 하루에도 몇 번을 하자고 졸라댔다. 처음 몇 번은 나도 오랜만에 하는 거라 재미있었지만, 횟수를 거듭할수록 갖다버리고 싶은 마음이 점점 커졌다. 해본 사람은 알겠지만, 게임 1회당 호흡이 엄청 길다. 최소 40분 이상이 소요되어 정말 지루하다. 누가 크게 이기고 지는 게 아니라, 돈만 있으면 계속 끌고 갈 수 있는 게임이라서 몇 시간이고 할 수 있다. 아이는 눈만 뜨면 부루마블 딱 한 번만 하자고 조르는데, 너무 괴롭다. 게임이 하고 싶어서 새벽 6시도 안 돼 눈떠서는 부루마블 하잔다. 그럼에도 불구하고 부루마블이 준 장점을 꼽으라면, 아이의 셈이 눈에 띄게 늘었다는 것이다! 돈을 수시로 지불하고 거스름돈을 계산하고 하다 보니, 쉬운 돈 세기는 거의 할 줄 알게 되었다.

아이의 셈이 늘게 된 계기가 하나 더 있다. 큰아이가 태권도장에 다니는데, 매일 100점이라고 적힌 상점을 몇 장씩 받아온다. 다닌 지 반년이 넘어가다 보니, 모인 상점이 몇 천 점이 되었다. 자기가 몇 점 모았는지 매일 세는 게 아이의 일상이다 보니, 덧셈이 절로 늘었다.

학창시절 수학을 못 해서 맨날 수학만 공부하는 나에게 친구들은 '또수공'이라는 별명을 붙여주었다. '또 수학 공부한다'는 뜻이다. 맨날 『수학정석』만 붙들고 있었는데도 성적이 쉽게 오르지 않았던 수학은 나에게 평생의 적이나 다름없다. 내 아이만큼은 수학을 즐겼으면 좋겠다. 가장 싫어하는 과목이 수학이 되지만 않았으면 좋겠다. 이렇게라도 재밌게 접근할 수 있으면 참 좋겠다.

나도 어린 시절 한글을 우리 엄마한테 배웠다. 요즘같이 흔한 한글 학습책 하나 없이 그냥 'ㄱㄴㄷ'을 종이에 써서 가르쳤다. 한자도 가끔 우리 집에 오시던 외할아버지가 달력 뒤 백지에 천자문 한자를 칸에 나눠 일일이 다 써주신 적이 있다. 초등학생 때였는데, 하루에 두세 개씩 음과 뜻을 외운 기억이 난다. 따지고 보면 우리 엄마가 한 것도 '엄마표 한글'이고, 외할아버지가 해준 것도 '할아버지표 한자'였다.

엄마표라는 것이 그리 거창할 필요가 없다는 생각이 든다. 물론 엄마표 교육의 콘텐츠를 보면 훌륭하다. 그대로만 하면 멋진 아웃풋도 확실히 기대할 수 있을 것 같다. 하지만 나처럼 게으르고 끈기 없는 엄마들에게는 솔직히 부담스럽다. "우와, 멋지다, 대단하다!"고 해도, 돌아서면 실천하기가 쉽지 않은 현실이다. 잘할 수 있는 부분은 따라 하고, 아닌 것은 과감히 잊어버릴 필요가 있다. 왜 나는 그게 안 되지 하는 자괴감에 사로잡혀 있으면 나만 손해다. 내가 할 수 있는 '나만의 엄마표'를 찾아봐도 좋을 것 같다. 나도 엄마니까 내가 하면 엄마표가 된다.

내 아이만을 위한 나만의 엄마표를 만들어보자. 또 굳이 엄마표가 아니면 어떤가. 내 아이는 내가 가장 잘 안다. 내 아이에게 맞는 그 어떤 걸 해도 좋다. 내 아이가 좋아하면 그만이다. 엄마들이여, 더 이상 엄마표에 스트레스 받지 말자!

돈 육아 중이올시다

동네 사는 큰아이의 친한 친구가 우리 집에 놀러왔다. 7살 남자아이 둘이서 하는 대화를 들어보았다.

큰아이: (며칠 전 산 캐릭터 카드를 보여주며) 우리 아빠가 이거 만오천 원 주고 샀어. 만오천 원은 완전 큰돈이야.

아들 친구: 우리 아빠는 지젤(며칠 전 산 강아지 이름) 샀는데 백만 원도 넘었어. 백만 원이 더 커.

우리 아이는 잠시 말이 없었다. 반박할 수 없는 사실이기도 하고, 뭔가 졌다고 생각한 모양이다. 곁에 있지 않아서 아이들의 표정을 살필 수는 없었지만, 대충 상상이 갔다. 이 아이들의 대화를 듣고 있자니, 우습기도 하고 씁쓸하기도 했다. 우선 든 생각은 수 개념이 생겨서 수의 비교도 할 줄 알고, 나아가 경제관념도 생겼구나 싶었다. 그러나 좀 더 들여다보니 이 아이들은 아빠들의 경제력을 가지고 비교하고 있었다!

이렇게 해석하는 것도 어른의 시각일 수 있지만, 요즘 아이들이 서로의 가정형편을 가지고 비교한다는 이야기는 많이 들었다. 아직 뭣도 모르는 어린아이들이지만, 좀 더 머리가 크면 이러한 대화 속에는 자기

집의 경제력을 뽐내고(?) 싶은 심리가 작용할 것이다. 요즘 초등학생들은 "너네 집 몇 평이야? 너네 아빠 차 뭐야?" 따위의 이야기를 한다는데, 정말 그럴 수도 있겠다 싶다. 아직 우리 아이들이 학교에 들어가지 않아서 잘은 모르지만, 주변 지인들의 이야기를 들어보면, 이건 단순한 '카더라' 통신이 아닌 리얼 스토리인 것이다.

나는 지방 중소도시에서 태어나고 자라서 사실 그런 건 모르고 자랐는데, 서울 한복판에서 나고 자란 남편 말에 따르면, 초등학교 시절 나이키 운동화 안 신은 아이가 반에서 거의 자기 포함해 몇 명밖에 없어서 너무 창피했다고 한다. 몇 년 전 외제 겨울 파카가 중고등학생들의 정체성을 나타낼 지경에 이르렀다는 사실은 나도 직접 보았기 때문에 잘 알고 있다. 일이십만 원도 아니고 수십만 원에 이르는 그 점퍼의 별명이 부모 등골을 빼먹는다고 해서, 오죽하면 '등골 브레이커'라는 별명을 얻었을까.

남의 아이들 이야기할 것도 없다. 나만 해도 아이들에게 장난감을 부족함 없이 사준 편이었다. 아이가 아주 어릴 때는 '국민 장난감'이라 해서, '어머, 이건 꼭 사야 해' 하며 많이 사들였다. 그런 것들은 육아를 수월하게 해주는 기능적 측면이 있었다, 그래도. 네다섯 살쯤 되면 특히 남자아이들은 변신 로봇에 환장하는 시기가 온다. 텔레비전을 많이 안 보여주는 편이었는데도, 어디서 용케도 캐릭터들을 알아와서는 사달라고 한다. 마트에 갈 때는 참새가 방앗간을 그냥 못 지나친다. 왜 장난감 코너는 피치 못할 동선 가운데 늘 자리하는 것인지! 등골 브레이커는 중고생들 점퍼뿐이 아니다. 요즘 변신 로봇은 또 왜 그렇게 비싼 건지. 비싸기만 한가. 업그레이드도 자주 되고, 시리즈도 하룻밤 자기 무섭게 쏟아져 나온다. 마트에서 장난감 안 사준다고 드러눕는 아이들 부모더러 아이 잘못 키운다고 꼭 탓할 일도 아니다. 한때 한 변신 로봇 시리즈를 모으느라 혈안이 된 아이가 자주 떼를 썼는데, 남편이 그 당시 그 로봇 만드는 회사 이름을 거론하며 폭파시켜버리고 싶다고 우스갯소리로 말한 적도 있다. 그야말로 장난감과의 전쟁이다. 안 사주면 되지 않느냐고 반문할지도 모르겠지만, 겪어보시라. 극소수의 부모들 빼고는 이런 장난감 전쟁을 한 번쯤 겪어봤을 것이다.

이런 현상의 원인은 여러 가지가 있다. 앞서 언급했듯이 근래에는 아이들을 현혹하는 장난감이 넘쳐나는 게 한 가지 이유이다. EBS만 틀어도 장난감 광고가 매우 빈번하고 현란하게 등장하고, 심지어 집 앞 슈퍼마켓만 가도 계산대 바로 앞에 아이들을 유혹하는 스티커나 작은 장난감들이 자리하고 있다.

두 번째는 부모의 태도의 차이인데, 결론부터 말하자면, 장난감을 안 사주는 것보다 사주는 게 쉽다. 장난감 매대 앞에서 울고 떼쓰는 아이들을 달랠 수 있는 가장 쉬운 방법이 사주는 것이다.

물론 내가 어린 시절을 보낸 30여 년 전에도 장난감과 그 광고들은 존재했다. 그러나 그 시절에는 일단 온갖 구색을 갖춘 대형 마트도 없었을 뿐더러, 장난감의 종류도 지금처럼 다양하지 못했다. 내가 열광하고 사 모았던 유일한 장난감은 종이인형이었다. 시장이나 동네 문방구에 가면 다양한 인형, 옷과 액세서리 같은 그림이 8절이나 4절의 빳빳한 종이에 빽빽하게 그려져서 백 원 정도 했던 걸로 기억한다. 엄마 따라 시장 갔다가 그걸 사오는 날에는 얼마나 행복했는지. 집에 와서는 그것들을 다 오려야 한다. 수십 개의 작은 아이템들을 다 오려야만 인형놀이를 시작할 수 있는데, 오리는 동안 진이 다 빠진다. 막 샀을 때의 흥분과 설렘은 열심히 가위질하는 동안 점점 사그라지고, 정작 인형놀이는 다음 날 자고 나서야 제대로 할 수 있었다.

종이인형 말고 금발에 몸매 좋고 눈이 왕방울만 한 인형은 그 시절에도 있었는데, 값이 무척 비쌌던 걸로 기억한다. 우리 부모님은 그 미미인형을 내 어린 시절을 통틀어 딱 두세 개 정도밖에 안 사주셨다. 그리고 어느 해 크리스마스 선물로 받은 커다란 인형의 집이 하나 있었다. 그 인형의 집은 내 유년시절 최고의 장난감이었다. 몇 년 동안 그것은 보물처럼 소중했고, 또 너무나 재미있었다.

또 한번은 미미의 병원놀이 세트가 너무 갖고 싶어서 노래를 불렀나 보다. 부모님은 그걸 사주기까지 몇 달이고 고민하셨다. 그 당시 돈으로 몇 만 원 했으니 꽤 비싼 가격이었다. 어렸기 때문에 어쩌된 사정인지 구체적으로 모르지만, 당시 아빠가 김치공장에서 받을 돈이 백만 원 있다고 했다. 그 돈을 받으면 병원놀이를 사주겠다고 굳게 약속했다. 휴일이면 우리는 온 가족이 걸어서 김치공장까지 갔다. 가는 동안 어린 마음에 오늘은 제발 꼭 받아서 병원놀이를 샀으면 하고 얼마나 바랐는지 모른다. 그러나 도착해보면 공장 문은 자물쇠로 굳게 잠겨 있어, 내 마음도 와르르 무너져버린 것이 몇 번이나 된다.

굳게 닫힌 공장을 뒤로 하고 나면, 정해진 다음 코스는 병원놀이가 디스플레이되어 있는 연금매장이었다. 요즘으로 치면 작은 마트 정도될 것이다. 예쁘게 전시되어 있는 병원놀이 세트를 구경하며, 언젠가는 꼭 갖게 되기를 소원했다. 그러면서 병원놀이 세트를 마음속에 새기고 또 새기고 돌아오곤 했다. 그 병원놀이는 얼마 지나 결국 선물로 받았다. 그러나 김치공장 돈은 못 받은 걸로 기억한다. 그렇게 장난감이 몇 개 없었어도 같은 걸로 수없이 같은 놀이를, 또 다른 놀이를 하며 놀았다. 그 몇 개 없는 장난감은 내게 너무나도 소중한 추억이다.

그에 비하면 요즘 아이들은 어떤가. 그야말로 격세지감이다. 넘쳐나는 풍요 속에서 물자 귀한 것을 모른다. 이렇게 써놓고 보니 내가 일흔, 여든 먹은 할머니가 된 기분이다. 하지만 사실이다. 내가 태어난 1980년대에도 한창 경제성장을 하던 시기라, 우리들 부모님 세대에 비해 훨씬 풍요로운 어린 시절을 보낼 수 있었다. 부모님들이 겪었다는 흔한 보릿고개도 겪은 적 없지만, 근검절약하던 부모님 아래 자라다 보니, 갖고 싶은 걸 마음대로 가질 수도 먹고 싶은 걸 마음대로 사달라고 조른 적도 없다. 그럴 수도 없었다. 위에 쓴 것처럼 장난감 인형 하나 가지려면 몇 달을 기다려야 했고, 그게 당연한 줄 알고 자랐다. 그렇다고 우리 집이 가난한 건 아니었다. 먹고 살 만한 평범한 가정형편이었는데도 부모님이 그렇게 기른 거다.

나는 어떤 부모인가. 앞서 말했듯이 장난감을 매일 사주는 건 아니지만, 자주 사주는 편에 속한다. 마트나 동네 문방구를 지날 때 떼를 써서 마지못해 사준 적도 있고, 괜히 내가 사주고 싶어서 사준 적도 있다. 물론 사람마다 양육 방법의 차이가 있겠지만, 예전의 우리 부모님 세대보다 우리 세대의 부모들이 아이에게 인심이 후한 건 부인할 수 없을 것이다.

우리 아이가 한창 자석 카드를 갖다 대면 변신하는 변신 자동차에 빠져 있을 때는 통제가 안 되어 너무 힘들었다. 요즘은 다소 시들해져서 다행이다. 여담이지만 그 장난감이 한창 히트일 때 일부 품종은 품

귀 현상이 일어나 구할 수가 없었다. 용케 그걸 구비해놓은 동네 문방구는 대형마트의 거의 2.5~3배 가격으로 프리미엄을 붙여 판매했고, 나는 그걸 사준 부모 중에 한 명이었다. 이렇듯 장난감을 자주 받을 수 있고 또 집에 장난감이 넘쳐나다 보니, 새로 산 장난감이라도 금방 싫증을 낸다. 새로 사줄 때는 평생 간직할 듯 좋아하지만, 며칠 지나면 어디 뒀는지도 모를 정도로 관심이 줄어들고 또 다른 새 장난감을 원한다. 그런 아이를 보면 허탈하기도 하고 화도 난다. 그걸 사준 나 자신도 한심해지는 순간이다.

어른들이 하시는 말씀 중에 '아이는 없이 키워야 한다'는 말이 있다. 요즘 같은 세상에 어디 없이 키우기가 쉬운가. 먹을 것 귀한 줄도 모르는 우리 아이들에게 경제교육을 어떻게 시켜야 하는지 참 고민스럽다. 그래서 나는 요즘 우리 아이들에게 특별한 날에만 장난감 선물을 받을 수 있다고 교육하고 있다. 그랬더니 아이들은 틈만 나면 어린이날, 생일, 크리스마스가 몇 밤 남았는지 묻고 확인하곤 한다. 물론 여전히 그런 특별한 날이 아니라도 사줄 때도 있지만, 가능하면 사고 싶다고 다 살 수 있는 게 아니라는 걸 알게끔 노력 중이다. 더 이상 돈은 저절로 지갑에서 나오는 것이라고 여기게 하면 안 된다. 일관성 있는 소비 습관을 내가 먼저 보여주는 것이 절실하다고 느끼는 요즘이다.

요즘 아이들은 돈이 좋다는 걸 너무 어려서부터 알게 되는 것 같다. 태어나서부터 자본주의에 너무 익숙하다. 이제는 자본주의로부터 어떻게 인간성을 지켜내야 하는가라는 숙제에 대한 실천을 행해야 할 때이다. 돈보다 더 소중한 것, 아이에게 가르쳐줄 가치가 돈 말고도 너무나 많다. 자신을 소중히 생각하는 마음, 사랑, 겸손, 정직, 성실 등과 같은 보편적인 진리가 먼저다. 가령 아빠처럼 성실하게 자기 맡은 일을 해야 돈이 생긴다고 알려주는 거다.

아, 부모로서 해야 할 일이 너무나도 많다. 그렇지만 어쩌겠는가. 오늘도 우리 아이는 내가 신용카드 긁는 것을 지켜보고 있는데. 정신 차리자, 우리 부모들이여. 피리 부는 아저씨처럼 더 이상 자본주의가 우리 아이들의 혼을 빼내어 우르르 데려가도록 내버려두면 안 된다. 루소의 『에밀』에 나오는 다음 구절을 명심하자.

"자식을 불행하게 하는 가장 확실한 방법은 언제나 무엇이든지 손에 넣을 수 있게 해주는 일이다."

엄마 자격증 없어요

부모교육 전문가 서형숙은 '엄마 자격증'이 필요하다고 했다. 하지만 나는 아이를 살피는 다정한 엄마도 아니고, 아이를 내버려둘 줄 아는 대범한 엄마는 더더욱 아니다. 뉴스에 가끔 등장하는 자기 아이 학대하는 부모만 부모 자격이 없는 건 아닌 것 같다.

여러 번 이야기했지만, 나는 게으르다. 만사가 귀찮을 때가 많다. 고백하자면, 아이가 귀찮다고 느낀 적도 상당히 많다. 내 몸 하나 건사하는 것도 힘든데, 나한테 붙은 혹이 둘이나 된다고 여겼다.

큰아이가 어린이집을 다니기 전 서너 살까지는 집에 하루 종일 아이와 둘이 붙어 있어야 했다. 지금 생각해보면 그 긴 시간을 뭘 하고 보냈나 싶다. 제대로 말도 안 통하는 아이랑 하루 종일 놀아주는 일은 크나큰 고역이었다. 졸려 죽겠을 때도, 귀찮을 때도 "엄마, 놀자!" 하면 말도 안 되는 역할 놀이를 하며 놀아주는 척해야 했다. 얼마나 지겹고 재미없었는지!

동생이 태어나고 자라면서 둘이 노는 시간이 많아진 건 내게 참 다행이다. 세 살 터울의 동생이랑 수준이 안 맞아 재미없다고 느낄 때면 큰아이는 요즘도 내게 놀아달라고 한다. 나는 두세 살 아이랑 노는 게 차라리 더 쉽다. 어린 아가들이랑은 까꿍 놀이 같은 유치한 손장난 따위를 해도 잘 데리고 놀겠는데, 일곱 살인 큰아이는 레고나 로봇 놀이를 하자는데, 뭘 어떻게 놀아주어야 할지 도무지 모르겠다. 내가 마음속으로 즐기지를 못하니 밖으로 티가 나는지, 아이도 금세 재미없어한다. 엄마랑 노는 것보다 아빠랑 노는 게 훨씬 더 재미있단다. 그래서 아이는 아빠 퇴근시간을 손꼽아 기다린다.

다른 엄마들은 아들이랑 어떻게 놀아주는지 정말 궁금하다. 나에겐 숙제처럼 어렵기만 하다. 앞에서 이야기했듯이 아이 입에서 부루마블 이야기가 나올까 봐 겁이 난다. 그 긴 시간 동안 앉아서 게임 상대를 해주는 게 참 하기 싫고 귀찮다.

다른 어려운 역할도 많지만 '잘 놀아주는 엄마' 되기도 내게는 참 버겁다. 그러다 보니 나는 아이들과 놀아주기보다는 지켜만 보고 있는 엄마다. 이제는 그게 익숙해져서인지, 아니면 안 놀아주는 엄마를 포기했는지, 아이들은 자기들끼리 노는 시간이 많다. 노는 방법을 모르겠는데 어떡하라고. 그러다 보니 내가 너무 아이들을 '방치'하는 게 아닌가 싶을 때가 많다. 아이들에게 미안한 마음이 가득하다.

나의 이른바 '귀차니즘'은 아이들 노는 데 방치하는 것에만 국한되지 않는다. 전에는 이유식 만드는 것이 너무 귀찮아서 인터넷에서 주문해서 먹인 적도 있고, 밥하는 것이 귀찮아 배달음식으로 때운 적도 많다. 요즘은 집 밥의 중요성을 깨달아서 힘들어도 집에서 해먹으려고 노력하지만 말이다. 어떤 날은 씻기는 것도 귀찮아서 미루는 정도다. 이렇게 귀찮고 게으른 내가 아이를 꾸역꾸역 기르고 있는 것 자체가 기적인지도 모르겠다.

남편이 하루는 우스운 이야기를 톡으로 보내준 적이 있다. 남자 주인공이 죽어서 다음 생에 어떤 동물로 태어날 것인가를 고민하는 내용이었다. 남자 주인공이 오래 살고 한가한 동물을 찾으니 왕우럭조개를 추천받았다. 왕우럭조개는 수명만 160년이고, 하는 일 없이 가만히 처박혀 있어도 된다고 말이다. 남편이랑 서로 상대방이 왕우럭조개가 딱이라며 한참을 웃었다.

사정이 이러하니 나는 가능하면 아이가 할 수 있는 건 스스로 하게끔 시킨다. 독립심을 길러주려고 노력한다기보다는 내 몸이 귀찮아서 그런다. 잔심부름도 아이한테 시킨다. 멀리 놓여 있는 휴대폰을 갖다달라고 아이에게 시키는 건 기본이다. 그래서 작은아이는 으레 아침에 일어나서 시키지 않아도 내 휴대폰을 가져다준다. 애들이 얼른 커서 우리 집 청소도 다 해줬으면 좋겠다!

이렇게 잘 놀아주지도 않고 게으른 나는 엄마로서 자격 미달이다. 성격이라도 좋아야 할 텐데 그렇지도 않다. 아이들이 이런 나에게 가르침을 줄 때가 많다. 내가 운전을 하고 있을 때 뒷좌석에 앉아 있던 작은아이가 들고 있는 장난감을 바닥에 떨어뜨릴 때가 많다. 으레 징징거리며 주워달라고 하지만, 운전 중인 나는 주워줄 수가 없다. 그럴 때면 시키지 않아도 항상 큰아이가 "형아가 주워줄게" 하며 주워준다. 동생이 우는 게 싫은가 보다. 동생 때문에 억울한 일도 싸우는 일도 많으면서도, 내가 동생을 혼내면 항상 동생 너무 뭐라 하지 말라며 감싸기 바쁘다.

하루는 어떻게 하나 보려고 두 아이 몰래 집에서 숨은 적이 있다. 한참을 엄마를 찾다가 못 찾으니 작은아이가 울먹거리기 시작했다. 큰아이는 동생을 감싸 안으며 "○○아, 울지 마, 엄마 요 앞에 슈퍼 가셨나

봐. 금방 오실 테니 울지 마" 하면서 달랜다. 여전히 말썽쟁이 일곱 살이 긴 하지만, 언제 저렇게 컸나 싶다.

한번은 이런다. 차를 타고 가다가, 동생이 손에 들고 놀던 장난감이 뭐가 잘 안 되는지 칭얼거렸다.

큰아이: 왜? 형아가 해줄게(그러면서 해결해주었다).

나: ○○아, 네가 엄마보다 낫구나. 네가 엄마 해라.

큰아이: ○○이도 가끔 짜증내잖아. 그래도 엄마가 엄마지.

내가 잘났든 못났든 아이는 나를 엄마로 인정하고 있었다. 그다지 잘해주지도 못하는 엄마인데, 조건 없이 있는 그대로의 나를 사랑해주는 아이가 짠하고 고맙다. 흔히들 어머니 하면 조건 없는 사랑을 주는 사람으로 생각하는데, 나는 어쩌면 아이들에게 조건부 사랑을 주고 있었는지도 모르겠다. 내가 놀아주기 편할 때만 놀아주고, 맛있는 음식도 하고 싶을 때만 해주고, 내 몸 귀찮을 때는 나 몰라라 했다. 아이만도 못한 어른이다.

우리 엄마는 정이 참 많은 분이다. 우리 엄마가 손주들과 놀아주는 모습을 보고 있자면, 나랑 참 많이 비교된다. 손주랑 그놈의 부루마블을 두 시간 세 시간을 해도 싫은 내색 하나 없다. 인내의 내공을 따라잡을 수 없다. 손주한테 짜증이나 화 한번 내본 적이 없다. 한번은 큰아이가 휘두른 손에 눈을 정통으로 맞아 한참 아파하신 적이 있었는데, 그때도 일언반구 없었다.

나는 아이한테 잘못 맞으면 짜증이 확 나서 소리를 빽 지른다. 오죽하면 남편이 아이들한테 "얘들아, 너네 엄마는 자기 아프게 하는 거 딱 질색이니까 너희가 조심해라"라고 말한다. 엄마가 우리 아이들에게 주는 사랑을 보면, 걔네 엄마인 나보다 훨씬 깊다. 오히려 할머니의 사랑이 무조건적인 사랑에 더 가까운 것 같다. 엄마한테 하루는 여쭤봤다. "엄마, 엄마가 나 키울 때도 이렇게 애들한테 하는 것처럼 했어?" 엄마는 하도 오래돼서 기억이 안 난다고 했지만, 분명히 그렇게 키웠을 것이다. 나는 사랑을 듬뿍 받고 자란 행복한 아이구나 하는 생각이 들었다.

우리 시어머니는 잔잔한 호수 같은 분이다. 감정의 기복이 별로 없고 늘 한결같다. 당신 아이들을 키울 때도 그랬음에 틀림없다. 솔직히 화낼 줄은 아시는지 모르겠을 정도다. 남편 이야기를 들어보면, 아이를 혼낼 때도 목소리가 크게 올라가지 않았다고 한다. 아들만 둘 키워서 그런지 애교나 잔정 표현은 서툴러도, 손주들에게도 나에게도 깊고 굵직한 사랑을 주고 계시다.

이렇게 넘치게 받은 만큼 나도 내 아이들에게 사랑을 베풀어야 하는데, 그러지 못해 너무 미안하다. 내가 받고 자란 사랑 그대로만 아이들에게 주어도 잘 자랄 텐데, 육아의 답을 바깥에서만 구한 게 아닌가 싶기도 하다.

산모가 아이를 분만할 때 자궁수축을 도와 아이를 잘 낳도록 분비되는 호르몬이 옥시토신이다. 연구결과에 따르면 아이와 엄마가 서로를 바라만 봐도 옥시토신이 분비되며, 모유 수유를 할 때도 왕성하게 분비되어 모자간의 정서적 유대감을 준다고 한다. 즉 옥시토신은 모성을 확립하는 데 중요한 역할을 한다.

나는 자연 분만했고 모유 수유도 두 아이 평균 2년 정도 했는데, 왜 이런지 모르겠다. 옥시토신은 아이가 어릴 때만 집중적으로 나오는 것인지도 모르겠다. 이시형 박사의 저서 『옥시토신의 힘』에 의하면, 자식 사랑 호르몬이라고 불리는 옥시토신의 분비를 방해하는 것이 습관적인 분노의 감정이라고 한다. 분노, 스트레스와 같은 부정적인 감정은 옥시토신의 분비를 방해한다고 한다. 분만과 모유 수유 시기에는 옥시토신 분비가 활발하다가, 아이가 크면서 혼낼 일이 많아지고 스트레스 지수가 높아지며 호르몬이 적게 분비된 것이 분명한 것 같다. 옥시토신을 활성화하는 방법으로 용서와 감사, 스킨십을 이야기한다. 엄마 호르몬 분비를 위해 긍정적인 마인드는 필수인가 보다.

게으름뱅이 방치육아 전문가인 엄마를 둔 우리 아이들이 안쓰럽다. 육아서를 읽거나 주위에 자상하고 멋진 엄마들을 볼 때 느끼는 괴리감과 자책감에 괴롭다. 그나마 다행인 점은, 나는 여전히 내 아이들의 엄마이고, 우리 아이들은 세상에 하나뿐인 그들의 엄마를 사랑한다는 것이다. 내가 어떤 엄마이건, 아이들이 어떤 모습이건 변하지 않을 모자 관계이다. 불변의 이 진실 앞에서 시작하는 편이 좋겠다. 허물로부터 자유로울 사람은 이 세상에 없다. 나 역시 부족하고 나약한 한 사람일 뿐임을 인정하고, 내가 할 수 있는 최소한부터 시작해야겠다. 『논어』에 '과과미능'이라는 말이 나온다. 잘못을 줄이려고 해도 잘 안 된다는 뜻이다.

위나라의 거백옥이 공 선생에게 사람을 보내 안부를 물었다. 공 선생이 호의에 감사를 표시하고, 사자와 앉아서 거백옥의 근황을 물었다.

"선생님은 어떻게 지내시는지요?"

사자가 질문을 받고서 대꾸했다.

"선생님은 자신의 허물을 적게 지으려고 합니다만, 아직 잘 안 되는 것 같습니다."

사자가 공 선생과 이야기를 마치고 방을 나섰다. 공 선생이 감탄했다.

"훌륭한 사자답구나, 훌륭한 사자답구나!"

— 신정근,『마흔, 논어를 읽어야 할 시간』, p. 223

보다 완벽한 엄마가 되려 하지 말고, 내가 가진 허물을 적게 지으려고 노력해야겠다. 귀찮아도 아이랑 부루마블을 함께 해주고, 힘들어도 집 밥을 해먹이려고 노력하며, 화가 나는 순간을 참는 노력이 내게 필요할 것 같다.

백인백색 육아법

나름 육아서 많이 읽은 여자지만 현실의 벽은 높기만 하다. 기억력마저 나빠서 읽고 나서도 금방 내용을 까먹는다. 중요한 내용은 필사하며 머릿속에 내용을 집어넣어 보지만, 실천은 분명 다른 문제다. 세상에 수많은 육아서가 이미 있는데도 계속해서 육아에 관한 서적이 쏟아져 나오고 있는 이유는 아마도 나 같은 엄마들이 많아서인지도 모른다.

길거리에 지나다니는 수많은 사람들을 보며 이런 생각을 한 적이 있다. 저 사람들도 다 누군가의 아들 딸일 텐데, 이 세상의 수많은 엄마들은 저들을 다 어떻게 키워냈을까? 육아는 나만의 문제가 아니다. 세상 사람들의 반이 여자고 그 중 상당수가 엄마가 된다는 점을 감안하면, 많은 여자들이 육아를 경험해왔고 또 경험 예정인 지상과제나 다름없다. 이 세상 모든 엄마들이 육아서를 탐닉하며 완벽한 엄마가 되고자 노력하지는 않았을 테다. 나는 왜 이렇게 '좋은 엄마'에 매달리고 있으며, 그러지 못하는 현실에 좌절하고 있는 걸까?

어느 날 아침에 어린이집 등원하는데 큰아이가 가기 싫은 마음이 든다는 둥 푸념을 시작했다.

나: 다른 아이들은 다 어린이집 즐겁게 가는데 너는 왜 그러니?

큰아이: 나는 나지, 다른 애가 아니잖아.

순간 할 말이 없었다. 맞다. 이 아이는 다른 아이들과 같지 않은 세상에 단 한 명의 아이인데, 똑같기를 기대하는 건 어불성설이다. 내 입맛에 맞는 장점만으로 아이가 채워지기를 바라는 어미의 모자란 이기심. 한날한시에 태어난 쌍둥이도 기질, 성격이 다르다는데, 남들과 무엇이 똑같기를 바란 걸까.

내 배에서 나온 세 살 터울의 형제 역시 체격도 성격도 어느 하나 닮은 점이 드물다. 들여다보면 맏이와 막내를 키우는 방법이 다르기 때문에 그럴 수밖에 없다. 첫 아이는 모든 게 처음이라 서툴고 여유가 없게 마련이다. 한번 겪어보았다는 경험의 위대함은 둘째 아이를 키울 때 발휘된다. 둘째 아이를 키울 때는 '절대 안 된다'라는 것부터 없어진다. 대신 '그까짓 거 괜찮아'라는 여유로 아이를 대할 수 있다. 관련 연구에서도 첫 아이와 둘째 아이는 양육 방식의 차이로 인해 다른 방향으로 성장한다고 밝히고 있다. 첫째 아이는 부모가 처음이라 통제와 규율을 행사했을 가능성이 크므로, 다른 서열의 아이들보다 안정성을 추구하는 경향이 크다고 한다. 반면 막내로 갈수록 경험에서 오는 부모의 여유로운 양육 방식에 의해 모험을 감수하려는 경향이 커진다고 한다.

한 배에서 나온 형제를 키우는 방식도 달라지는데, 남편과의 육아관 차이는 말할 것도 없다. 싸우지 않던 부부도 아이가 생기면 싸운다고 한다. 우리 부부 역시 처음 아이를 낳고 키우는 방식의 차이로 여러 번 다퉜다. 수유를 몇 시간 간격으로 해야 하는지부터, 신생아에게 보리차를 먹여도 된다 안 된다 따위의 주제로 말이다. 지금 생각해보면 그게 뭐가 그리 중요했나 싶지만, 당시는 그런 선택이 육아를 좌지우지했다.

아이가 커서는 사교육을 시킬지 말지, 다독이 좋은지 나쁜지, 장난감을 사줘야 하는지 말아야 하는지 같은 문제들에 대해 의견의 차이가 여전히 존재한다. 다른 이야기지만, 결혼을 앞둔 커플에게는 나중에 아이를 어떻게 키울지에 대한 육아관도 미리 이야기를 나누어 조율해두면 좋다고 조언해주고 싶다. 아이를 키우는 방식에 있어 어떤 가치를 우선할 것인가 하는 문제는 매우 중요하기 때문이다. 아이가 태어나면 곧바로 실전이므로, 시행착오를 줄이고 육아의 여정을 순탄히 가기 위해서 미리 생각해두면 좋다. 우리 부부는 그렇게 실전에 맞닥뜨리고서야 서로의 생각을 조율하느라 힘이 들었다.

개성이 강조되는 시대이지만, 몰개성 또한 하나의 주류를 이루고 있는 한국 사회이다. 유명 연예인이 드라마에서 바르고 나온 립스틱이 유행이 되어 품절 사태가 벌어진다. 특히 패션 분야에서 유행을 포기한다는 건 여자이기를 포기하는 거라고 해석하는 것도 과언이 아닐 정도이다.

나 또한 십여 년 전 처음 직장생활을 시작하고 처음 구입한 가방이 '지영이 백'이라고 부르는 명품 백이었다. 당시 어디를 가도 젊은 여자들의 손에는 그 가방이 들려 있었고, 3초마다 보인다고 해서 '3초 백'이라고 불리기도 했다.

엄마들 사이에서는 육아용품의 트렌드도 있다. '어머, 이건 꼭 있어야 해'라고 여기는 필수 아이템들이 존재한다. 큰아이가 한두 살 때 한창 '직구'가 유행이어서, 인터넷에서 육아 아이템을 긁어모으느라 밤을 밝힌 적이 많다. 국산 브랜드도 좋은 게 많은데, 그땐 왜 굳이 힘들게 배송 대행까지 해가며 수입 브랜드의 유아 식기, 유아 옷을 고집했는지 모르겠다. 직구로 사면 같은 브랜드가 한국에서 사는 것보다 훨씬 싸다는 매력에 빠져 있었다. 그런데 인터넷 쇼핑하느라 보낸 시간, 노력을 생각하면, 어쩌면 더 많은 비용을 지불했는지도 모르겠다.

아이를 먼저 키운 육아 선배들은 생후 1~2개월에는 바운서와 멜로디 모빌, 6개월쯤에는 소서(saucer), 8개월쯤에는 국민 문짝 따위와 같이 월령에 따라 어떤 장난감이 필요하다는 식의 조언을 해주었다. 국민 장난감이라 불리는 그런 아이템이 없으면 아이를 못 키우는 줄 아는 시절이었다.

육아용품의 소비뿐만 아니라 육아 방식에 있어서도 트렌드가 있다. 책 육아가 유행하는가 하면, 요즘은 프랑스 육아가 인기다. 남들 다 하니까 나도 마땅히 해야 할 것 같은 기분이 들었다. 일률적인 교육을 받고 자란 나라서 나만의 방식으로 육아하기가 자신 없고 겁났는지도 모르겠다. 남과 내가 다르다는 사실부터 인정하고 내 방식을 인정하고 살았다면, 어떤 기준에 못 미치고 있는 나를 자책하지 않았을 텐데.

어느 여름날, 지나가던 나귀가 열정을 담아 즐겁게 노래 부르고 있는 매미를 보았다. 나귀는 부러워하며 자기도 매미처럼 노래를 잘하고 싶어서 물었다.

"매미야, 넌 뭘 먹고 살아서 그렇게 노래를 잘하니?"

"난 이슬만 먹고 살아."

매미의 말은 들은 나귀는 그날부터 이슬만 먹기 시작했다. 매미와 똑같이 하면 자기도 매미처럼 노래를 잘할 수 있을 거라 믿었기 때문이다.

이슬만 먹던 나귀는 결국 쓰러지고 말았다.

나는 나귀처럼 육아를 하지 않았나 돌이켜본다. 나귀에게 가장 좋은 음식은 풀인데, 맞지도 않는 이슬만 먹다가 결국 탈이 났다. 나 역시 이슬이 좋아 보인다고 따라 해보다가, 끝까지 못 따라가고 어디쯤 멈춰서 우왕좌왕하고 있다. 내게 맞는 풀을 찾아야 할 텐데 말이다. 나는 내 아이의 하나뿐인 엄마이고, 아이는 세상에 하나뿐인 내 아이다. 생김새가 같은 사람이 없듯이 아이의 기질, 성격 또한 다 다르다. 유행하는 방법의 틀에서 아이를 키우는 것은 유일무이한 내 아이에 대한 예의가 아닐 수도 있다. 물론 좋은 것은 취하면 된다. 내 아이에게 맞지 않는다 싶으면 그만두면 된다.

아이를 함께 키우는 내 남편이랑도 육아관이 다른데, 남들과의 차이는 당연하다. 실제로 주위를 보아도 나랑 꼭 맞는 육아관을 가진 사람을 찾기는 힘들다. 각자 나름대로의 방식으로 아이를 키우고 있음을 알 수 있다. 위에 언급했듯이 한 형제를 키우는 방법도 다른데, 다른 엄마들과 똑같이 아이를 키운다는 게 오히려 이상하다. 사람 생김이 저마다 다 다르듯이, 육아 방식도 각자 다를 수밖에 없다.

나의 소신이 없으면 흔들리기 마련이다. 이것이 좋다 하면 우르르 몰려가고, 저것이 좋다 하면 우르르 몰려가는 줏대 없는 엄마가 될까 경계해야 한다. 팔랑귀를 잠시 접고 내가 가장 잘할 수 있는 육아의 방도가 무엇일까 생각해보자. 귀찮고 힘든 일상에서 그나마 잘 살릴 수 있는 육아의 방도는 무엇일까 연구해보자. 육아서가 말하는 모든 방법을 다 따라 할 수는 없다.

프랑스식 육아를 다시 한번 예를 들어보자. 엄마들이 일하기에 최적의 환경을 제공하는 프랑스의 환경을 감안하면, 무턱대고 따라 한다고 프랑스 엄마처럼 되기 힘들다는 결론을 내릴 수 있다. 이러한 문제는 개인의 노력으로 해결되는 게 아니다. 취할 수 있는 좋은 방법은 취하고, 구조적 문제 안에서 힘든 부분은 패스해야 한다.

내가 필요한 부분만 발췌해서 따라 하는 짜깁기 육아면 어떤가. 괜찮다. 이때 중요한 기준은 육아서도 남도 아닌, 나와 내 아이여야 한다. 흔히 '아이가 답이다'라는 말을 한다. 모르겠으면 내 아이를 관찰해보라고 한다. 평양감사도 저 싫으면 그만이랬다고, 아무리 좋은 육아의 방도라도 내 아이한테 맞지 않으면 소용이 없다. 또한 내가 따라 하기 버거운 방법이면 소용이 없다.

나는 육아를 글로만 배우려고 했다. 절박했기에 모르면 책을 들추고 인터넷 카페에 물었다. 연습 없이 닥친 실전에서 시행착오를 조금이라도 줄이려고 노력했지만, 쉽지만은 않았다. 내가 가는 길에 사잇길로 새다 보면, 가던 길도 까먹을 수 있다. 나무도 가지치기를 해야 더 잘 자라듯이, 너무 많은 육아법 앞에서 우왕좌왕하지 말고 적당한 가지치기를 해 보자. 나만의 노하우를 잃지 않았으면 좋겠다. 남이 장에 간다고 거름 지고 따라갈 필요가 없다. 트렌드에 휩쓸려 다니기보다는, 세상에 단 하나뿐인 내 아이와 나에게 꼭 맞는 나만의 육아의 길을 개척해보자.

해변의 아름다운 조개껍데기를 모두 주울 수는 없다.

— 앤 모로 린드버그

CHAPTER  04

엄마와 떠나는
여행

아이들과의 소통

어느 날 아침을 먹다가 작은아이가 그런다. "엄마, 할머니랑 할아버지랑 아빠랑 형아랑 이모랑 이모부랑 펜션 갔지?"

6개월쯤 전 추석에 외가 식구들이랑 펜션에 놀러간 기억이 문득 났나 보다. 네 살 아이의 작은 머릿속에도 그런 추억이 차곡차곡 쌓이고 있나 보다. 큰아이도 일상 속에서 문득문득 어디 놀러갔던 장소나 있었던 일의 디테일을 이야기해서 깜짝 놀랄 때가 많다. 아이들은 보고 듣고 느끼는 오감의 경험 모든 것을 세포 하나하나에 저장한다고 하더니, 정말인가 보다. 세포에 각인되어 있던 기억이 의식 아래에 가라앉아 있다가, 한 번씩 수면 위로 떠오르면 이야기하는 것이다.

교육 운동가 심정섭 선생님이 강연에서 한 말이 가슴에 남아 있다. 아이가 자라서 힘든 시기가 왔을 때, 옥상 난간을 잡으며 아래를 보는 순간 다시 돌아서게 만드는 것은, 어린 시절 엄마 아빠와 함께 했던 추억이라고. 기억의 세포가 모여서 그 사람이 된다. 어린 시절 우리 아이들의 기억을 채우는 것은 부모의 몫이다.

새로운 장소에 가면 어른도 새로운 기분을 느낀다. 늘 똑같은 환경에서는 같은 생각의 쳇바퀴만 돌기 쉽지만, 새로운 곳에서는 생각도 환기된다. 어른들이 머리가 복잡할 때 여행을 선택하는 것도 몸과 마음을 환기시키기 위해서이다.

아이와 함께 여행을 자주 가려고 노력한다. 주말에는 온 가족이 함께 집 근처라도 나가고, 주중에는 아빠 없이 떠나기도 한다. 아이들도 새로운 자극에 흥분하고 탐색하느라 정신이 없다. 평소에 궁금했던 아이의 생각을 물어보기도 한다. 같은 질문을 해도, 집에서 들을 수 없는 대답을 할 때도 있다. 어떤 여행이든지 아이들이 하는 마지막 말은 "집에 가기 싫어", "엄마, 여기 또 오자"이다.

낯선 곳에서는 일상의 균열이 생긴다. 그 틈으로 나오는 말은 안에 있던 진심이다. 집에서의 정돈된 삶에서는 끌어내기가 힘들지만, 여행지에서는 가능하다. 큰아이는 자기 감정을 밖으로 잘 표현하지 않는 편이다. 화날 때를 제외하고는 지금 어떤 마음인지 물으면, "좋아" 또는 "몰라"와 같이 대답하며 대충 얼버무리고 만다. 남자아이라 감정표현에 서툰지는 모르겠지만, 감정을 안에만 갖고 있는 것 같아 마음이 짠하다. 아이가 감정을 마음껏 표출하지 못하고 누르고만 있는 것은 아이답지 못하다. 내가 그렇게 만든 것 같아 미안하다.

내가 자꾸 아이를 데리고 밖으로 나가는 것도 어쩌면 그 미안함에 대한 보상 심리 때문인지도 모르겠다. 내가 쉽게 해줄 수 있는 방법이 데리고 나가는 것이기 때문에. 억눌려 있던 감정을 마음껏 뛰어놀며 분출하라고. 집에서는 색종이 오린 것을 막 뿌리고 놀면 잔소리가 절로 나오지만, 숲에서는 낙엽을 막 뿌리고 놀아도 괜찮다. 길바닥에서는 절대 드러눕지 못하게 하지만, 낙엽 쌓인 숲길에서는 너그럽다. 아이들도 안다. 여행지에서는 엄마가 더 허용적이며, 자신들이 누릴 수 있는 자유의 폭이 더 크다는 것을.

내가 아이들과 여행하는 것은 아이들과 소통하기 위한 가장 좋은 방법이다. 아랫집 의식해서 뛰지 말라고 잔소리하지 않아도 되고, 널찍한 장소에서 마음껏 뛰어놀게 할 수 있다. 평소에는 잘 사주지 않던 사탕 같은 불량(?)식품이나 아이스크림도 여행지에서는 선심 쓰듯이 사주기도 한다. 집에 있으면 눈에 보여서 해치워야 하는 집안일도 없어서 아이들에게 더 많이 집중할 수 있다.

답답한 집에서 벗어나 행복해하는 아이들을 보면 나도 행복해진다. 그동안 미안했던 마음도 죄책감도 여행지에 다 버리고 올 수 있다. 아이들도 나도 치유된다고나 할까. 그래서 관계가 증진된다. 전에 없던 새로운 관계가 탄생한다. 잘 놀아주지 않던 엄마, 맨날 야단만 치는 엄마가 잘 놀아주는 엄마, 마음씨 넓은 포비 같은 엄마로 변모하는 것이다.

작가 김민철은 『모든 요일의 기록』에서 다음과 같이 이야기한다.

내 일상에 생명력을 불어넣는 것, 그것을 내 것으로 만드는 것, 그리하여 이 일상을 무화시켜버리지 않는 것. 그것이 나의 의무이다.

나에게는 일상에 생명력을 불어넣어주는 것 중 하나가 여행이다. 아마 대부분의 사람들이 동의할 것이다. 일상에 매몰되지 않기 위해 가끔 떠나주는 여행은 일상을 살아내기 위한 필요조건이다. 일상으로 돌아갔을 때, 다시 '나쁜 엄마'로 되돌아가는 한이 있더라도, 여행이라는 이탈이 주는 신선한 자극에 아이들을 맡길 필요가 있다. 아이와 교감하기에 더할 나위 없이 완벽한 기회이기에 나는 아이와의 여행을 그만둘 수가 없다.

여행은 관계를 진솔하게 만드는 힘이 있다. 젊은 시절 친구들과 여행을 가면, 밤에 주로 나누는 이야기는 껍데기를 다 벗긴 비밀거리이거나 고민거리인 경우가 많았다. 평소에는 못 할 이야기도 여행지에서는 왠지 가슴으로 나눌 수 있었다. 여행지의 분위기에 취해, 술에 취해 여행을 함께 갔다 온 친구 사이는 더욱 끈끈한 사이가 되곤 했다. 우리끼리만 아는 이야기를 공유함으로써 교감했기 때문이다.

여행하는 동안 나누는 아이와의 대화에는 진심이 묻어 있다. '잔소리거리'가 집에서보다 적기 때문에 보다 긍정적인 이야기를 나눌 수 있다. 아나톨 프랑스는 이렇게 말했다. "여행이란 우리가 사는 장소를 바꾸어주는 것이 아니라, 우리의 생각과 편견을 바꾸어주는 것이다." 그렇다. 여행을 통해 아이의 같은 행동에 대해서도 생각이 달라지고, 생각이 달라지니까 관계가 변한다. 관계를 회복하는 데에 너무 좋은 방법이 여행이다.

옛날에 마음씨가 몹시 고약한 마법사가 살았다.

"세상 그 누구도 나보다 행복해서는 안 돼! 이 세상에서 내가 가장 행복해야 해!"

마법사는 언제나 유리구슬을 들여다보며 행여나 자기보다 행복한 사람이 있는지 살폈다. 어느 날 유리구슬에 작은 섬나라의 왕이 나타났다. 마법사는 변장을 하고 왕을 찾아가 물었다.

"왕이시여, 그토록 행복한 이유가 무엇입니까?"

"언제나 나를 믿고 사랑해주는 선량한 백성들이 있어서 참 행복하다오."

그 말을 들은 마법사는 주문을 외워 섬나라의 백성들이 다 떠나가게 했다. 그러나 왕은 여전히 행복해 보였다. 마법사는 다시 변장을 하고 찾아가 까닭을 물었다.

"행복하지 않을 이유가 없소. 먹고, 입고, 자는 데 부족함이 없으니 말이오."

이에 마법사는 성을 무너뜨려 모든 게 사라지도록 했다. 며칠 뒤 다시 행복한 왕을 보고 찾아가 물었다.

"당신은 가진 것을 모조리 잃었는데, 어째서 그렇게 행복해 보이나요?"

"돈과 권력이 있을 때는 가족의 사랑을 모르고 살았소. 헌데 이제는 알 것 같습니다. 가장 소중한 것은 가족의 사랑이라는 것 말입니다."

마법사는 또다시 무시무시한 주문을 외워 왕의 가족들이 쓰러져 더 이상 일어나지 못하게 했다. 왕은 가족들을 부둥켜안고 울었다. 한참 세월이 지나 오랜만에 마법사는 유리구슬을 들여다보았다. 유리구슬 속에는 거지차림으로 방랑하는 왕의 모습이 보였다. 마법사는 변장을 하고 왕을 찾아가 물었다.

"가족까지 다 잃고 혼자가 되었는데 어째서 아직도 그렇게 행복해 보이나요?"

"사람의 운명은 하늘에 있는 것이라 어쩔 수 없지요. 하지만 이렇게 지금 자유롭게 세상을 떠돌며 사는 게 행복하다오. 자유야말로 참 소중하니까요."

이에 참을 수 없었던 마법사는 왕을 깜깜한 높은 탑에 가둬버렸다. 시간이 지나 유리구슬을 보던 마법사는 행복한 표정으로 콧노래 부르는 왕을 보고 경악해서 탑에 올라가 물었다.

"도대체, 왜? 무엇 때문에 아직도 그렇게 행복하다는 말입니까!"

어둠속에서 왕이 대답했다.

"비록 몸은 이렇게 어두운 감옥에 갇혀 있지만, 내 마음은 늘 밝고 환한 그 옛날 추억 속에서 살고 있소. 추억은 내 마음 속에서 영원히 떠나지 않는다오."

— 김진락, 『모든 것을 잃은 왕에게 남은 행복』, 〈줄거리 요약〉

누리고 있던 행복을 모두 빼앗기고 힘겨운 상황에서 마지막으로 왕에게 남아 있던 것은 바로 추억이었다. 앞에서 언급했다시피, 아이가 나중에 힘겨운 상황에서 자신을 버티게 해주는 힘은 부모님과 함께했던 과거의 추억이다. 어린 시절 엄마 아빠와 함께 갔던 여행의 추억 한 자락 한 자락이 아이의 세포에 켜켜이 저장되는 것이다.

내가 초등학생 때였다. 아빠는 여름날 주말만 되면 계곡에 우리를 데려갔다. 아침 일찍 서두르면 다리 아래 그늘의 명당자리에 돗자리를 펼 수 있었다. 돗자리 바로 앞에는 바닥까지 보이는 깨끗한 계곡물이 흘렀고, 우리는 주로 거기서 물놀이를 하고 놀았다. 온몸에 힘을 빼고 숨을 참고 물에 엎드리면, 둥둥 떠서 계곡물이 흐르는 대로 내 몸도 떠내려가는 것이 그리 재미있었다. 바닥에 웅덩이처럼 약간 패인 곳이 있었는데, 거기에 발을 디디면 내 키를 넘었다. 얼마나 깊은지 발을 살짝살짝 내밀어보고 잠수하곤 했다. 거의 30년이 지났는데도 그때의 그 느낌이 아직도 생생하다. 물속에서 어른거리는 바깥세상을 올려다보던 기억, 물속에서 들리는 뽀글거리는 소리, 숨을 내뱉느라 웅 하는 소리와 계곡물 흐르는 소리가 귓가에 들리는 듯하다. 그때 물놀이의 기억이 추억으로 나의 세포에 저장되어 있기 때문이다. 머리가 아닌 세포가 기억하기 때문에 생생할 수 있는 것이다.

여행은 초등학생 딸과 우리 엄마 아빠의 소통이었고, 지금은 추억이 되어 서른 중반의 딸과 우리 엄마 아빠와의 소통이 되기도 한다. 나에게 꺼내볼 수 있는 추억거리를 가득 심어준 우리 엄마 아빠에게 항상 감사하다.

솔직히 나와 아이들의 여행은 이러한 모든 장점이 응집된 고상한 형태의 그것은 아니다. 하지만 아이들과 나에게 활력소가 되고 감정을 해소할 수 있는 훌륭한 치유의 방법임에는 분명하다. 게으른 나는 아이들이 뛰어노는 동안 여전히 아이들을 관망하기를 선호한다. "여기에선 이걸 꼭 해봐야 해.", "남는 건 사진뿐이야. 여기 서봐, 사진 찍게"라고 외치며 만드는 나의 '여행 포트폴리오'는 아직 포기하지 못했다. 아직 부족한 나지만, 아예 안 하는 것보다는 낫지 않은가. 비록 부족한 엄마의 면죄부를 받는다는 심정으로 여행할지라도, 나는 이번 주말에도 아이들과 여행을 떠날 것이다.

자연이 최고다

　다른 동네에는 벌써 목련이 만개했다는데, 우리 동네는 아직이다. 아까 보니 목련 꽃망울은 맺혀 있는데, 아직 피려면 더 기다려야 할 것 같았다. 도시에서는 가로수의 변화를 보고야 계절의 변화를 체감할 수 있다. 꽃이 피면 봄이고, 녹음이 진해지기 시작하면 여름, 단풍이 들면 가을, 앙상한 가지가 드러나면 겨울, 이런 식이다. 창문 밖을 내다보면 건물들만 빼곡해서, 집안에만 있으면 밖의 기온이 어떤지 알 도리가 없다. 휴대폰 앱으로 오늘 날씨나 현재 밖의 기온 정도를 미리 체크하곤 할 수밖에 없다.

　공원이나 숲, 교외의 들판을 나가면 계절은 너무나 정확하다. 자연이 온몸으로 계절을 발산하고 있기 때문이다. 우리 시부모님은 교외에 작은 텃밭을 가꾸고 있어서 아이들과 종종 놀러가곤 한다. 3월 중순의 자연은 얼핏 아직 겨울의 모양을 하고 있지만, 자세히 보면 봄이 여기저기에 보인다. 땅 여기저기에 파릇파릇 연둣빛 풀들이 고개를 내밀고 있었다. 겨우내 얼었던 땅을 뚫고 나온 냉이, 달래가 대견하다. 냉이나 달래를 캐려면 호미로 생각보다 깊게 땅을 파야 한다. 애네들 뿌리가 제법 깊어서 그냥 쑥 뽑는다고 잘 뽑히지도 않을뿐더러, 그러다간 뿌리가 중간에 끊어지고 만다. 그렇게 깊이 흙을 파서 풀을 캐다 보면, 땅의 기운이 그대로 느껴진다. 우리는 풀을 캔다고 연장을 가지고 땅을 파고 앉았는데, 힘겹게 뚫고 올라온 봄 새싹들의 에너지는 엄청나지 않은가. 우리 시어머니는 늘 말씀하신다. 봄에는 봄의 기운을 가득 갖고 있는 봄나물들을 꼭 먹어야 한다고. 봄나물을 캐다 보니 그 말씀이 가슴에 그대로 와 닿는다. 예전에는 봄의 기운이니 뭐니 머리로만 끄덕일 뿐 정확하게 무슨 말인지 이해를 못 했다. 땅을 밟고 앉아 봄나물을 캐다 보니 내 몸이 느낀다, 봄의 기운을. 이래서 아이들이 자연과 함께 커야 한다고 하는가 보다.

나는 달래를 캐고, 큰아이는 냉이를 열심히 캔다. 냉이 비슷한 풀들이 많아 나는 아직도 냉이가 어느 건지 헷갈리는데, 녀석은 잘도 찾아낸다. 호미로 열심히 캔 자신의 수확물을 자랑스럽게 내민다. 작은아이는 아무 풀이나 뽑아다가 자기 비닐봉지에 담느라 바쁘다.

그날 저녁 집에 돌아와 냉이 된장국을 끓였더니 봄 내음이 온 집에 가득했다. 아이들도 자신들의 전리품(?)이라 그런지 더욱 잘 먹었다. 어찌나 연하고 향긋한지 그 맛에 반해서, 그 다음 주에 우리는 냉이 캐러 텃밭에 또 갔다. 두 번째 갔을 때는 아이도 나도 냉이를 열심히 캤다.

그렇게 우리는 흙을 만지고 느꼈다. 흙을 파내다 보면 온갖 벌레가 탈피한 껍질도 발견하고, 어떤 때는 지렁이도 있어 놀라서 후닥닥 뒤로 자빠지기도 한다. 어떤 나무는 땅 위론 보잘것없는데, 땅 속에는 어찌나 튼튼한 뿌리가 뒤엉켜 있는지 놀라기도 한다. 이런 미물들도 각자의 생명을 갖고 이 세상에서 본연대로 살고 있구나 싶기도 하다. 흙장난을 하며 노는 아이들은 자연스럽게 자연과 친해진다. 있는 그대로의 자연을 온몸으로 느끼며 노는 것이다.

도시에 사는 우리 아이들은 평소에는 자연을 느끼기가 힘들다. 콘크리트로 둘러싸인 사각형 집안에서 살고, 밖에 나갈 때는 옷과 신발로 무장을 한다. 옷으로 인해 피부와 공기와의 접촉이 차단되고, 신발 때문에 땅을 직접 밟을 수도 없다. 꼭 신발 때문도 아니다. 어차피 도로는 다 아스팔트로 포장되어 있어서 흙을 밟을 기회조차 없다. 모래놀이라도 할라치면, 먼 바다로 가거나 모래를 구비한 키즈 카페 같은 실내 놀이터를 가야만 한다. 요즘 놀이터에는 거의 우레탄이 깔려 있어서, 도심에서 모래 구경은 힘들다. 요즘 아이들은 이렇게 자연과 차단된 곳에서 자란다.

나 어릴 때만 해도 우리 집 근처에는 공터가 많았다. 공터는 아이들의 모험 천지이다. 흙과 모래와 넓은 공간이 전부이지만, 우리는 그곳에서 소꿉놀이도 하고 숨바꼭질도 하고 재미있게 놀았다. 모래더미 속에서 나름의 보물을 발견해내는 설렘 또한 빼놓을 수 없었다. 보잘것없는 닳은 유리조각이지만 반짝이는 보석 같았고, 소꿉놀이에 쓸 훌륭한 그릇이나 도구도 발견할 수 있었다.

요즘 동네엔 공터가 거의 없다. 경제 가치를 창출하는 귀한 공간을 비워두는 요즘 어른들은 없기 때문이다. 공터라는 것을 모르고 자라는 우리 아이들이 안쓰럽다.

우리 동네는 그나마 산으로 둘러싸인 곳이라 조금만 가면 숲과 계곡이 있다. 주말 아침이면 산책삼아 그곳엘 가곤 한다. 추운 겨울에 가면 아이들은 나뭇가지들을 모아놓고 장작이라며 피우면서 손 녹이는 시늉을 한다. 또 봄, 여름에는 작은 개울에서 도롱뇽을 찾겠다고 열심히 관찰하기도 한다. 장난감 하나 없는 그곳이 뭐가 그리 즐거운지, 계절 상관없이 뛰어노는 건 기본이다. 뛰어놀다 보면 숲의 공기를 한껏 들이마실 수 있어서 일석이조다. 그렇게 자연의 에너지를 듬뿍 받고 와서 또 일상을 살아내라고, 자주 데려가려고 노력 중이다.

봄이면 벚꽃놀이, 가을이면 단풍놀이를 꼭 간다. 이건 나의 계절별 통과의례와도 같다. 그렇다고 어린아이들을 데리고 여의도 벚꽃놀이나 설악산 단풍놀이를 가는 건 아니다. 우리 동네 공원만 가도 벚꽃나무도 은행나무도 가득하기 때문이다. 평일 오후의 공원은 한적해서 아이들이 벚꽃나무 아래 뛰어노는 모습이나 은행잎을 던지며 노는 모습이 참 행복하고 여유롭다.

자연 속에서 크는 아이는 잘못되려야 잘못될 수가 없다. 자연 그대로가 놀이이고 교육이다. 근래 숲 유치원이나 숲 학교가 많아지는 이유도 그래서이다. 한 동네 살던 한 지인은 가족이 모두 시골로 이사를 갔다. 유치원에서 문제를 자주 일으켰다는 아이는 이사 후 많이 변했다고 한다. 온종일 시골길에서 뛰어다니며 모래놀이도 하고 자연 속에서 노는데, 변하지 않을 수가 없을 것이다.

그 집에 놀러가서 거실에 앉아 있자니, 그냥 자연 속에 앉아 있는 느낌이다. 아이들은 바로 앞 펼쳐진 잔디밭, 흙밭에서 흙을 파서 통에 담아 물로 반죽을 만들어 게살 죽 만든다며 신이 났다. 옷과 신발이 흙투성이가 되도 아이들은 마냥 즐겁고 놀이에 몰입하고 있었다. 온종일 자연을 들이키고 자연을 밟고 만지며 크는 그 집 아이는 전보다 훨씬 밝아졌다. 나를 보더니 내 손을 잡아끌고 바로 앞 작은 도랑으로 데려가서 소개해준다. 그 집 엄마도 아이의 정서가 안정된 것이 느껴진다며 행복해했다. 그 가족이 진심으로 부럽다.

산에 머무르면 가슴이 맑고 상쾌해져, 어떤 것을 대하든 모두 아름다운 생각을 갖게 한다. 홀로 떠 있는 구름과 들판의 학을 보면 세속을 초월하는 생각이 일고, 계곡의 물과 흐르는 샘을 만나면 맑고 깨끗한 생각이 우러나고, 늙은 전나무와 한겨울의 매화를 어루만지면 굳은 절개가 곧게 서고, 물가 갈매기와 사슴무리를 벗하면 기심이 순식간에 사라진다. 그러나 만약 이 고요한 경지를 떠나 번잡한 세속에 몸을 들여놓기만 하면, 다른 사물과 관계를 맺지 않는다 하더라도, 이 몸은 다만 부질없는 군더더기가 될 뿐이다.

—『채근담』

『채근담』 107장의 내용이다. 우리 아이들이 세속에서 부질없는 군더더기가 되지 않게 하기 위해 자연과 가능한 한 많이 접하도록 노력하는 중이다. 아이들이 갓 태어났을 때에는 자연 그대로의 존재이다. 오감이 열려 있으며 자연 에너지 그대로를 갖고 있다. 자연의 경이로움과 경건함을 노래한 영국의 유명한 시인 워즈워스가 그래서 "어린이는 어른의 아버지이다"라고 한 것이다. 세상에 아직 물들지 않은 아이들에게는 온 세상이 놀이터이다. 마음이 열려 있으며, 호기심으로 가득하고 독창적이고 흥분되어 있는 상태이다. 이렇게 재미있는 놀이터에서는 즐거울 수밖에 없고 장난기와 웃음이 가득하다.

태초에 자연과 연결되어 있던 아이들은 문명과 교육으로 인해 자연과 점차 단절되어간다. 타고난 자연성을 잃어버리며 그렇게 어른이 되어간다. 자연 속에 그대로 내버려두면, 어쩌면 창의성 교육도 인성 교육도 필요 없을지 모른다. 하지만 어른들은 창의성과 인성을 길러준다는 명목으로 아이들에게 인위를 가한다. 아이들은 원래가 '스스로 그러한 〔자연(自然)〕' 존재이다. 아이가 타고난 자연성을 파괴하는 부모가 되지 않기를 경계하고 또 경계해야 한다.

내가 태어난 곳은 바닷가 도시이다. 바닷가라고 해서 우리 집 앞에 바로 바다이고 우리 아빠가 어부고 그렇지는 않았다. 대학생이 되어 서울에 왔을 때 서울 친구들이 내 고향을 알고는, 아빠가 어부시냐고 물은 기억이 난다. 아무튼 우리 집에서도 바닷가에 가려면 버스를 타고 가야만 하는 거리였다. 고3때 수능을 치르고 생각보다 못한 성적에 굉장히 우울한 때가 있었다. 하루는 무작정 버스를 타고 교외 바닷가로 향했다. 방파제가 보이는 곳에서 내려 고깃배들과 빨간 등대와 무심한 파도를 그냥 바라보았다. 아무 생각 없이 방파제에 앉아서 바다를 바라보기만 했다. 밀려왔다가 물러가기를 반복하는 파도를 보니, 우울한 내 마음도 들락날락거렸다. 그러더니 좀 가벼워지는 기분이 들었다. 자연에게는 치유의 힘이 있는 것이다.

화 잘 내는 내가 아이에게 건네는 약이 자연이라는 특효약이다. 화를 내면 나도 상처받고, 아이도 상처받는다. 숲속에 있으면 그런 화도 상처도 치유되는 느낌을 받는다. 힐링의 시대에 자연만 한 힐링이 없다. 부디 내 아이들도 자연으로부터 그런 위로를 받기를 간절히, 간절히 바란다.

자연이 최고다. 어른아이 할 것 없이 맑은 기운을 선사하며, 상처받은 영혼을 치유해주는 힘이 있다. 나같이 때 묻은 어른이 되게 하고 싶지 않다. 가능하면 이 세상에 처음 왔던 그대로의 순수함과 맑은 영혼을 지켜주고 싶다. 자연의 기운으로 하여금 복잡하고 힘든 세상을 이겨 나가는 힘이 되게 하고 싶다.

이번 주말은 캠핑을 가려 한다. 어리지만 나름의 스케줄 속에서 사는 일상에서 벗어나, 아이가 자연의 품에서 자유를 만끽하고 마음껏 뛰어놀 기회이다. 아이가 잠자리에 들면서 물어본다. "엄마, 캠핑 두 밤만 더 자면 되지?" 아이도 나도 기다려지는 주말이다.

집에만 있는 아이는 어리석다.

— 아이슬란드 속담

여행은 최고의 교육이다

우리 큰아이는 낯선 것을 두려워한다. 처음 해보는 것은 겁부터 지레 먹고 해보려는 시도를 하지 않는 편이다. 한번은 놀이동산에 갔는데 어린이 암벽 타기가 있었다. 재미있어 보여 아이 등을 떠밀었지만, 싫다고 저쪽으로 내뺀다. 사람들 많아지기 전에 빨리 해봤으면 좋겠는 엄마 마음을 그렇게 몰라준다. 또래의 다른 아이들은 잘만 하는데, 우리 아이만 왜 이런가 싶은 마음이 슬금슬금 올라와 부아가 일었다. 아이는 결국 다른 놀이를 즐기다가 다른 아이들이 암벽에 오르는 것을 관찰하며 주변을 서성였다. 그러다가 그제야 해보겠다고 했다.

처음부터 "엄마, 나 저거 해볼래!" 하며 새로운 것은 무엇이든 도전을 시도하는 아이였으면 참 좋겠는데, 역시 자식은 내 마음 같지 않다. 아무튼 여기에 여행을 해야 하는 이유가 있다. 여행은 익숙한 것으로부터 벗어나는 새롭고 낯선 자극의 총체이다. 낯선 장소에서 새로운 '꺼리'를 만나게 된다. 만나는 사람들마저 낯선 사람들이다. 여행을 통해 새로움에 조금씩 노출시키고 더 이상 두려워하지 않기를 바라는 마음이다. 낯선 상황에서 어떻게 대처해야 하는지도 배울 수 있다.

아이가 여섯 살 때 제주 여행을 한 적 있다. 여름 성수기 때라 공항 데스크 앞은 인산태였다. 표를 끊으려고 줄서기 위해 데스크 쪽으로 이동하다가, 잠깐 사이에 큰아이가 없어졌다! '순간 아찔했다'라는 표현이 어쩌면 그렇게 정확한지, 순간 핑 도는 듯한 어지러움을 느꼈다. 여기는 한국이고 무슨 일이야 있겠냐 하는 생각과, 만일 못 찾으면 어쩌지 하는 두려움이 함께 엄습했다. 엄마를 잃어버리면 그 자리에 가만히 서 있어야 한다는 교육은 미리 시킨 바 있지만, 아이가 당황해서 그렇게 하기는 어려웠을 테다. 정신없이 막 찾으러 다니다가, 몇 분 뒤에야 공항 직원이 우는 아이를 데리고 어디론가 가는 모습을 발견했다. 여섯 살 아이는 엄마 전화번호도 외우고 있었고, 심지어 내 번호가 적힌 팔찌도 차고 있었는데, 직원에게 이야기하지 않은 모양이다.

일곱 살이 된 지금은 엄마를 잃어버리면 나한테 전화가 온다. 얼마 전에 대형 실내 놀이터에 간 적이 있는데, 잠깐 사이에 아이를 잃어버렸다. 나는 당시 3층에 있었는데, 아이를 찾다 보니 금방 전화가 왔다. 아이가 안내 데스크가 있는 1층에 와서, 엄마를 잃어버렸다며 엄마한테 전화해달라고 번호를 이야기하더란다. 아이가 그만큼 성장한 이유도 있겠지만, 엄마를 잃어버린 최초의 경험에서 많이 배웠으리라 믿는다. 일부러 아이를 잃어버려볼 필요는 없다. 하지만 아이를 과잉보호하기보다는, 이런 낯선 상황을 통해 어떻게 대처해야 하는지를 가르치고 격려할 수 있는 기회로 삼으면 좋겠다.

여행지에서는 낯선 사람들도 만날 수 있다. 만나는 사람이 뻔한 일상을 떠난 곳에서 새로운 사람들과의 접촉을 통해 아이는 세상을 또 배운다. 큰아이가 네 살 때 작은아이를 임신 중인 나는 친정엄마와 함께 셋이 제주도를 간 적이 있다. 어린아이와 함께 그렇게 먼 거리의 여행을 한 적은 처음이라 차를 렌트할 생각도 못 했고, 관광버스를 타고

코스 따라 이동하는 패키지여행을 선택했다. 겨울날의 평일이라 대부분 우리 엄마뻘의 아줌마들이나 노부부가 많았다.

버스 안에서 우리 아이는 거의 스타였다. 네 살짜리 꼬맹이가 줄곧 걸어야 하는 휴양림을 가서도 유모차 없이 씩씩하게 잘 걸어 다니니, 기특하다고 칭찬 일색이었다. 우리가 탄 버스를 운전하던 기사 아저씨가 특히 아이를 예뻐해서, 관광지에 내렸다가 탈 때마다 아이를 위해 초콜릿이나 어린이 음료수를 사다주곤 했다. 아이는 그 아저씨를 '운전 아저씨'라 부르며 타고 내릴 때마다 인사도 하고 잘 따랐다. 집에 돌아와서도 운전 아저씨의 안부를 종종 내게 물었다. 3년이 지난 지금도 운전 아저씨에 대해 물으면, 그때 아저씨가 음료수 준 기억을 그대로 갖고 있다.

작년 가을에 단풍놀이하러 아이들과 나 셋이서만 남이섬으로 여행을 간 적이 있다. 큰애를 낳기 전에 가본 게 마지막이니까 거의 7년 만이었다. 요즘 남이섬은 한국인보다 외국인 관광객이 몇 배는 더 많았다. 해외여행을 해본 적 없는 아이들은 무슬림 여인들이 머리부터 발끝까지 쓴 베일을 보며 신기해했다. 옆에 있는 외국인들이 알아들을 수 없는 말을 할 때도, 저건 어느 나라 말이냐며 궁금해했다. 이에 놓치지 않고 "이렇게 나라마다 말이 다르니까 영어를 배워야 하는 거야"라고 은근슬쩍 영어를 배우는 목적에 대해 끼워 말하기도 했다. 이렇게 집에서만 있으면 모를 것들을 경험할 수 있는 것이다.

작년 겨울 또 다른 날 제주도에 간 적이 있다. 겨울 비수기는 비행기 티켓뿐만 아니라 숙소 비용도 훨씬 저렴해서 겨울의 제주도 여행을 선호하는 편이다. 3박 4일의 완벽한 일정을 보내고, 드디어 집으로 돌아오려고 비행기를 기다리고 있었다. 그날 아침부터 눈발이 날리기는 했지만, 한겨울에도 영하로 잘 안 내려가는 따뜻한 남쪽 섬에서 폭설이 내릴 리도 없어서, 걱정 없이 대기 중이었다. 기다림이 길어졌다. 눈이 멈추지 않고 계속 내려 활주로 상황이 안 좋다며 전광판에 '딜레이'라고 계속 뜨는데, 탑승구는 열릴 기미가 보이지 않았다. 결국 모든 비행기가 딜레이 되다가 결국에는 모든 비행이 취소되었다!

그때 제주는 35년 만의 폭설로 공항이 마비되었고, 그 역사적인 현장에 우리가 있었던 것이다. 수십 년 만의 폭설이니 제설장비가 제대로 구비도 안 되어 있는 모양이었다. 일단 공항에서 빠져나가야 하는데, 모든 길이 통제된 상황에서 공항을 나갈 방법이 없었다. 어쩌다 가끔 들어오는 버스와 택시는 수백의 인파가 타겠다고 모여들어 그야말로 아수라장이었다. 공항 안은 난민 수용소가 따로 없었다. 당장 숙소를 구해야 하는데, 인근 호텔마다 전화하니 불통이고 운 좋아 연결되면 이미 만실이란다.

어찌어찌 우여곡절 끝에 공항을 나와 겨우 숙소로 들어가긴 했으니 천만다행이었다. 그날 밤 제주공항에는 수만 명이 노숙을 해야 했으니까. 어쨌거나 공항에서 우리는 네 시간 동안 발을 동동 굴리며 기다려야 했다. 걸어가 보려고 공항을 나갔으나, 어마어마한 눈보라에 아이둘을 데리고 걷는 건 무리였다. 몇 분 만에 다시 돌아와야 했다. 반전도 이런 반전이 없다. 만 얼마에 끊은 비행기 값은 비행이 재개되기를 기다린 나흘 동안의 숙소비로 전혀 무색해지고 말았다. 아이는 공항에서의 체류와 숙소에서 하릴없이 며칠을 보낸 일이 그렇게 기억에 남나보다. 연속되는 기다림을 감내해야 했을 테다.

살다 보면 계획대로만 되지 않는다는 것을, 생각지도 못한 일이 일어날 수도 있다는 것을 나도 아이도 배웠다. 성격 급한 큰아이가 그런 경험을 통해 기다림을 배워나가기를 소망한다.

우리 엄마 아빠는 우리가 어릴 때 주말마다 거의 하루도 안 빠지고 어디론가 데리고 나갔다. 봄이면 봄나물 캐러 온 들판을 누볐고, 여름이면 계곡에서 캠핑을, 가을에는 알밤과 도토리를 주우러 산을 헤맸고, 겨울에는 등산을 갔다. 여름 주말이면 으레 텐트하나 달랑 들고 캠핑을 갔다. 그 당시에도 요즘처럼 캠핑 장비가 품목별로 판매되고 있었는지 잘 모르겠지만, 우리 집엔 오직 텐트와 플라이, 버너뿐이었다. 아빠는 캠핑 사이트를 정하면 일단 땅부터 고르고, 습기 올라온다고 철물점에서 샀을 법한 커다란 비닐을 깔았다. 밤에는 네 가족이 이불 덮고 그냥 자는 거다. 요즘처럼 등유 난로니 전기장판 따위는 전혀 없었다. 저녁엔 프라이팬에 고기나 오징어 불고기 따위를 구워먹고 나름의 캠프 파이어도 했다.

비가 오는 날에는 같이 간 이모네 차와 우리 차 사이에 플라이를 치고 그 아래에 모여 놀기도 했다. 자는 도중 비가 내리면 아빠는 일어나서 텐트 주위에 얼른 물길을 터놓기도 했다. 아빠는 가져간 어항으로 민물고기를 잔뜩 잡아 튀김옷을 입혀서 튀겨주었는데, 정말 별미였다.

10월 초의 어느 추석 연휴에는 설악산으로 캠핑을 갔다. 10월 초에 야외에서 전기장판 같은 온방기구 하나 없이 텐트에서 자다니, 우리 엄마 아빠는 참 대담했던 것 같다. 아무튼 나는 아무 일 없이 지금 이렇게 건강하게 잘살고 있다.

그 밖에도 1993년 대전엑스포를 보러 가서, 잠은 유성의 어느 강가에서 텐트를 치고 잤고(지금은 금지겠지만), 고등학교 1학년 여름방학에도 강원도 정선과 태백 일대를 일주일 동안 누비며 캠핑을 다녔다.

기억력이 무척 안 좋은 나에게 남아 있는 어린 시절의 추억 대부분은 여행이다. 남아 있는 기억만으로 나의 과거를 규정한다면, 엄마 아빠와의 여행이 전부라고 표현해도 과장이 아닐 듯하다. 결국 그러한 기억이 모여 지금의 내가 되었다고 보아야 한다. 그렇게 소중한 추억을 만들어준 부모님께 감사하고 또 감사하다. 나 또한 여행을 통해 추억을 선물하려는 엄마가 되었으니 말이다.

철학자 베이컨은 "여행이란 젊은이들에게는 교육의 일부이며, 연장자들에게는 경험의 일부다"라고 했다. 수많은 역사 인물들이 어른아이 할 것 없이 여행이 도움된다고 설파했다. 또 여행 육아를 모토로 삼는 요즘 부모도 많다. 여행은 삶의 축소판이다. 다른 사람들이 어떻게 살아가는지를 보고 느낄 수 있다. 갖가지 상황 속에서 다른 사람들은 어떻게 대처하는지, 어떤 자세로 살아가는지를 배울 수 있다. 아이가 크면 삶의 가치와 목적에 대해서도 고민해볼 수 있는 있는 멋진 기회이기도 하다. 이런 기회들을 통해 아이가 변화할 수 있다.

여행교육 전문가 서효봉은 『여행 육아의 힘』이라는 책에서 여행을 통해 아이를 변화시키는 전제조건으로 다음 사항들을 꼽고 있다. 여행은 한 번에 길게 또는 정기적으로 짧게 가는 게 좋고, 아이 자신이 즐거워야 한다고 했다. 여행을 통해 얻고자 하는 여행 철학이 분명해야 하고, 여행의 결과보다는 과정이 중요하다고 했다.

나는 주로 정기적으로 주말을 이용해서 짧게 여행을 하는 편이다. 아이가 좀 더 크면 여행 계획을 스스로 세워보게 할 것이다. 그 과정에서 더 많은 것을 배우게 되기를 바란다.

동양인 최초로 노벨문학상을 받은 라빈드라나트 타고르는 어린 시절 왕따를 당하고 학교도 제대로 다니지 못했다고 한다. 열한 살에 아버지와 함께 히말라야 여행을 한 후에 아버지와의 관계는 물론 타고르의 인생이 바뀌었고, 그리하여 탄생한 작품이 〈기탄잘리〉이다.

여행자는 자기 문에 이르기 위해 낯선 문마다 두드려야 하고
마지막 깊은 성소에 다다르기 위해 온갖 바깥 세계를 방황해야 합니다.
눈을 감고 "여기 당신이 계십니다!"라고 말하기까지
내 눈은 멀리 널리 헤매었습니다.
물음과 외침, "오! 어디입니까?"라는 천 갈래 눈물의 시내로 녹아내리고
"나 여기 있도다!"라는 확언이 홍수로 세계를 범람합니다.

— 〈기탄잘리〉 중에서

아이가 여행을 통해 주체적인 사람으로 성장했으면 좋겠다. 삶의 철학을 발견하는 깊이 있는 사람이 되었으면 좋겠다. 삶의 진리를 발견하기까지 끊임없이 두드리는 사람이 되기를 진심으로 바란다!

독립적인 아이로
키우고 싶다

우리 집은 일요일 아침이면 주로 샌드위치를 만들어 먹는다. 식빵을 전날 미처 못 사둔 경우에는 아침에 사러 나갔다 와야 한다. 여름이면 덜하지만, 추운 겨울에는 아침 일찍 나가는 게 여간 귀찮지 않다. 큰아이가 유난히 식빵에 잼 발라 먹는 걸 좋아해서, 하루는 자기가 갔다 오겠단다. 우리 집에서 제과점까지의 거리는 직선거리로 이백 미터쯤 될 것 같은 가까운 거리다. 하지만 당시 여섯 살이던 아이를 혼자 내보낸다는 것이 쉽지 않았다. 언젠가는 시작할 심부름인데 에라 모르겠다, 하고 아이를 혼자 보내보기로 결심했다. 차 조심을 강조하고 또 강조하고 천 원짜리 몇 장을 손에 쥐어주며, "아줌마한테 토스트 식빵 한 봉지 주세요"라고 말하라고 시켰다.

5분 좀 넘는 기다림이 얼마나 길게 느껴지던지. 베란다 창문으로 이제나 오나 저제나 오나 아이를 눈이 빠져라 기다렸던 것 같다. 그 짧은 순간에 오만 가지 생각이 다 떠올랐다. 혹시나 무슨 일이 있으면 어쩌나, 올 때가 됐는데 왜 이렇게 안 올까 등등. 조금 있으니 아이는 식빵 한 봉지를 손에 들고 씩씩하게 걸어 올라왔다. 혼자 나가서 심부름을 성공적으로 했다는 생각에 아이는 굉장히 뿌듯해했다. 나 또한 새삼 아이가 많이 컸다는 사실을 여실히 느꼈다. 여섯 살 첫 심부름의 기억이다.

　큰아이는 오후에 태권도를 가느라 어린이집에서 점심 먹고 일찍 하원한다. 어느 날 태권도를 마치고 집에 오는 시간에 맞춰 작은아이를 어린이집에서 데리고 오는데 좀 늦었다. 셔틀을 타고 들어오는 큰아이가 벌써 집에 들어갔을 시간인데, 마음 졸이며 걸음을 재촉하던 중이었다. 휴대폰이 울려 받으니 집전화로 전화 건 큰아이의 목소리였다. "엄마, 어디야?" 울고 있을 줄 알았던 큰아이는 아무렇지도 않게 씩씩하게 나에게 전화를 걸어 엄마의 소재를 확인했다. 요즘은 스케줄이 바뀌어 태권도 갔다 집에 들어온 후 조금 더 있다가 작은아이를 데리러 가는데, 자기 혼자 집에 있겠다고 한다. 처음에는 역시 불안했으나, 몇 번 하다 보니 아이도 나도 익숙해졌다. 품안에만 있을 것 같은 아이는 이렇게 나도 모르는 새 점점 자라고 있었다. 어쩌면 아이는 이미 서서히 혼자 일어설 힘을 만들어가고 있는 중인데, 나만 그걸 몰랐을지도 모른다는 생각이 들었다.

　아이가 생기기 전에 동생과 터키 여행을 한 적이 있다. 당시 동생은 영국에서 어학연수 중이었는데, 둘이 터키에서 만나기로 했다. 겨울이었는데 출발하던 날 동생한테서 전화가 왔다. 영국에 유례없는 폭설이 내려 항공 스케줄이 다 취소됐다고. 이게 무슨 청천벽력 같은 소리인지. 당시 내 나이 이십대 후반이었는데도, 혼자 여행 한번 해본 적이 없었다. 인천 출발하는 비행기 시간이 자정 무렵이었는데, 그날 저녁 내내 취소할까 말까 고민을 백 번도 더 했다. 그대로 출발하면 터키를 혼자 여행해야 할 판이었다. 남편은 그냥 가라고 등을 떠밀었는데, 혼자 여행할 자신이 없었다. 지금은 제발 혼자 보내만 주면 '땡큐' 하겠는데, 그땐 왜 그리 마음이 유약했는지 모르겠다. 아직 아줌마가 아니었나 보다. 결국은 뭐 어떻게든 되겠지 하고 출발했고, 일주일 동안 나는 터키 네 개 도시를 혼자 여행했다. 여행하는 동안 여러 사람을 만났고, 함께 여행지를 돌기도 했다. 혼자여도 혼자가 아닌 것이 여행의 또 다른 매력임을 느꼈다. 여행을 하다 보면 혼자 온 사람이 참 많다. 나는 젊은 시절 왜 혼자 여행을 많이 다니지 못했을까 후회되는 부분이다.

'처음' 혼자 밥 먹던 기억이 아직도 난다. 요즘이야 '혼밥'이 하나의 현상처럼 되어버렸지만, 15년 전 대학시절에는 그렇지 않았다, 적어도 나에게는. 밥은 당연히 친구랑 먹는 거지, 집 밖에서 혼자 먹을 바에는 굶는 걸 택하던 나였다. 어느 날 공강 시간에 점심을 먹어야 하는데, 그날따라 밥을 같이 먹을 친구가 하나도 없었다. 배는 고파 죽겠는데 같이 먹을 친구는 없고 참 난감했다. 그냥 먹어보자 하고 학생식당에 들어가 혼자 앉아 밥을 먹는데, 왜 그렇게 눈물이 나던지. 지금 생각하면 참 우습다. 혼자 밥 먹는 게 뭐 그리 대수라고 눈물까지 흘려가며 밥을 먹었는지 모르겠다. 거기 있던 다른 학생들이 혼자 먹는 나를 쳐다보는 느낌마저 들었다. 괜히 무안해서 엄마한테 전화하며 먹기도 했다. 혼자 밥을 먹을 수 있으면 진짜 어른이 된 거라는데, 나는 그때서야 어른이 되려는 문턱에 있었나 보다.

혼자 밥을 먹을 수 있고, 혼자 여행을 떠날 수 있는 사람. 별것 아니지만 학생들에게는 어려운 과제일 수도 있다. 홀로서기는 성장과정에서 여러 차례의 경험이 축적되어 생기는 것이다. 어느 날 갑자기 '오늘부터 독립할래' 한다고 되는 것도 아니요, 정신적인 독립이 수반되어야 가능한 일이다. 우리 시어머니는 "아들은 독립적으로 키워야 한다"는 말씀을 늘 하신다. 당신 주변에 독립 못 한 아들이 그렇게 많다는 것이다. 아직 장가 안 간 아들도 많고, 정신적으로 성숙하지 못해 아직도 노모한테 돈 달라 하는 사람도 있다고 했다. 장가를 갔다손 치더라도 아들이 경제적으로 제대로 독립 못 한 상태면 부모의 도움이 계속 필요하단다. 가령 손주를 봐줘야 하는 경우가 생기기도 한다. 이 대목에서 아주 확 와 닿았다. 내가 손주 키우는 할머니가 되지 않으려면, 아들 녀석들을 잘 길러야 한다는 말이다! 물론 손주를 돌보는 할머니들의 아들들이 다 경제력을 못 갖췄다는 얘기는 아니다. 여기서 말하는 경제적 독립이란, 일반적인 맞벌이 가정을 두고 하는 이야기라기보다는, 아들의 벌이가 힘든 경우에 엄마가 도움을 주는 경우를 말한다.

아들 제대로 못 키우면 나중에 손주 봐줘야 한다는 말은, 다소 비약이 있을 수 있지만 크게 틀린 이야기는 아니다. 심리적으로 부모에게 의존하도록 키우면 안 된다는 의미를 담고 있다. 요즘은 '캥거루족'이라고 해서, 나이가 차서도 부모에게 의존하며 사는 '어린' 어른들이 많다. 취업이 힘든 팍팍한 사회 현실을 감안하더라도 문제는 문제다. 부모 뒤에 숨어 살다 못해 아예 혼자 들어가 숨어버리는 '코쿤족'마저 많은 현실이다.

세상을 두려워하지 않고 혼자이기를 두려워하지 않는 주체적이고 독립적인 아이가 되기를 간절히 바란다. 혼자 훌쩍 떠날 수 있는 자유로운 영혼인 동시에, 바람 쐰 후 다시 제자리로 돌아와서 책임을 다하는 사람으로 성장하기를 간절히 바란다. 여행을 통해 아이에게 그런 자립심을 길러주고 싶은 마음이 크다. 나 또한 자립하려는 아이를 위해 너무 곁에서 감싸 안고만 있으려 하면 안 된다는 사실을 잘 알고 있다.

요즘 아이들은 발달이 빨라서 초등 중학년만 되어도 엄마 품에 있지 않으려 한다고 들었다. 엄마 품에서 나와 세상을 당당히 경험하게끔 도와주어야 하는 게 부모의 역할이다. 여행은 세상의 축소판을 경험할 수 있는 좋은 기회이다. 다양한 형태의 세상을 접해봄으로써 '세상이란 이런 곳이구나' 하는 것을 몸과 마음으로 '직접' 느끼게 도와주어야 한다. 그러는 중에 아이는 삶을 대하는 태도를 알게 모르게 배워나갈 것이라 믿는다.

　　얼마 전에 아이와 함께 집에 있던 영어판 〈니모를 찾아서〉를 DVD로 보았다. 아빠 말린이 잠수부에게 잡혀간 아들 니모를 찾으러 떠나는 여정 중에 벌어지는 역경과 모험을 그린 영화였다. 말린은 아들 니모를 과잉보호한다. 학교 가는 길에도 무슨 일이나 일어날까 전전긍긍하고, 아들이 깊은 바다에는 얼씬도 못 하게 하며, 자신의 그늘 아래에서만 보호했다. 아들이 인간에게 잡혀가자 무작정 아들을 찾기 위해 길을 떠난 동안, 온갖 위험을 겪고 무릅쓰며 여정을 계속한다. 그러던 중 거북이 떼를 만났는데, 함께 헤엄쳐 가던 중 아기 거북이 한 마리가 무리를 놓쳐 조류에 휩쓸려 뒤로 멀어졌다. 이에 말린은 어쩔 줄 몰라 도움을 주려 하는데, 아빠 거북이는 만류하며 스스로 이겨낼 수 있게 기다리라고 말한다. 결국 아기 거북이는 혼자 헤엄쳐서 조류를 극복하고 무리로 돌아왔고, 아빠와 아들은 해냈다는 성취감에 함께 기뻐했다. 거북이들은 해변 가에 알들을 낳고 내버려둔 채 바다로 떠난다. 스스로 부화해서 바다로 가는 스스로의 길을 개척해야만 하는 게 아기 거북이들의 운명이라는 말에 말린은 깜짝 놀란다. 이 장면에서 나에게 훅 다가왔던 말린과 아빠 거북이의 대화를 소개한다.

말린: How do you know when they're ready?(아이들이 준비가 됐다는 걸 어떻게 알죠?)

아빠 거북이: You never really know, but when they know, you'll know. You know?(절대로 진정으로 알 수는 없어요, 하지만 그 아이들이 알게 될 때 당신도 알게 되겠죠. 알겠어요?)

아이들이 홀로 설 준비가 되면 부모도 보내줄 준비를 해야 한다. 요즘은 부모들이 아이들을 더 못 놓아주는 것 같다. 다 큰 자녀가 다니는 회사에까지 전화를 하는 엄마가 있다고 하니 말이다. 아이가 준비될 때까지 한 발짝 뒤에서 따라가는 엄마가 되도록 노력하고 싶다. 말린과 니모처럼 삶의 여정을 통해 둘 다 성장하는 엄마와 아들이 되었으면 하는 바람이다.

대학시절 친구들과 이집트 사하라 사막을 여행한 적이 있다. 지프 타고 1박 투어를 했는데, 사막 한가운데 천을 깔고 잠을 자야 했다. 그때 누워서 본 밤하늘을 잊을 수 없다. 말로만 듣던 은하수를 목격했고, 수백만 개의 별이 나에게 쏟아지는 듯했다. 밤하늘을 응시하고 있자면 2초, 3초 간격으로 별똥별이 떨어졌다. 별들의 띠로 된 우윳빛 강이 하늘을 가로지르며 흐르는데, 경이로움 그 자체였다. 수많은 별들 속에서 인간 존재는 참 아무것도 아니구나 하는 생각이 절로 들었다. 사막의 자연이 주는 감동은 내 부족한 말로는 표현할 수 없는 것이었다.

애석하게도 사람은 딱 자기가 경험한 만큼만 알 수밖에 없다. 오감으로 직접 느끼지 못한 지식은 머릿속에만 머물러 있다. 머리로만 안다고 표현한다. 아이가 어린 시절에 경험의 폭을 늘려주는 것이 그래서 중요하다. 일상에서만 머물지 않고, 새로운 세상이 있다는 것을 경험하게 해야 한다. 새로운 세상의 문을 어떻게 두드리고 열어야 할지는 본인이 깨달아야 하지만, 문 앞까지 이르는 동안은 부모가 안내자 역할을 해야 하는 게 맞다.

여행이 꼭 비행기를 타야 한다는 법은 없다. 나는 아이가 어릴 때 동네 마실을 많이 다녔다. 집 앞 슈퍼를 가는 것도 하나의 여행이라 생각하고 매일 손잡고 데리고 다녔다. 아장아장 걷는 아이에게 슈퍼까지 걸어가는 것도 하나의 여정이다. 길가에 핀 민들레를 보고, 지나가는 개나 고양이에게 인사할 수도 있다. 동네 어른들과 마주치고 인사하고, 슈퍼 아줌마나 아저씨와도 이야기를 나눴다. 슈퍼에 가면 또 작은 세상이다. 각종 수확물 앞에서 그것들이 1년간 수고한 결실임을 알려줄 수도 있다. 돌아오는 길에는 시시각각 다른 모양의 구름에 대해 이야기하기도 했다. 그렇게 동네 한 바퀴를 돌면서 집밖의 다른 세상을 경험할 수 있다. 작은 세상으로 시작해서 아이가 성장해가면 점점 큰 세상을 보여주는 거다. "네가 나아가 봐야 할 세상은 이렇게 넓단다" 하며.

얘들아, 인생의 모험을 두려워하지 않는 자유롭고 독립적인 영혼으로 자라나길 엄마가 응원할게.

오늘도 여행 계획을 짠다

우리 남편은 캠핑에 대한 로망이 있는 것 같다. 캠핑 장비를 설치해 두고 대여해주는 '글램핑'이라는 것을 처음 다녀왔을 때의 일이다. 다녀온 날 저녁, 식탁에 앉아 무언가를 열심히 적는다. 이번 글램핑에서 부족한 점이 뭐였는지, 내가 어려서 캠핑 다닐 때 우리 아빠는 어떤 장비를 챙겼는지 따위를 열심히 묻고 열심히 기록한다. 그러더니 다음 주에도 글램핑을 가잔다. 이 양반 제대로 꽂히셨군. 사실은 캠핑 장비를 다 갖추고 싶어 하는데, 나는 모른 척하고 있는 중이다. 캠핑 장비를 다 갖추려면 돈 천은 깨진다고 들었기 때문이다. 물론 캠핑은 자연 속으로 깊숙이 들어갈 수 있는 좋은 기회이지만, 많은 돈을 들여 매주말마다 가는 것은 쉽지 않은 일이다. 캠핑이 아니더라도 자연을 느낄 수 있는 다른 좋은 장소도 많다.

아무튼 내 남편이 아이들을 자연 속에서 한껏 놀려야 한다며 최대한 아이들을 데리고 많이 다니려고 노력하는 점은 참 감사한 일이다. 주말이면 평일 동안 혹사한 몸을 최대한 소파와 밀착시키고 리모컨을 손에서 놓고 싶지 않을 텐데. 남편과 가장 잘 맞는 육아 철학이 어릴 때 최대한 많은 경험을 선사해주기이다.

남편은 원래 토요일도 근무했다. 오래전 남들이 모두 주 5일제를 시작했을 때도 토요일에 오후 나절까지 일했다. 좋은 날씨에 남편은 출근하고 나 혼자 토요일을 보내야 하는 것이 신혼 때는 참 낯설고 싫었다. 사람은 적응의 동물이라고, 이제는 토요일에 출근하지 않으면 이상할 정도이다. 작년부터는 격주 토요일만 근무하더니, 이제는 한 달에 한 번만 출근해도 된단다. 남편이 출근하는 토요일 오전이면 나 혼자 아이들 데리고 가까운 나들이를 다녀오곤 했다. 1박 2일 여행을 가더라도 오후에 퇴근하고 나서 가는 것이 익숙했다. 토요일에 쉬는 날이 생기자 남편은 자꾸 1박으로 어디를 가고 싶어 했다. 자기가 어릴 때 아버님도 토요일 근무를 했는데, 1박 2일 여행은 단 한번도 해본 적이 없다고 한다. 늘 오후 늦게 당일치기로 가까운 곳을 다녀왔다고 한다. 어린 마음에 그게 참 싫었다고 한다. 놀이공원을 가도 남들은 갔다가 오는 시간에 느지막이 가서 몇 개 타고 오지도 못한 게 속상했을 것이다. 그래서 그렇게 1박에 집착하고 아이들을 데리고 많이 다니려고 하는지도 모르겠다. 사정이야 어찌됐든 우리 아이들에게는 좋은 일이다. 주말이 다가오면 "이번 주말은 어디 가지?" 고민하는 게 남편의 일과이다.

나 역시 시간 날 때마다 아이들과 어디를 가면 좋을지를 놓고 고민한다. 심심하면 포털 검색 사이트에서 '서울 가볼 만한 곳 50', '경기 가볼 만한 곳 50' 따위를 검색하기도 하고, 여행지 추천 앱을 다운받아 구경하는 게 취미이다. 아이와 함께한 여행 에세이도 많이 읽었다. 책을 읽으며 나와 우리 아이들이 여행하는 모습을 머릿속으로 그려보곤 한다.

나도 두 아이 모두 초등학생이 되면, 유럽 배낭여행을 꼭 한번 해보고 싶다. 꼭 유럽이 아니더라도 해외 배낭여행을 가려고 한다. 큰 아웃라인만 대충 내가 정해두고, 세세한 여행 계획은 아들들에게 맡길 생각이다. 끌려 다니는 여행은 기억에 거의 남지 않기 때문이다. 이 도시에는 어떤 교통편으로 들어가서 어떤 장소에 방문하면 좋은지에 대해서 자기들이 정하게 하고, 나는 따라만 다닐 생각이다. 생각만 해도 흐뭇하다. 자기들이 주도하는 여행에서 아이들은 많은 것들을 배울 것이다. 자신감도 생길 것이다. 생각지도 못한 난관에 부딪치는 일도 있겠지. 어려움을 극복하는 과정에서 역시 더 많은 것을 깨닫고 용기를 얻게 되겠지. 아들들과의 배낭여행을 위해 나는 통장에 매달 저축을 하고 있다.

아이들이 조금만 더 자라면 걷기여행에 도전해보고 싶다. 아들과 함께 전국을 도보로 여행한 아빠의 이야기도 심심찮게 접할 수 있다. 꼭 전국 횡단이 아니라 가까운 둘레길이라도 많이 걸을 생각이다. '걷기'의 매력은 느림의 미학이다. 차를 타고 목적지에 다다라서 그곳에서만 하는 여행과는 또 다른 묘미를 찾을 수 있다. 차를 타고 다니면 보도블록 사이를 비집고 올라오는 풀꽃을 구경하기는 힘들다. 천천히 걷다 보면 불어오는 바람을 온몸으로 느낄 수 있으며, 걸음걸음마다 달라지는 주위의 풍경을 눈에 담을 수도 있을 것이다. 걸음마다 아이의 시선을 잡아당기는 게 무엇일까 상상하면 설렌다. 어떤 것이 아이의 손길을 끌어당길지, 아이의 마음에 손짓을 할지 궁금하다.

한번은 시골길 돌계단을 내려가다가 작은아이가 멈추어 섰다. 돌 틈으로 나온 흰 꽃을 보고 손으로 잡아당긴다. 아이는 이름이 뭐냐고 내게 물었다. 아래쪽 이파리가 꼭 냉이랑 비슷하게 생겼는데, 냉이는 아니고 나도 모르겠다. "엄마도 잘 모르겠는데, 냉이친구"라고 대답해줬다. 아이는 그 '냉이친구'를 보물단지라도 되는 것처럼 그날 내내 손에 들고 다녔다.

걷다 보면 아이의 발걸음을 멈추게 하는 것은 생각지도 못한 것들이다. 여행지를 가면 '꼭 봐야 하는, 꼭 체험해봐야 하는' 것들에 부모의 마음이 급해질 때가 많다. 그런데 정작 아이가 재밌어하는 것은 어른인 우리의 생각과 전혀 딴판일 때가 많다. 가령 놀이동산엘 가면 아이 연령에 맞는 놀이기구에 줄서서 타게 된다. 어른 입장에서는 그런 놀이기구에 탔던 경험이 제일 기억에 남으리라 생각한다. 갔다 와서 물어보면 전혀 의외의 대답이 나온다. 길거리에서 다른 아이가 부는 비눗방울을 잡으러 쫓아 다닌 것이 제일 좋았단다. 벤치에 앉아 먹었던 구슬 아이스크림이 맛있었다고 한다. 캠핑 갔다 와서는 뭐가 제일 재미있었느냐고 물으니, 작은아이는 텐트 안에서 젤리 먹었던 거랑 텐트에서 잠잔 것이 재미있었단다. 아이들의 시선은 이렇게 어른들과 다를 때가 많다.

아이와 함께 걷다 보면 이렇게 아이의 생각을 마주할 수 있다. 나의 시선으로 본 세상과 아이가 보는 세상이 다르다는 사실을 느낄 수 있다. 이미 어른이 된 내게 신선한 깨달음을 줄 때가 참 많다.

요즘은 여기저기 둘레길이 참 많이 생겼다. 꼭 산티아고 순례길 걷기처럼 거창하지 않아도 된다. 동네 산에 있는 둘레길만 걸어도 너무 좋다. 그렇게 차차 반경을 넓혀가서 우리나라의 둘레길을 많이 밟아본 후 다른 나라로 눈을 돌려도 늦지 않다.

우리 집의 몸 약한 네 살 아이와는 오래 걸을 수가 없다. 여행 책에 보면 어린아이와 배낭여행이나 걷기여행을 다니는 사례도 많지만, 나에게는 아직 무리이다. 하여 나는 내가 할 수 있는 여행을 하려고 한다.

큰아이가 어릴 때 전은주의 『아이들과 제주도에서 한 달 살기』라는 책을 읽고 완전히 매료되었다. 아이가 크면 반드시 나도 꼭 해보리라 굳은 결심을 했다. 그 책은 센세이션을 일으켰고, 요즘은 '제주 한 달 살기'나 '제주 반 달 살기'의 콘셉트로 많은 가족들이 제주 여행을 하고 있다. 보름이나 한 달 기준의 방도 쉽게 구할 수 있다. 올 여름에 아이들과 보름 동안 제주살이를 계획하고 있다. 마음 같아서는 한 달도 있고 싶은데, 나 혼자 아이들을 데리고 한 달씩이나 가 있기에는 살짝 두려운 마음이 들어서 일단 보름만 예약해두었다. 제주의 바다가 참 좋아서 다른 계획 없이 바닷가에서만 보름을 놀까도 생각 중이다. 그래서 숙소도 바닷가 바로 앞의 민박에 잡았다. 보름 동안 아이들이 어떻게 얼마만큼 성장할지 무척 기대가 된다.

옛날 어느 나라에, 신드바드라는 청년이 있었다. 그는 모험을 즐기기 위해 배를 타고 바다에 나갔다. 파도에 떠밀려 다니던 신드바드는 어느 날 섬을 하나 발견하고 그 섬에 올랐는데, 갑자기 섬이 움직였다. 알고 보니 그건 섬이 아니라 커다란 고래 등이었다. 고래가 바다로 들어가면서 바다에 빠진 신드바드는 파도에 쓸려 다니다가, 다시 어떤 섬에 도착했다. 그곳에서 날개 달린 말을 찾던 사람을 만났다. 그 사람과 함께 한 왕국으로 날아가 그곳에서 행복하게 살았다.
모험을 멈출 수 없었던 신드바드는 다시 두 번째 모험을 떠난다. 배를 타고 바다로 떠난 그는 어떤 섬에 도착했다. 잠을 자던 신드바드가 문득 깨니 하늘을 덮을 듯 커다란 루프 새가 내려오고 있었다. 그는 용기를 내어 얼른 수건을 꺼내 새의 발에 자신의 몸을 묶었다. 하늘을 날던 새가 어느 골짜기에 내려앉았을 때 그는 얼른 묶은 끈을 풀고 바위틈으로 숨었다. 그때 바위틈에서 반짝이는 무언가가 보였다. 바로 찬란하게 빛을 내고 있는 다이아몬드였다. 결국 신드바드는 그 다이아몬드를 배에 가득 싣고 집으로 돌아오게 되었다.

『아라비안나이트』 중 〈신드바드의 모험〉 줄거리이다. 아이들 동화 중에는 유난히 모험 이야기가 많다. 집을 떠나 바깥세상에서 겪는 갖가지 일들을 이겨내고 무언가를 얻어서 집으로 돌아온다. 집에 있으면 몸은 편하다. 집 나서면 고생이지, 집만큼 편하고 안락한 곳은 없다. 그럼에도 많은 이들이 모험을 떠나는 데는 이유가 있다. 신드바드도 모험을 떠났기에 다이아몬드를 구할 수 있었다. 중간에 왕의 나라에서 머무르고 두 번째 모험을 떠나지 않았으면 얻지 못했을 다이아몬드이다. 여정 속에서 온갖 고난을 겪지만, 포기하지 않고 상황을 이겨나간 결과이다. 아이들에게 바깥세상을 보여줌으로써 모험심과 용기를 길러줄 수 있다는 진부한 이야기가 끊임없이 회자되는 이유이다. 왜 세상에는 모험담이 존재하는지에 대해 아이들과 이야기 나누어보자. 모험담을 들려주고, 왜 밖으로 나가야 하는지를 염두에 두어야 한다.

꼭 멀리 떠날 필요도 없다. 당장 집근처 공원에만 나가봐도 계절의 변화를 만끽할 수 있다. 집 창문 밖으로는 알 수 없는 자연의 꿈틀거림을 곳곳에서 발견할 수 있다. 다른 지역에는 목련은 이미 지고 벚꽃이 한창이라는데, 약간 북쪽인 우리 집 앞에는 아직 목련도 안 피었다. 그래도 가만히 화단을 바라보니 연두색 향연이다. 꽃샘추위로 움츠러드는 찬 공기에도 여지없이 자연은 시간을 잘도 지킨다. 아이들과 자연의 작은 변화도 나누려고 노력하고 있다. 목련 꽃봉오리가 얼마만큼 커졌는지, 이렇게 봄이 오면 땅에서 새싹이 올라온다는 것을 지나다닐 때마다 말해준다.

캠핑장에서 막 뛰어놀던 큰아이가 문득 말했다.

"오늘 정말 행복하다."

바비큐를 먹고 과자를 집으며,

"아주 흥겨운 파티야."

작은아이도 놀다가 문득 그런다.

"너무 좋다."

그 말을 듣는 나도 남편도 너무나 행복한 순간이었다. 너희가 좋으면 엄마 아빠도 좋단다. 아이들이 계속 그렇게 행복했으면 좋겠다.

CHAPTER 05

흉내 육아는
이제 그만!

가장 중요한
내 아이의 행복

육아의 최종 목표가 무엇이냐고 엄마들에게 묻는다면? 아이가 경제적으로 독립해서 남부럽지 않게 살았으면 좋겠다, 건강했으면 좋겠다 등 다양한 답변이 나올 것이다. 하지만 이 모든 대답의 궁극적인 목표는 내 아이의 행복이다. 아이의 행복을 위해 엄마로서 해주어야 할 일들에 매달리며 고군분투하는 것이다.

최종 목표는 한 곳을 향하는데, 그곳에 가기 위한 방법이 참으로 다양하다. 공부를 많이 시켜 좋은 대학에 합격시키기, 책을 많이 읽히기, 영어공부를 위해 조기유학 보내기, 온갖 예체능 과목 섭렵하기, 사립 초-국제 중-특목고의 코스를 위해 조기교육 시키기, 어릴 때부터 포트폴리오 만들어가기 등 최종 목표에 도달하기 위해 택하는 길은 무수히 많다. 문제는 행복이라는 최종 목표는 잊고 중간에 설정해둔 '중간 목표'가 마치 최종 목표인 듯 착각하고 매달린다는 것이다.

큰아이가 태권도장에 다니고 있다. 처음에는 심신수련을 통한 건강 증진을 목적으로 보내기 시작했다. 두 달마다 다른 색깔의 띠로 승급하는 심사가 이루어진다. 흰 띠에서 노란 띠로 올라가기 위한 첫 승급 심사를 관람하러 간 날이었다. 내 아이의 순서가 되기도 전에 행여나 실수해서 승급 못 하면 어쩌나 하는 불안한 마음에 내가 삐질삐질

진땀이 나고 몹시 긴장되었다. 정작 아이는 아무렇지도 않은데, 지켜보는 내가 떨려서 좌불안석이었다. 노란 띠 승급은 짧은 품새 동작을 하고 태권도를 배우는 목적을 큰소리로 읊으면 그만이다. 전혀 복잡하고 힘들 것도 없이 너무 싱겁고 허탈하게 끝났다.

그깟 띠가 뭐라고, 나는 그렇게 긴장했던가. 건강해지라고 태권도를 보낸 건지, 열심히 승급하라고 태권도를 보낸 건지 헷갈릴 지경이다. 아이가 가끔 태권도를 하루 안 가겠다고 할 때면 "너 승급 심사 얼마 안 남았잖아. 승급 못 하면 어쩌려고 그래?" 하고 다그치기도 했다. 태권도 수련을 열심히 하다 보면 띠 승급은 저절로 따라오는 것이다. 다른 색깔 띠를 받기 위해 태권도를 배우는 것이 아니다. 하지만 내 마음속에선 수단이 목적을 압도하고 말았다.

우화를 한 편 소개한다.

어느 날 개와 고양이가 여행을 함께 떠났다. 여행을 하다가 큰 강을 만났는데, 수영을 못 하는 고양이를 개가 도와주겠다고 했다. 개는 고양이의 목을 덥석 물고 강으로 뛰어들었다.

"좀 살살 물어, 목이 아파."

"조금만 참아."

강을 절반쯤 건너자,

"아직 멀었어? 나…, 숨 막혀…"

"응, 이제 거의 다 왔어, 좀만 더 참아."

강 건너편에 도착해서 개가 "이제 다 왔어"라고 말했다. 하지만 고양이는 이미 숨을 거둔 뒤였다.

"나는 너랑 같이 건너려고 했을 뿐이야. 숨 막히면 숨 막힌다고 말하지."

목적이 수단을 정당화할 수 있을까? 다 자식 잘되라고 아등바등하지만, 어떤 결과를 부르는지 현명하게 판단할 수 있어야 한다. 대치동 사는 친구네 집에 놀러갔다가 말로만 듣던 캐리어를 끌고 다니는 학생들을 보고 깜짝 놀란 일이 있다. 학원 교재들이 많아서 캐리어 안에 책들을 넣고 끌고 다니는 아이들이다. 대치동 사교육을 정면으로 비판하고자 함은 아니다. 필요하면 시킬 수도 있다. 하지만 그 아이들에게 묻고 싶다. "너는 행복하니?" 본인이 필요하다면, 혹은 원한다면 부모의 능력 범위 내에서 학원에 다니게 도와줄 수 있다. 문제는 '억지로' 등 떠밀려 다니는 경우이다. 낮에는 학교에서 공부하고 밤늦게까지 학원에서 공부하는 피곤에 절은 삶이 과연 행복할지 의문이다. 학생의 성실도를 측정하는 것이 공부이고, 학생의 본분이 공부임에는 반박할 여지가 없다. 중고등학생을 막 놀릴 수 없는 것도 사실이다. 다만 그것이 정도를 넘어 과할 때는 어떤 형태의 부작용이든 나타나게 마련이다. 아이의 건강이 나빠진다거나 부모와의 관계가 나빠질 수도 있다.

밤늦게까지 공부하느라 체력 보충하라고 수백만 원하는 총명탕이니 보약이 필수라는 그 동네에서, 실제로 길 가다가 약국이나 건강원에 붙은 보약 광고를 쉽게 볼 수 있었다. 과한 사교육은 아이 몸에 이상신호가 오게 마련인데, 이를 막으려고(?) 보약을 먹어야 한다니, 안타까운 현실이다. 그렇게 몸 상해가며 공부해서 좋은 대학에 가면 과연 행복할지도 의문이다.

요즘 학교는 어떤지 모르겠는데, 내가 다니던 고등학교는 고3이 되면 체육시간이 자율학습 시간으로 변모했다. 체력이 뒷받침되어야 공부도 잘할 수 있는 당연한 사실을 왜 망각했을까. 당장 눈앞의 이익에만 매달려 더 앞의 미래를 보지 못한다면 발전하기 힘들다.

중국 남북조 시대의 안지추가 지은 『안 씨 가훈』이라는 책에 보면 '출세만을 위해서 하는 우스운 자녀교육'이라는 대목이 나온다.

제나라에 어떤 사대부가 있었다. 이 사람이 이런 이야기를 한 적이 있었다.

"나에게는 사내아이가 하나 있는데, 벌써 열일곱 살이 되었습니다. 편지나 글을 꽤 잘 씁니다. 게다가 선비족의 말과 비파 뜯는 법을 가르쳤는데, 이것도 점차 익숙해지고 있습니다. 이 두 가지 장기를 가지고 고관대신들의 시중을 들어드리면, 총애하실 게 틀림없습니다. 이것도 아주 중요한 일이지요!"

그때 나는 고개를 숙인 채 건성으로만 들으며 별 말은 하지 않았다. 그러나 정말 이상한 이야기이다. 도대체 이 사람은 자기 아들을 어떻게 생각하고 교육하고 있는 것인가! 만약 이러한 장기를 배웠다는 것만으로 저절로 대신이나 높은 벼슬아치가 될 수 있다고 해도, 나는 여전히 너희들이 이러한 태도를 본받지 않기를 바란다.

— 안지추, 『안 씨 가훈』(홍익출판사)

우리는 제나라 사대부의 우를 범하지 말아야 한다. 당장의 '재주 만들기'가 궁극적으로 아이의 행복으로 이어질 것이라는 착각으로부터 벗어나야 한다. 아이의 삶은 갈고닦은 '장기자랑'이 아니다. 인생에 좋고 쉬운 일들만 생기는 게 아니라는 걸 우리는 잘 알고 있다. 어려움을 이겨낼 수 있는 힘을 기르도록 도와주는 것이 아이가 궁극적으로 행복하게 살도록 이끄는 방법이다. 지금 현재 행복한 아이가 먼 훗날에도 행복할 수 있다는 진리를 잊고 사는 사람들이 많다. 나중에 적금이 만기될 때의 행복을 예약이라도 해두는 것처럼, 열심히 지금 적금을 붓고만 있다. 무수한 행복론 책에도 '지금 행복할 것'을 강조하고 있다. 훗날로 미루지 말고 바로 지금 여기에서 행복해야 한다.

부모 관심의 대부분이 자녀교육을 향하다 보니, 아이의 행복을 주장하면 자칫 아이를 무조건 놀게 하라는 메시지가 될 수 있다. 결론은 내 아이가 답이다. 아이가 행복하지 않으면 어떤 형태로든 사인을 보내게 되어 있다. 아이의 말, 행동에 모든 것이 담겨 있으므로 면밀히 관찰하고 대화를 나누라고 전문가들은 조언한다. 부모 노릇이 이래서 어려운 것 같다. 나름대로 밀착형으로 관찰하고 해주어야 하는 걸 다 제공해주고 있다고 생각하는데, 아이와 어긋나는 경우가 참 많다.

나의 경우를 예로 들면, 우리 큰아이는 어려서부터 어린이집을 참 가기 싫어했다. 특히 학기 초에 심한데 보내야 하나 말아야 하나. 그럴 때마다 고민에 휩싸였다. 전쟁 같은 3월이 지나 학기 중으로 접어들면 나름대로 괜찮아진다. 올 3월도 힘든 한 달이었다. 여느 때보다 더 심하게 가기 싫어해서 우리 부부는 심각하게 고민했다. 왜 가기 싫은지 이유에 대해서는 수도 없이 묻고 대화를 했지만, 그때마다 대답이 달랐다. 엄마와 헤어지는 순간만 힘들어하고 들어가서는 누구보다 잘 논다는데, 왜 가기 싫어하는지에 대해서 판단하기가 힘이 들었다. 커리큘럼이 지루해서 그런가 싶어 인근 유치원에 전화해서 상담을 받아보기도 하고, 아예 기관 생활을 그만두게 할까까지 고민했지만, 결론을 쉽게 내릴 수 없었다. 지금은 다행히 적응해서 군말 없이 잘 다니고 있다. 주변에도 조언을 많이 구했는데, 대부분 가정보육에 대해서는 반대를 했다. 내년에 학교도 다녀야 하는데 규칙적인 기관생활이 필요하다는 것이었다. 내 고민의 요는 아이가 행복하지 않은 것 같다는 것이었다. 그렇게 싫다는데 굳이 다니게 해야 하나. 아이의 마음속에 무엇이 들었기에 이리 힘들어하나. 그 이유를 알기 위해 열심히 대화도 시도해보았지만, 들여다보기가 쉽지가 않았다.

내 아이지만 참 어렵다. 남의 자식은 객관적으로 볼 수 있고 조언도 잘해주겠는데, 왜 내 아이 문제가 되면 어려운지 모르겠다. 내 자식 문제라 아직도 고민하고 갈팡질팡하고 있지만, '내 아이의 행복'이라는 목적지는 변함이 없다. 지그재그인 길을 가더라도 목표를 향해 한 걸음씩 내딛고 있다는 사실에 스스로 위안을 하곤 한다.

지금 내 아이가 행복한지 잘 들여다보자. 남의 기준에, 남의 아이 기준에 맞추지 말고, 내 아이의 눈과 손이 향하는 곳을 함께 바라봐주자. 정답은 아이가 가지고 있다. 부모는 잘 관찰하고 이야기를 나누며 아이가 가진 답을 찾아내야 한다. 쉽지만은 않을 것이다. 아이와 나의 진심 사이에는 각종 교육론, 다양한 환경, 고유한 가치관, 아이의 성적 같은 무수히 많은 요소들이 흐르고 있기 때문이다. 이를 잘 헤쳐 나가 아이의 진심과 부모의 진심이 맞닿을 수 있어야 한다. 쉽지 않지만 해야만 하는 우리는 내 아이의 부모이기 때문이다.

명확히 설정된 목표가 없다면, 우리는 사소한 일상을 충실히 살다, 결국 그 일상의 노예가 되고 만다. ― 로버트 하인라인

모든 육아서를
따를 수는 없다

　　나는 원래 요리를 잘 못 한다. 결혼하고 마지못해 요리를 시작한 지 9년차이지만, 아직도 요리책을 끼고 산다. 명절에는 보통 내가 갈비찜을 만들어 간다. 우선 '갈비찜 만드는 법'이라는 검색어로 검색을 한다. 포털 사이트가 제공하는 공식 요리법부터 각종 블로그 요리법까지, 그 방법은 어마어마하게 다양하다.

　　고기 핏물 빼는 방법도 각양각색이다. 어떤 데는 핏물을 찬물에 담가 빼라 하고, 어떤 곳은 또 끓는 물에 살짝 데치라고 한다. 들어가는 양념의 다양성은 두말할 필요가 없다. 클릭해서 계속 보다 보면 헷갈리기 시작한다. 결국은 펜을 들고 종이에 내가 좀 더 편하게 할 수 있는 방법이나 내가 좋아하거나 좋아 보이는 식재료를 선택해서 메모한 후, 그대로 만든다.

　　수비드 갈비찜이라는 것이 있다. 한번 해봤는데 들어가는 정성이 어마어마했다. 12시간 숙성은 기본이고, 여간 신경을 써야 하는 게 아니다. 수비드 기법으로 기름을 쏙 빼 맛은 담백했으나, 두 번 다시 하지 못했다. 그래서 요즘은 요리 찜기에 재료를 다 넣고 버튼을 누르는 가장 편한 방법을 쓰고 있다.

　　육아도 요리와 비슷하다. 좋아 보이거나 내가 잘할 수 있는 방법을 골라서 할 수 있다. 말하자면 '짜깁기'이다. 뭐, 짜깁기면 어떤가. 내가 좋고 아이한테 잘 맞으면 좋은 것 아닐까? 세상에는 참으로 많은 육아론들과 육아 도구들이 있다. 그 많은 것들을 다 따라할 수는 없다. 나와 아이에게 맞는 방법을 취사선택해야 한다. 이것저것 다 따라 하다 보면, 이도 저도 아닌 패닉에 맞닥뜨릴 수도 있다.

다양한 색깔의 물감들이 있다. 하나하나 보면 다 아름다운 색깔들이다. 이것들을 한꺼번에 다 섞으면 무슨 색이 나올까? 섞기 전에는 분명히 제각각의 개성이 살아 있는 예쁜 색이었지만, 예쁘다고 다 섞으니 검정이 되고 말았다.

독서 방법 중에 '발췌독'이라는 것이 있다. 말 그대로 필요한 부분만 발췌해서 읽는 것이다. 굉장히 두껍거나 지루한 책일 경우에 내가 자주 쓰는 방법이다. 책에도 일정한 틀이 있어서, 요령만 알면 책 한 권이 말하고자 하는 바를 정확하게 파악할 수 있는 유용한 방법이다.

좋다고 이것저것 다 따라 하지 말고, 필요한 것만 뽑아 쓰는 지혜를 발휘했으면 좋겠다.

육아서들을 읽으면서 내가 '발췌'한 수단은 책과 자연으로의 여행이었다. 아이가 태어나기 전에 읽은 짐 트렐리즈의 『하루 15분 책 읽어주기의 힘』은 나의 인생 책이 되었다. 제대로 다독을 시키는 '책 육아'를 하지는 않아도 책을 늘 가까이할 수 있는 환경을 만들어주었다. 그나마 아이들이 어릴 때는 집에서 책을 읽어줄 수 있는 시간이 많았다. 하지만 자라면서 다른 재미난 것들이 많아지고 기관생활도 하다 보니, 예전보다는 책 보는 시간이 줄기는 했다. 우리 집 아이들이 주로 책을 읽는 시간은 아침에 눈뜨고 거실로 나와서 잠깐 아니면 잠자리에서이다.

특히 잠자리에서 책을 읽어줄 때는 계속 읽어달라는데, 이게 은근히 고문이다. 누워서 두세 권 읽다 보면 목도 아프고 잠도 쏟아진다. 녀석들이 빨리 잠들었으면 좋겠는데, "또 읽어줘" 또는 "에잉, 벌써 다 읽었어?" 할 때면 솔직히 괴롭다. 책을 가까이하는 육아의 길을 선택해서 가고 있으면서도 책 읽어주기 힘들고 귀찮아하는 것은 무슨 모순인지 모르겠다. 비록 아이들이 '책만 읽는' 생활을 하고 있지는 않지만 그래도 책 읽는 끈을 놓지는 않아서 다행이다. 짧고 굵게보다는 가늘고 길게 가자고 마음먹고 있다.

마음만 같으면 숲속이나 시골로 이사 가서 아이들을 키우고 싶다. 남편의 직장 같은 현실적 여건 때문에 실행에 옮기지 못하고 있을 뿐이다. 자연 속에서 크는 아이들의 심신이 얼마나 건강하게 자라는지에 대해서는 더 말할 필요가 없을 듯하다. 그에 대한 대안으로 주말마다 산과 들과 물이 있는 곳이면 어디든지 가려고 노력한다. 나 역시 그렇게 자랐고, 집에만 가만히 있는 성격이 아니라 가능한 일인지도 모르겠다.

지금까지 수많은 육아의 왕도 중에 '선택'에 대해 이야기했다. 이제는 그 선택에 대한 자세에 대해 이야기해보려고 한다. 예전부터 '중용'이라는 말을 참 좋아했다. 중용은 균형, 조화라는 말과도 깊이 관련되어 있다. 다만 열정이 지나치게 강조되는 요즘 시대에 중용은 이도 저도 아닌 '적당히'와 같이 자칫 왜곡되어 해석될 수도 있다.

중용은 양극단에 치우치지 않고 중간의 도를 택하는 현명함을 이른다. 지나치지도 않고 모자라지도 않은 상태이다. 『중용』 4장에는 이런 구절이 있다.

공자가 다음과 같이 말하였다.

"도가 행하여지지 않는 이유를 나는 안다. 지혜로운 사람은 너무 지나치고 어리석은 사람은 미치지 못하기 때문이다. 도가 밝게 드러나지 않는 이유를 나는 안다. 현명한 사람은 너무 지나치고 못난 사람은 미치지 못하기 때문이다."

—『중용』(홍익출판사), p.125

어떤 길을 택해 가든지 너무 지나치거나 모자라지 않았으면 좋겠다. 나는 예전부터 '회색분자'라는 말이 불편했다. 이것 아니면 저것을 선택하는 건 때로는 너무 극단적이다. 양극단에 치우치기보다는, 양쪽의 장단을 저울질하며 적당히 중간 영역에 머무는 것이 현명한 처사 아닐까? 이러한 흑백논리를 신성한 육아의 영역에서만큼은 적용하지 않았으면 좋겠다. '이것만이 육아의 정도이다' 하는 것은 없다는 말이다. 다시 강조하지만, 내 아이와 나에게 맞는 방법을 찾는 것이 중요하다.

나에게 있어서 엄마표 육아나 제대로 하는 책 육아는 '수비드 갈비찜' 만큼이나 어려운 것이다. 혹자는 열정도 없고 이도 저도 아닌 모양으로 대충한다고 비난할지도 모르지만, 책을 읽힌다는 행위 자체가 중요한 게 아닐까 싶다. 한국인들이 추구하는 '노오력'을 하든지, 대충이라도 나만의 방식으로 하든지, 본인이 선택할 문제다.

이렇듯 아이의 행복으로 가기 위한 길은 수많은 책에서 제시하는 방법들만큼이나 다양하다. 하지만 가만히 들여다보면, 수많은 저자와 전문가들이 하는 이야기 속에 흐르는 굵직한 맥은 하나다.

페르시아 설화 〈세상의 모든 지식〉을 보자.

옛날 페르시아에 원하는 것은 무엇이든 자기 마음대로 가질 수 있다고 믿는 왕이 있었다. 어느 날 그가 궁중 도서관을 거닐다가 문득 걸음을 멈추고 중얼거렸다.

"가만, 이 책들 속에 세상의 모든 지식이 담겨 있단 말인가? 이 많은 책을 다 읽을 수도 없고…."

고민하던 왕은 학자들을 불러놓고 말했다.

"나는 세상의 모든 지식을 다 알아야겠다. 하지만 책이 너무 많으니 어찌하면 좋겠는가?"

이에 학자들은 자신들이 책의 내용을 짧게 줄여보겠노라고 하고 쉬지 않고 책을 썼다. 세상의 모든 책들 속에서 가장 값진 내용만 추려 모은 진귀한 책이었다. 이십 년이 지나서 학자들은 두꺼운 책 백 권을 완성한 후 왕에게 가져갔다.

"이 책들을 언제 다 읽겠는가? 더 줄여오너라!"

또다시 이십 년이 지나 학자들은 열권의 책을 완성했다. 세월에 늙고 쇠약해진 왕이 말했다.

"나는 이제 너무 늙고 눈도 침침해서 열 권을 읽을 힘이 없다. 단 한 권으로 줄여줄 순 없겠는가?"

학자들은 책 열 권을 한 권으로 줄이느라 잠을 설쳤다. 그동안 학자들도 하나둘 세상을 떠나 딱 한 사람만 남았다. 십년이 흘러 마지막 남은 학자는 마침내 책 한 권을 완성했다.

"전하, 드디어 책을 완성했습니다. 세상의 모든 지식이 이 한 권에 담겨 있습니다."

하지만 왕은 너무 늙어 앞도 제대로 볼 수 없었다.

"나는 이제 글씨 하나 제대로 볼 수가 없구나. 세상에 대해서 꼭 알아야 할 지식을 단 한마디로 말해줄 순 없겠느냐?"

그러자 왕의 귀에 대고 학자가 말했다.

"전하, 꼭 알아야 할 한 가지 지식을 말씀드리겠습니다. 인간은 태어나서 고통 속에 살다가 마침내 죽는 존재랍니다."

학자가 말을 마치자 왕은 숨을 거두었다.

아이를 키우는 우리가 꼭 알아야 할 단 하나의 지식은 무엇일까? 세상에 수많은 육아서와 방법론 가운데 나에게 와 닿은 단 하나의 명제가 무엇일까? 아마 대동소이할 것이다. 엄마가 아이를 사랑하는 마음. 이 진실 말고 또 무엇이 더 있을 수 있단 말인가. 이외의 모든 것은 아마도 아이를 사랑하는 방법에 대한 논리일 것이다. 수많은 육아서를 모아 만든 나만의 한 권, 나만의 한 줄을 찾아 실천해나가는 것이 엄마의 과제인지도 모르겠다는 생각을 한다.

바야흐로 정보의 과잉 시대이다. 많아도 너무 많다. 누가 나를 위해 단 한 권으로, 단 한 줄로 좀 만들어주면 머리 아프게 고민하지 않아도 될 텐데 하는 생각이 절로 든다. 아이를 키우는 방법은 책마다 사람마다 다르다. 단언컨대 '똑같이' 키우는 사람은 단 한 명도 없다. 물론 생물학적 요인도 있겠지만, 그보다 더 중요하게는 엄마마다 가치관과 상황이 똑같은 사람이 단 한 명도 없기 때문에 똑같은 육아도 없는 것이다. 짜깁기도 좋고 대충도 좋으니까, 개성 있는 나만의 방식에 자신감을 가져야겠다. 세상에서 내 아이를 가장 사랑하는 사람이 엄마인 나 아니던가. 그 진심에만 집중해도 어쩌면 충분한지도 모르겠다. 변하지 않는 이 진리를 출발점으로 삼아 선택과 가지치기를 해나가다 보면, 나만의 왕도를 가고 있는 나를 발견할 수 있을 것이다.

내가 편한 육아

나는 원래 체력이 좋지 않다. 어릴 때 워낙 안 먹은 영향 때문인지, 손발도 아동 사이즈이고 뼈대도 몹시 약하다. 남편은 이런 나를 '부실의 아이콘'이라 부르곤 한다. 결혼 전에 시어머니도 나를 보고 남편한테 그랬단다. 다 좋은데 너무 약하다고. 내 손을 보는 사람마다 그 손으로 뭘 하겠냐고 혀를 차곤 했다. 지금은 애도 둘 낳고 그런대로 키우고 있으니 신통방통하다고들 하지만, 부실한 체력은 어쩔 수 없다.

사정이 이러하니 나는 최대한 몸을 아끼고 사린다. 아이들이 걷기 전에야 하는 수 없이 아기 띠를 하고 다녔다. 하지만 돌이 지나 걷기 시작할 무렵부터는 가능한 한 걷게 했다. 우리 집 앞은 언덕길이라 유모차 끄는 것이 더 힘들기 때문에 방법이 없었다. 아이를 튼튼하게 하려는 목적보다는 아이를 안아주면 내가 힘들어서였다. 내 팔이 당장 끊어지게 생겼는데 어쩌란 말인가. 한 동네 언니가 "넌 절대로 애 안 안아주더라"라고 말한 걸로 보아, 남들이 보기에도 나는 내 몸을 사리는가 보다.

내가 아는 아기들은 하나같이 어쩌면 그렇게 밤잠을 잘 자는지. 우리 애들은 돌 가까울 때까지 새벽에 두세 번은 기본으로 깼다. 습관을 잘못 들인 영향도 있었겠지만 유난히 예민했던 것 같다. 밤잠을 늘 설치다 보니 나는 부족한 잠을 보충하기 위해 낮잠을 꼭 자야 한다는 강박이 있었다. 그래서 아이가 자는 오후 시간은 무슨 일이 있어도 철벽같이 사수했고, 아이들이 잘 때 나도 같이 잤다. 그 당시 나는 낮잠을 건너뛰는 날은 저녁 무렵 열 배는 더 피곤한 듯 느꼈을 정도다.

아이를 둘 이상 키우는 엄마들은 아이들의 낮잠 시간이 겹치는 날을 '기적'이라고 부른다. 나는 나의 체력을 위해 '기적을 만드는 엄마'였다. 큰아이만 혼자 있을 때는 상관이 없었는데, 둘째 아이가 태어나자 아이들의 낮잠 시간을 겹치도록 만드는 게 지상과제였다. 둘째 아이가 신생아 시절부터 오후 낮잠 시간을 겹치도록 아이들의 컨디션을 조절해서 꼭 같이 재웠다. 내가 중간에 눕고 작은아이는 수유하며, 큰아이에게는 책을 읽어주며 낮잠을 재웠다. 깨는 시간은 조금씩 달라도, 잠드는 시간은 거의 비슷하게 맞출 수 있었다. 단 몇 분이라도 낮잠을 자고 나면 몹시 개운하다. 나는 체력을 그렇게 관리했다.

지금 일곱 살 큰아이는 여섯 살부터 낮잠을 끊었다. 그래서 두 아이가 모두 집에 있는 날 작은아이의 낮잠을 재워야 할 때, 나는 일단 둘 다 눕게 한다. 책을 읽어주고 조용한 분위기를 조성하면, 작은아이는 잠이 든다. 큰아이는 운 좋은 날은 함께 자지만, 아닌 날은 동생이 잠들고 나면 다시 일어나 논다. 어릴 때부터 그렇게 내가 교육시켜왔기 때문에 가능한 일이다. 어떤 날은 큰아이는 혼자 일어나 놀고, 나와 작은아이만 잠든 적도 많다. 잠도 안 오는 아이를 억지로 누워 있게 하는 나를 보고 누군가 너무하다고 한 적이 있지만, 다 나를 위해서인 걸 어쩌겠는가.

하루 종일 치이는 엄마가 중간 휴식할 수 있는 유일한 시간이 아이의 낮잠 시간이기도 하고, 또 기본적으로 아이의 낮잠은 중요하다고 생각한다. 낮잠을 제때 안 자면 아이가 칭얼거리게 되어 있다. 그걸 감당하기는 참 힘들기 때문에 제때 재우는 것이 아이를 키울 때 가장 중요하고 육아를 쉽게 하는 방법 중 하나라고 믿는다. 그래서 멀리 여행을 가지 않는 이상 당일치기 나들이는 가능하면 아이의 낮잠 스케줄에 맞추어 오전에 가는 것을 선호한다. 아침 일찍 서둘러 오전에 실컷 놀고, 점심 먹고 오후에 자는 식이다. 거리가 있는 곳이면 돌아오는 차에서 아이가 낮잠을 자기도 하고, 아주 가까운 곳이면 집에 와서 나와 아이가 함께 편하게 잘 수 있게 하기 위해 계속 깨우면서 집으로 돌아온다.

내 몸이 힘드니까 밤잠도 가능하면 일찍 재우려고 노력한다. 몇 살 아이는 몇 시간 이상 자야 한다는 등의 논리에는 솔직히 관심이 없다. 일찍 재우고 내 시간을 가지면 좋은 것 아닌가? 남편이 일찍 퇴근하는 날은 아빠랑 조금이라도 놀라고 자는 시간을 조금 늦추기도 하지만, 남편이 늦는 날은 일찍 잠자리에 드는 날이다. 아이들이 아직은 어리니까 잘 따라주는 편이라 다행인데, 크면서 수면 시간이 줄어들면 어쩌나 살짝 걱정이다.

우리 엄마는 이런 날더러 "너 편하자고 그런다"는 말을 자주 했다. 맞다. 나는 나 편하게 육아하는 사람이다. 안 그래도 힘든 육아, 좀 편하게 하면 어떤가? 육아는 장기전이라 내 몸이 편해야 한다. 아파본 엄마는 알 것이다. 내가 아프면 가족 모두가 손해다.

체력도 약한데 나에게는 소위 '귀차니즘'이 뿌리 깊게 스며 있다. 아무래도 체력이 저질이다 보니 만사가 귀찮고 게을러지는 영향도 있을 것이다. 요즘 따라 책 읽어달라면 귀찮아서, 아이마다 한 권씩만 골라 오게 해서 딱 두 권 읽고 불을 꺼버린다(이건 좀 너무하는 것 같다. 네 권쯤으로 늘려야겠다).

아이가 사과 깎아달라면 그렇게 귀찮을 수가 없다. 과일 껍질 까는 게 나는 왜 그렇게 귀찮은 걸까? 내가 과일을 별로 안 좋아해서 그런가. 아이가 과일 까달라고 할 때면 최대한 껍질 없는 과일 쪽으로 유도를 해보다가, 정 안 되면 까준다. 요즘은 딸기 철이라 슬쩍 씻어만 줘도 되니 얼마나 편한지 모르겠다.

이 한 몸 편하고자 문명의 이기를 활용하기도 한다. 우리 아이들은 우유를 좋아해서 자기 직전에도 머리맡에 우유를 두고 잤다. 새벽에 자다 깨서도 간혹 찾을 때가 있다. 아이들이 잠든 후 냉장고에 우유를 갖다 넣어야 하고, 자다 깬 아이에게 다시 갖다 주는 것이 귀찮아서, 아이들 방에 화장품 냉장고를 마련해서 먹고 남은 우유는 거기 넣어둔다.

아이들 둘 다 이유식 먹이기가 매우 힘들었던 시절, 식탁에서 책 읽어주고 놀잇감 대령하는 것이 힘들고 귀찮아 결국 스마트폰 동요를 틀어주고 먹였다. 식당에 가서도 편하자고 스마트폰을 틀어주곤 했다. 지금은 스마트폰의 폐단을 알기에 우리 부부는 스마트폰은 가능하면 보여주지 않으려 한다.

빨래는 또 어떤가. 신생아 때야 매일 목욕시켜야 하고 빨랫거리가 무지하게 나오기 때문에 세탁기를 매일 돌렸다. 하지만 작은아이가 좀 크자 일주일에 두 번 돌릴까 말까 한다. 한 친구는 작은아이가 여섯 살인데도 세탁기를 여전히 매일 돌린다는데, 나에겐 먼 나라 이야기다. 목욕도 여름이 아니면 자주 안 씻긴다. 건강에 이상이 가지 않을 만큼만 씻기고 있다.

큰아이는 레고를 만들 때 내가 하나도 안 도와주는 걸 알기 때문에, 죽이 되든 밥이 되든 혼자 설명서를 보고 씨름한다. 결국 혼자 완성을 해낸다. 놀아주는 건 또 어떤가. 놀아주는 방법을 잘 모르겠기도 하지만, 아이 둘이 자기들끼리 참 잘 논다. 가끔 너무 방치하는 건 아닌가 반성할 때도 있긴 하다. 솔직히 놀아주는 것만큼 귀찮은 게 없다. 나는 엄마가 정말 안 맞는 사람인가보다. 아무튼 아이가 둘이라 정말 다행스럽기는 하다.

아이들이 빨리 커서 집의 허드렛일 좀 시키고 싶다. 안 그래도 귀찮고 힘든 청소, 구역별로 나눠서 역할을 줄 생각이다. 이럴 땐 아들만 둘인 것도 다행스럽다. 딸보다는 아들 부리기가 마음이 더 편할 것도 같다. 딸은 신경 써야 할 것이 얼마나 또 많은가. 딸 둔 친구들을 보니 머리핀만 수십 개, 레깅스는 색깔별로 구비하는 게 기본이란다. 치마는 종류가 또 얼마나 많은지. 치마 레깅스부터 캉캉치마, 레이스 달린 치마 등, 계절별 아이템이 어른 못지않다. 아들들은 초등학교만 가도 일주일 내내 겨울엔 긴 트레이닝 바지, 여름엔 트레이닝 반바지만 있어도 된다는데, 귀찮은 내 성격에 딱이다.

고백하고 나니 몹시 부끄럽다. 하지만 이 모든 것들이 결국 내가 '살고자' 함이었다. 모두 완벽하게 해내고도 거뜬한 체력이라면 얼마든지 하겠다. 타고난 저질 체력에도 불구하고 아이를 키워내려면, 적당히 타협해야 하는 부분이라 생각하고 싶다. 이 세상 모든 엄마들이 무쇠 체력은 아닐 것이다. 힘들어도 참고 극복하고 버텨내는 중일지도 모른다.

본인이 선택한 방식이 본인에게 전혀 무리가 없고 만족스럽다면 상관없다. 하지만 '희생'한다는 생각을 갖고 있으면 본인도 힘들고 오래 버텨내기 힘들다. 내가 이렇게 희생하는데 왜 아무도 몰라주는가 하는 생각을 갖고 있으면, 결국 모두가 힘들어진다. 알아주기를 바라며 희생하고 있다면, 당장 그만두어야 한다. 가족들은 모른다, 절대. 표현하지 않으면 더더욱 알 수가 없다. 그럴 바에는 안 함만 못하다. 엄마라서 마땅히, 당연히 희생해야 한다는 생각에 찬성하지 않는다.

우리들 엄마 세대 때는 '희생하는 어머니 상'이 당연했다. 대부분의 엄마들이 가족을 위해 뒷바라지하는 삶을 살았다. 당신들도 처음부터 누군가의 엄마로, 아내로 태어난 건 아니었을 텐데, 평생 자신의 이름 석 자를 잊고 살았을 테다. 그네들이 보기에 요즘 엄마들의 엄마 역할은 참 생소하게 비칠 것이다. 문명의 이기를 충분히 누리고도 징징거리는 요즘 엄마들에게 혀를 끌끌 차는 할머니들도 많이 보았다. 그 시절엔 세탁기도 없고, 기저귀도 일일이 빨아 써야 했다고 한다. 요즘처럼 이유식 만드는 기계는 물론 야채 다지기 따위도 없어서 일일이 야채를 칼로 다져야만 하는 시절이었던 점을 감안하면, 요즘 엄마들이 몸은 솔직히 더 편하다.

하지만 전 세대에 비해 상대적으로 풍족하게 자란 시대적 배경과 현대사회의 과한 교육열로 요즘 엄마들은 정신적으로 더 피곤하다. 아이가 태어나자마자 신경 써야 할 것들이 너무나 많다. 고생을 모르고 자란 환경의 영향으로 처음 해보는 엄마 역할은 그야말로 고난이고 역경이다. 육아로 인해 심신이 피폐해진다고 느낀다. 갓 태어난 아기를 보면 신성한 모성이 마구 솟아날 줄 알았는데, 핏덩이를 갓 마주했을 때의 느낌은 모성애라기보다는, 뱃속에서 생명체가 나왔다는 사실에 대한 경외에 가까웠다.

신기한 마주침도 잠시, 밤잠을 포기해야 한다는 낯섦과 퉁퉁 붓는 가슴이 주는 신체적 고통, 내가 잠시도 없으면 안 되는 또 다른 생명체에 대한 막중한 책임감은 감당하기에 솔직히 벅차다. 대가족 사회에서 으레 엄마가 되면 그런 삶이 펼쳐진다는 것을 간접적으로 경험한 우리 전 세대와는 달리, 생전 처음 맞닥뜨리는 난관 속에서 '엄마'라는 역할이 주는 무게감은 가슴을 짓누르는 것이었다. 아니, 그보다 더 힘들었던 것은, 엄마는 밤잠을 포기하는 게 당연하고 아이와 남편을 위해 희생을 감내하는 것이 당연하다는 인식이었다. 희생을 해야만 모성애가 강한 것이고, 아닌 경우는 직무 유기라는 식의 사회적 시선이 더 견디기 힘들었다. 그래서 더욱 외로웠는지도 모른다. 새벽에 한두 시간마다 깨며 아이에게 젖을 먹일 때 얼마나 자주 울었는지 모른다. 홀로 견뎌야 하는 밤이 사무치게 외로웠다.

그래서 나는 조금(?) 이기적인 엄마가 되기로 했다. 내 몸이 일단 편해야 한다는 생각에 육아를 나의 신체 리듬에 맞추었다. 피곤하면 아이에게 더 화를 많이 내게 된다. 약간의 직무 유기라도, 그것을 통해 내 몸이 좀 더 편하고 아이에게 화를 덜 내는 엄마가 될 수 있다면, 차라리 직무 유기 엄마가 더 낫지 않을까?

앞으로도 가족에게 신체적, 정신적 피해를 주지 않는 범위 안에서 나는 나 편한 대로 살 거다. 내가 편해야 내 가족도 편하다.

흔들리지 않는
엄마의 중심

큰아이는 네 살부터 어린이집에 다니기 시작했다. 세 돌이 조금 안 된 시기였는데, 집 바로 앞의 어린이집에서 연락이 와서 고민하다가, 지금 안 보내면 자리가 나기 힘들 것 같아서 보내기로 마음먹었다. 우는 아이를 두고 돌아서는 그 마음은 엄마 아니면 모른다. 누구 좋자고 기관에 우는 아이를 이렇게 보내나 하는 자괴감부터, 어린아이를 너무 일찍 엄마랑 떨어뜨리는 것이 아닌가 하는 죄책감까지, 오만 가지 생각으로 힘들었다. 그렇다고 곧 태어날 둘째와 함께 아이 둘을 한꺼번에 집에서 돌볼 자신은 없어서 눈물을 머금고 시작한 기관 생활이었다.

다른 아이들은 몇 주 안 돼서 바로 어린이집에서 낮잠을 자기 시작했다. 안 그래도 짠한 마음에 낮잠까지 재우고 데려오는 건 도저히 내키지 않았다. 그래서 큰아이는 어린이집에서 낮잠을 자본 적 없는 아이가 되었다. 어린이집 입소 때부터 지금까지 항상 점심 먹고 바로 데려오는 스케줄을 고수하고 있다. 너무 엄마랑 오래 떨어져 있으면 행여나 동생 스트레스를 받을까 봐, 나의 온 신경은 큰아이한테 가 있었다. 그동안 아이가 어린이집에 가기 싫어하는 날엔 잠시 설득하다가, 마음이 약해져 안 보낸 적이 많았다. 그래서인가, 여섯 살 초에 등원 거부가 너무 심해 원에서 운영하는 미술치료에도 참가시켜보고, 엄마와의 시간을 좀 보내보라는 조언에 따라 여섯 살 내내 일주일에 하루는 어린이집에 안 보내고 나와 시간을 보내기도 했다.

나아지는가 싶더니, 얼마 전 또다시 새 학기 초에 유난히 어린이집에 가기 싫어서 아침마다 눈물바람이었다. 늘 그랬던 것처럼, 떼쓰면 어린이집에 안 가도 되겠지 하는 마음을 먹었던 것 같다. 기관을 옮길까도 심각하게 고민했으나, 선생님과의 상담 결과 엄마가 단호한 태도를 유지해보라는 조언을 받았다. 한 달이 지난 요즘은 훨씬 좋아져서 더 이상 가지 않겠다는 이야기를 하지 않고 있다.

돌이켜보면 나의 일관되지 못한 태도 때문에 너무 먼 길을 돌아왔다는 생각이 든다. 아예 처음부터 눈 딱 감고 낮잠도 재우고 결석하는 일이 없게 했다면, 이 정도는 아니었을지도 모른다. 가기 싫은 날은 떼쓰고 울면 엄마가 안 보내니까 강도는 점점 더 세졌고, 아이는 나의 약한 마음을 이용한 건지도 모른다는 생각이 든다.

큰아이가 피아노 레슨을 받은 지 1년이 다 되어간다. 처음 시작할 무렵 피아노로 동요 치는 데 취미가 들어 눈만 뜨면 피아노로 달려갔고, 시간이 날 때마다 딩동딩동 두드렸다. 그러다 자기도 피아노 선생님한테 배우고 싶다기에 한참을 망설였다. 우리 부부는 일단 시작하면 꾸준히 하는 걸 중시한다. 시작했는데 신통찮다고 해서 그만둘 수 없다는 방침이라, 시작할 때도 신중을 기하는 편이다. 남자아이에게 좀 이른 시기는 아닌가, 아이가 그렇게 하고 싶다는데 안 시키는 것도 부모의 방임 아닌가 하는 고민으로 한두 달을 끌다가, 결국 레슨을 시작하게 되었다.

아이는 처음에 흥미 있어 했다. 그러나 몇 달 지나니 관심이 수그러드는 게 보였다. 그래도 딱히 싫은 기색 없이 잘하는가 싶더니, 근래에는 "아잉, 또 피아노 하는 날이야?"라는 소리가 나온다. 남편은 자기가 좋아서 시작한 거고, 일단 시작했으면 최소 1년은 해야 한다고 말한다. 지루해하는 기색이 역력해서 선생님께 피아노만 말고 노래 부르기나 다른 재미있는 수업을 함께 하는 게 어떤지 부탁드려서, 요즘은 다채롭게 수업을 하는 중이다.

이렇게 결정을 내려야 할 때 특히 부모 역할이 어렵다. 일단 시작하면 끝을 보는 게 맞는지, 싫다는데 억지로 끌고 갈 필요가 있는지 판단해야 하는데, 몹시 고민된다. 어떤 때 일관성의 원칙을 적용하고 말지가 헷갈린다.

책에서도 부모 교육에 관해 자주 나오는 원칙이 일관성이다. 부모가 일관된 원칙을 고수해야 아이가 부모의 행동이나 감정을 예측할 수 있고 정서적 안정을 찾을 수 있다고 한다. 아닐 경우에 아이는 혼란스럽고, 부모가 일관성 없는 태도를 취할 때 반항하게 된다고 한다. 아이를 키우면서 일관된 말과 태도를 유지하기란 생각보다 쉽지 않다. 가령 아이가 브로콜리를 안 먹겠다고 하면 엄마는 처음에는 먹이려고 시도하다가, 밥을 다 먹여야겠다는 생각에 포기하는 경우가 생긴다. 밥을 다 먹지 않더라도 브로콜리는 꼭 먹어야 한다는 사실을 아이가 알게 하는 것이 일관성 있는 태도이다. 안 먹겠다고 떼를 써서 이번엔 통했는데 다음번에 또 엄마가 브로콜리를 주면, "지난번에는 안 먹었는데 왜 이번엔 먹어야 해?"라는 말이 아이 입에서 나오게 된다.

내가 아이들에게 화를 잘 내니까 남편의 우려가 크다. 내가 아이들을 예뻐할 때는 과하게 애정표현을 하다가, 화날 때는 몹시 차갑다는 것이다. 감정 기복이 크면 아이의 정서가 불안정해질 수밖에 없다면서, 애정표현을 줄이는 한이 있더라도 늘 한결같이 차분했으면 좋겠다고 주문한다. 감정표현도 너무 솔직하게 드러내면 독이 되나보다. 화가 나도 참고, 사랑스러워 죽겠어도 눌러야 하고, 사리가 생겨도 전혀 이상하지 않을 지경이다. 엄마 역할은 정말이지 어렵다. 나는 감정 제어도 잘 못 하는 미성숙한 어른인데, 누가 누굴 키우는지. 일관성은 양육에 있어 가장 중요한 원칙이지만, 가장 지키기 어려운 원칙이기도 하다.

옛날에 소를 아주 귀하게 여기는 왕국이 있었다. 드넓은 풀밭은 물론, 마을 광장에도 성 안에도 소들이 어슬렁어슬렁 마음대로 돌아다녔다. 누구든 소를 해치거나 잡아먹으면 곧장 감옥에 가거나 사형을 당해야 했다. 이 나라에서는 늙어죽는 소는 있어도, 고기 때문에 죽는 소는 없었다. 그러던 어느 날, 성 뒤뜰에서 소뼈가 발견되어 왕국이 발칵 뒤집혔다. 신하들은 나라를 샅샅이 뒤져 범인을 찾아내고 다음날 왕에게 찾아가 조용히 말했다.

"전하, 소를 해친 범인이 누군지 알아냈습니다."

"누구냐? 당장 말하라!"

"그것이…, 사실 범인은 바로 왕자님입니다."

왕은 정말 난처했다. 국법대로라면 왕자를 당장 사형시켜야 했다. 하지만 자기 아들을 차마 죽일 수 없었던 왕은 하는 수 없이 왕자를 용서해주기로 했다. 소문은 온 나라에 퍼졌고, 백성들은 왕에게 불만을 품게 되었다.

"쳇, 누구는 소를 잡아먹어도 괜찮고, 누구는 조금만 다치게 해도 감옥

살이를 해야 하나?"

그러자 나이 든 신하들이 왕을 찾아와 말했다.

"전하, 나라를 올바로 다스리려면 원칙을 지키셔야 합니다. 국법을 어기시면 나라의 기틀이 흔들리게 됩니다."

"알았소, 다음부터는 꼭 국법을 지킬 테니, 염려 마시오."

얼마 후 나라에 전쟁이 일어났다. 이웃나라 군대가 국경을 넘어 쳐들어왔다. 국경을 사이에 두고 치열한 전투가 벌어졌다. 용감한 장수를 축으로 한 부대는 잘 버텨냈지만, 시간이 지나자 식량도 병사들의 사기도 떨어지기 시작했다. 장군은 굶주린 병사들을 위해 소를 잡기로 결정했다. 이 일이 궁에 알려지자 왕은 당장 장군을 잡아들이라고 명령했다.

"법을 어기고 소를 잡은 장군을 용서할 수 없다. 당장 저자를 사형에 처하라."

신하들이 전쟁이 끝난 후 명령 내리기를 청했으나, 결국 장군은 사형장으로 끌려가고 말았다. 장군이 없는 국경의 병사들은 쩔쩔맸고, 매번 전투에 패하기 시작했다. 겁에 질린 병사들은 무기를 버리고 도망치고, 결국 성까지 적들에게 점령당하고 말았다. 왕은 신하들과 병사들을 찾았으나 이미 모두 도망가버린 후였다. 왕은 결국 적의 포로가 되었다. 그리고 적군은 성 안의 소들을 잡아 잔치를 벌였다. 왕이 흐느끼며 말했다.

"아, 나는 국법을 지켰을 뿐인데…."

— 김진락, 『법을 지킨 왕』(바라미디어), 〈줄거리 요약〉.

이 동화에 나오는 왕은 일관성을 지키지 않았고, 그 결과 결국 나라가 망하게 되었다. 원칙을 지키려면 자기 아들을 죽여야 했기 때문에 지킬 수가 없었다. 소를 잡은 장군 역시 봐주어야 했지만 원칙을 지킨다는 명목으로 장군을 죽였고, 이는 전쟁에 패하는 결정적 요인이 되었다. 어떻게 해야 현명한 처사였을까? 부모로서 생각해보아야 할 문제이다. 무슨 일이 있어도 지켜야만 하는 원칙이냐, 예외가 있을 수 있는 원칙이냐 하는 것은 매우 고민스럽다.

어느 날 즐겨듣는 라디오 채널에서 DJ가 그런다. 일관성이란 꾸준함, 인내, 열정, 성실과 깊은 관련이 있으며 인격의 성숙도를 나타내는 지표가 될 수 있다고. 들으면서 고개가 절로 끄덕여졌다. 일관성을 유지하려면 꾸준한 노력이 필요하고, 예외를 두고 싶은 충동을 참을 줄 알아야 한다. 꾸준한 노력이 곧 성실이고, 성실의 과정에 열정이 지펴져야 지켜낼 수 있는 것이 일관성인 것이다. 알고 보면 온갖 미사여구를 다 아우르는 범접하기 힘든 성질의 것이 아닐까 싶다.

어렵게 생각할 것 없이, 내 아이를 키울 때 생활 속에서 작은 원칙을 지키려고 작은 노력을 기울이는 것도 일관성이 아닐까 싶다. 내가 무슨 일이 있어도 지키고자 하는 원칙은, 텔레비전은 저녁식사 후 40분만 보기, 우리 집에 방문했다가 나가는 손님에게는 무조건 현관에 서서 인사하기 따위와 같이 생활 속의 작은 습관을 지키게 하는 것이다. 생활 속의 작은 규칙을 반복하다 보면 일정한 습관이 되고, 이는 일관된 양육 방식으로 굳어질 수 있다.

훈육할 때도 마찬가지이다. 가장 중요하게 생각하는 원칙이 있으면 훈육할 때 적용해야 한다. 가령 아이가 거짓말을 했을 때 어떤 날은 별 일 아니라고 봐주고 어떤 날은 엄하게 야단친다면, 일관성에 어긋난다.

물론 살다 보면 '예외'적 상황은 수도 없이 발생하기에, 나도 사람인지라 어떤 판단을 해야 할지 헷갈리는 날도 많다. 하지만 기본적인 원칙은 지키고자 하는 마음가짐이 일관성의 시작이라고 생각하자. '절대로' 또는 '반드시'가 통하지 않을 때도 많으니, 약간의 유연성을 발휘하는 지혜도 덤으로 있으면 좋겠다.

신중하고 지혜로운 사람들의 미덕인 진정한 일관성은 상황에 순응하는 것이다.

— 존. C. 칼훈

사랑하는 마음

요즘 큰아이는 레고 중 기사가 나오는 시리즈에 푹 빠져 지낸다. 어느 날 레고 설명서를 가져오더니 맨 뒤 페이지의 상품소개 편에 나오는 기사 캐릭터들의 이름을 가르쳐달란다. 거기 적혀 있는 이름대로 말해 줬더니 아니라고 우긴다. 캐릭터 세 개의 이름이 서로 바뀌었단다.

"여기 봐. 이름이 여기 밑에 적혀 있잖아. 네가 잘못 안거야."

"아니야~, 얘네 이름이 바뀌었다고! 이게 잘못된 거야."

아니, 상품 광고하는 설명서에 캐릭터 이름이 뒤바뀔 리가 없지 않은 가. 엄마 말을 못 믿나보다 싶어서 아빠에게 다시 물어보라고 보냈다. 아빠 역시 똑같은 반응이다. 우리부부는 계속해서 네가 잘못 안 것 같 다며, 여기 적혀 있지 않느냐는 말만 되풀이했다. 결국 아이는 짜증을 내며 굉장히 억울해했다. 큰아이의 눈썰미는 좋은 편이다. 한번 본 건 잘 잊어버리지 않고 기억하는 편이라, 억울해하는 아이의 모습을 본 순 간 설마하며 확인해봐야겠다는 생각이 스쳤다. 컴퓨터를 켜고 기사 캐 릭터를 검색해보았다. 인터넷에 이름이 다르게 소개되어 있다면 아이 말이 맞을 가능성이 커진다. 아니나 다를까. 아이의 말이 정확했다! 설 명서가 틀리게 나왔을 리 없다는 어른들의 편견을 아이가 깬 것이다. 네가 틀렸다며 아이 말을 믿으려 하지 않은 우리는 굉장히 미안했다.

왜 처음부터 그 종잇조각이 틀릴 수 있다는 사실을 깨닫지 못했을까, 아이 말을 왜 처음부터 믿어주지 못했을까 하는 마음이 계속 들었다.

차를 타고 어딘가를 갈 때 큰아이는 "아직 멀었어?", "몇 분 남았어?"라는 말을 달고 산다. 처음에는 우리도 친절하게 대답해주지만, 반복되는 질문에 부아가 치민다. 결국 "왜 그렇게 참을성이 없니?"라고 내뱉고 만다. 아이는 아직 시계를 볼 줄 모른다. 작은 바늘이 가리키는 몇 시 정도만 알 뿐이다. 시간의 길이에 대한 개념도 아직 명확하게 서 있지 않아서, "5분 남았다"고 말해주는 것도 사실 의미가 없다. 어느 책에서 아이들은 시간 개념이 아직 발달하지 않아서 기다림이 지루한 것이 당연하다는 부분을 읽었다. 명확한 시간 개념은 초등 고학년은 되어야 발달한다고 한다. 어린아이의 시간 인식은 어른과 다를 수밖에 없단다. 그것도 모르고 여태 참을성 없다고 윽박질러댄 한심한 엄마다.

아이를 키우면서 아이를 기다려준다는 것은 정말이지 큰 과제이다. 인내를 필요로 하는 일이다. 나갔다 와서 옷정리하라고 해도, 양치하라고 해도 "잠깐만!" 하며 함흥차사다. 보면 뭔가를 만들거나 하고 있다. 아이와 나의 우선순위가 다르다는 사실만 인정해도 편할 텐데, 그리 생각하기가 쉽지 않다. 일단 내 생각에 먼저 해야 하는 일은 1순위로 해치워야 하는데, 그렇게 뭉그적대고 있으니 속에서 천불이 날 수밖에. 조금만 더 생각해보면 아이가 잠깐만 하며 무언가에 열중하고 있는 그 순간은 '몰입'의 순간이다. 조금만 더 기다려주면 나도 아이도 서로 짜증낼 일이 없을 텐데, 참 어렵다.

아이들이 서너 살쯤 되면 뭐든 혼자 하겠다며 떼쓰는 시기가 온다. 우리 작은아이가 지금 딱 그 시기이다. 아침마다 바빠 죽겠는데 단추를 혼자 끼우겠다고 낑낑대며 시간을 보낸다. 보다 보다 답답해서 좀 도와주겠다고 하면 난리가 난다. 에릭슨의 심리발달 단계에 따르면, 지금은 '자율성 대 수치심'이 발달하는 시기이다. 이때 부모가 잘 기다려주면 자율성이 잘 발달하게 되고, 잘 기다려주지 못하고 뭐든 다 해주려 하고 과잉보호하면 수치심이 생길 수 있다고 한다. 나는 자율성이 자라는 이 시기를 견뎌내는 중이다.

아이를 둘 보면 작은아이는 아무래도 신경을 덜 쓰게 된다. 큰아이 때처럼 1대 1로 붙어 놀아주지도 못하고, 사소한 '챙김'을 덜 주었던 게 사실이다. 그러다 보니 작은아이는 스스로 크는 것 같다. 우리 집은 빌라라 엘리베이터도 없고 계단이 많다. 큰아이는 제법 자랄 때까지 행여나 계단에서 넘어질까 오르내릴 때 손을 잡아주었던 것 같은데, 작은아이는 내버려두니 어느 순간 혼자 계단을 잘도 올라간다. 큰아이만큼 놀잇감을 가지고 놀아준 적도 별로 없는데, 작은아이는 블록도 뚝딱뚝딱 혼자 잘 만들어내고, 연령에 맞지 않게 크기가 작은 레고를 갖고 무언가를 만들며 논다. 아마 형아가 노는 걸 보고 자란 영향일 테다. 어쩌면 엄마보다는 형제가 더 훌륭한 선생님이 아닐까 싶은 대목이다.

아무튼 내버려두고 믿고 기다려주면 아이들은 더 잘 자라나보다. 둘째 아이에게는 그래도 기다림의 여유가 생겼는데, 여전히 첫째 아이에게는 힘들다. 첫 아이라 기대하는 바가 있어서인지, 나도 엄마 노릇이 처음이라 어려운 건지, 아무튼 아직도 믿고 기다리는 건 여간 어려운 일이 아니다.

큰아이가 두 돌이 좀 안 되었을 때, 대학원 공부를 마치느라 양가 어머니께 아이를 1년 정도 부탁드린 적이 있다. 야간수업이라 낮에는 아이를 보고 저녁에 저녁을 먹고 나와야 했는데, 아이는 당연히 나랑 떨어지는 순간을 힘들어했다. 내 바짓가랑이를 붙잡고 늘어지며 우는데, 뿌리치고 나오는 그 기분이 참담했다. 결국 아이가 할머니랑 놀 때 몰래 빠져나오는 방법을 택했다. 아이가 우는 모습을 보지 않아서 내 마음은 편했지만, 크나큰 실수였다. 엄마가 아이와 헤어질 때는, 울더라도 다시 돌아온다는 약속을 하고 아이가 보는 데서 헤어지라고 전문가들은 조언한다. 그걸 미리 알았더라면 얼마나 좋았을까.

다시 돌아간다면 우는 모습에 마음이 아파도 꼭 인사를 하고 나올 텐데. 예상컨대 큰아이가 일곱 살이 된 지금도 나랑 헤어질 때 약간 불안해하는 건 아마도 어릴 때의 그 기억이 트라우마로 남아서가 아닐까 싶다. 나랑 떨어지는 그 순간을 당장은 힘들어해도, 시간이 지나면서 점점 나아지리라는 믿음이 부족해서였다. 내 아이를 좀더 믿고 기다려주었어야 하는데, 그렇게 못 한 것이 참 후회가 된다. 큰아이는 요즘도 내게 말한다.

"엄마, 나 태권도 갔다 오면 어디 가지 말고 집에 있어!"

고려 말기의 학자 윤회의 기다림이 작은 생명을 살린 유명한 일화가 있다.

윤회가 젊은 시절 길을 가다가 날이 저물어 하룻밤 묵을 곳을 찾았다. 작은 여관이었는데, 객이 많아 방이 없다고 거절당해 하는 수 없이 뜰에 가만히 앉아 있었다. 그때 주인집 아이가 커다란 진주를 가지고 놀다가 그만 땅에 떨어뜨렸는데, 마침 곁에 있던 흰 거위가 그것을 삼켜버렸다.

여관에 묵는 것조차 거부당할 만큼 소박한 옷차림을 한 젊은 윤회에게 의심의 화살이 향했다. 주인이 물었다.

"젊은이, 혹시 진주 못 보았소?"

"……."

"사람 그렇게 안 봤는데, 아주 몹쓸 젊은이로군. 남의 것에 손을 대다니."

"……."

"왜 아무 말 못 하는 거요? 할 수 없군. 날 밝는 대로 관아로 갑시다."

끝내 진주를 찾지 못하자 집주인은 윤회를 밤새 꽁꽁 묶어두었다. 윤회는 변명 한마디 하지 않고, 다만 주인에게 거위도 묶어서 자기 곁에 두도록 부탁했다. 다음날 아침, 거위가 눈 똥에서 진주가 나왔다. 주인은 너무 부끄러워서 사과하고, 어제 왜 진작 말하지 않았느냐고 물었다.

"만약 내가 어제 말했다면, 당신은 저 거위의 배를 가르고 진주를 찾았을 것 아니오? 그래서 아침까지 기다린 것이오."

— 이순형, 『조선의 어머니 탈무드가 묻다』(루덴스), p.256, 〈줄거리 요약〉

윤회는 참을성 있게 기다림으로써 한 생명을 살렸다. 하물며 부모의 기다림이 자녀를 살릴 수 있음은 물론이다. 아이가 실수했을 때도 기다려주면, 아이는 스스로 잘못을 인정하고 사과를 한다. 화를 자주 내는 나도 요즘은 화를 덜 내려고 노력 중이다. 아이가 실수했을 때 바로 화를 내면 아이는 되레 변명하거나, 심지어 "실수도 할 수 있지 왜 화를 내?" 하며 반항하기도 한다. 화를 참아보았더니 눈치를 보며 "엄마, 미안해" 이런다.

얼마 전 참석한 독서 토론에서 한 엄마가 그랬다. 어느 날 고등학생 아이가 냉장고 문을 열고 한참 뭔가를 찾더란다. 엄마는 순간 '먹을 것 없다고 시위하나' 싶어 뭐라 그러려다가 참았다. 그런데 아이가 와서 하는 말이 "냉장고에 있는 재료로 뭐 좀 만들어보려고" 그러더란다. 화를 냈으면 큰일 날 뻔했던 일화를 소개했다.

조금만 믿고 기다려주면 아이의 긍정적 의도를 발견할 수 있다. 의사소통 전문가 이임숙의 『엄마의 말공부』라는 책에 보면, 아이의 긍정적 의도를 알아주기 위해 다음의 다섯 가지 용어를 쓰라고 조언한다. '잘하고 싶었구나, 힘들어도 참으려고 했구나, 기쁘게 해주고 싶었구나, 잘되길 바랐구나, 도와주려고 그랬구나'. 내 아이를 믿고 기다려주는 것은 아이에게 긍정적인 의도가 있다는 것을 전제로 한다. 아이를 사랑하는 것은 곧 아이를 믿고 기다려주는 것이다. 연애할 때도 상대방을 믿지 않으면 관계는 위태로워진다. 관계의 기본은 믿음이기 때문이다.

내가 아이를 사랑하는 방법이 서툴렀다. 아이를 사랑하지만 사랑하는 방법을 몰라서였을 것이다. 우리 시어머니는 아이들에게 무엇이든 앞서서 미리 해주지 말라고 늘 말씀하셨다. 아이가 스스로 할 때까지 기다려주라는 뜻이었을 것이다. 아이 성격이 급한 걸 탓하기 전에 내 성격 급한 것부터 고치도록 노력해야겠다. 믿음도 기다림도 화를 참는 것도 모두 연습이라고 했다. 머리로만 알고 실천을 못 하겠다고 토로하는 이유는 전부 해보지 않아서, 연습을 안 해보았기 때문이라고 한다. 아이를 사랑하는 마음에 좀 더 집중해야겠다. 내 사랑에 믿음을 가져야겠다. 내 사랑이 성숙해지도록 기다림의 여유를 가져야겠다.

부모가 아이들에게 줄 수 있는 가장 큰 선물 중 하나는 엄마 아빠가 그들이 하는 행동과는 별개로 그들을 자식으로 사랑한다는 확신을 주는 것이다.

— 맥스 루카도

여기서 지금 행복하기

어느 날 아침 큰아이가 일어나 거실에 나오더니, "어, 엄마! 여기, 여기 꽃이 피었네!" 그런다.

보니 행운목에 굵고 큰 꽃대가 두 대나 올라와 있다. 그렇게 올라오도록 어찌 몰랐는지, 놀라울 정도다. 신기한 마음에 엄마한테 전화를 걸어 행운목에 꽃이 피었다고 했더니 깜짝 놀라며, 행운목은 꽃 피우는 게 힘들기로 유명한데 어찌 피었냐며, 너희에게 행운이 있으려는 모양이라 한다. 같이 행운목을 키우고 계시는 시어머니께 전화했더니 역시 같은 반응이다. 우리에게 좋은 일이 있을 거라고 다들 그렇게 기뻐했다. 자고 깬 남편도 사실 자기가 지금 하고 있는 일에도 좋은 소식이 있을 거라며 빙긋 웃는다. 기분 좋은 아침이다. 그렇게 피기 힘들다는 행운목의 꽃을 내가 피웠다는 뿌듯함과 희열을 느꼈다.

이 행운목을 집에 들인 것은 6년 전쯤. 키는 10센티미터쯤 되는 조그만 나무 두 개를 수반에 받쳐진 상태로 샀다. 얼마쯤 지나 키울 자신이 없어져서 시댁에 두 개 다 보내드렸는데, 식물 기르는 데 조예가 깊은 시부모님이 어린 초등학생 키쯤 되게 길러냈다.

그 중 한 개를 다시 우리 집에 데려온 지가 1년이 다 돼가는 듯하다. 우리 집은 남향이라 유난히 해가 잘 든다. 베란다의 화분들은 내가 그

다지 신경을 안 써도 꿋꿋하게 연명을 잘 해나가는 중이다. 행운목은 베란다와 맞닿은 집안 창가에 두었더니 태양의 기운도 듬뿍 받고 있다. 게다가 눈에 잘 보이는 데 두어 그런지 내가 수시로 물을 준다. 빈 우유병이 나올 때마다 거기에 수돗물을 듬뿍 담아 붓는다.

이런 여러 이유들에서인지 행운목은 키가 160센티미터 정도까지 자랐고, 꽃까지 피워낼 준비를 하고 있었다! 꽃대가 난 지 2주쯤 지났을 때 흰색의 행운목 꽃이 만개했다. 낮에는 꽃망울을 오므리고 있다가 저녁 7시쯤 되면 온 집에 향기가 퍼져나간다. 진하고 향긋한 그 내음에 '꽃이 피었구나' 하고 알 수 있었다.

지금은 다 지고 마른 꽃대만 남았지만, 행운목 꽃 덕분에 3주 정도 참 행복했다. 내가 쏟은 정성과 사랑의 결실이라고 생각하니 마음은 행복으로 충만했다. 집에 핀 꽃으로도 이렇게 행복한데, 우리 아이들이 피워낼 꽃은 얼마나 찬란할까 생각해본다. 행운목에게 햇빛과 물의 정성을 쏟은 것처럼 아이들에게 그만한 정성을 쏟고 있나 돌이켜보기도 한다.

행복은 멀리 있는 것이 아니라고 한다. "봄이 어디 있는지 짚신이 닳도록 돌아다녔건만, 돌아와 보니 봄은 우리 집 매화나무 가지에 걸려 있었다"라는 중국 시에 봄 대신 행복을 넣어보라고 한 작가 박웅현의 말처럼, 행복은 우리 집 화분에, 우리 아이들에게서 찾을 수 있는 것이었다.

무슨 일 때문이었는지 기억은 잘 안 나지만, 작은아이가 떼를 쓰며 울고 있었다. 달래도 그칠 기미가 보이지 않아 그만 울라고 했다. 그랬더니 큰아이가 말했다.

"엄마는 왜 못 울게 해. 슬플 때는 울어야지, 울기 잘했어. 우는 건 비상이 울리는 거야. 눈에서 먼지가 껴서 울고 싶을 땐 울어야지. 눈물 꾹 참으면 구멍이 꽉 차서 먼지가 들어가."

저절로 고개가 끄덕여지는 말이었다. 이런 말을 할 정도로 컸나 싶고, 이렇게 예쁜 말을 할 줄 아는 큰아이 덕에 행복함을 느꼈다.

행복은 특별한 무언가가 아니고, 일상에 산재해 있다. 그래서 일상에서 행복을 찾는 연습을 하는 중이다. 카페에서 혼자 책 읽을 때가 행복하다는 사람들을 많이 보았다. 카페도 좋지만, 나는 조용한 도서관에서 책 읽을 때가 숨 막히도록 행복하다. 아이들의 보석 같은 말 한마디가 행복하다. 맛있는 음식을 먹을 때 행복하다.

행복은 '감사'와 떼려야 뗄 수 없는 관계이다. 감사한 것들을 생각하다 보면, '아, 내가 이렇게 행복하구나' 하고 느낄 수 있다. 감사하면 행복해진다. 그래서 감사 연습도 하는 중이다.

감사 일기도 쓰고, 오랜만에 지인들을 만날 때는 감사 편지와 함께 작은 선물을 준비하기도 한다. 신유경의 『땡큐 레터』라는 책을 보면, 365통의 감사 편지를 주위에 전하면서 인생이 변화하는 경험이 나온다. 감사 편지는 나의 감사와 행복 에너지를 타인에게 전달하는 행위이다. 저자의 표현을 빌리자면 '선한 영향력'을 세상에 전달하는 것이라고 한다.

나는 아직 그 정도 경지까지는 아니고, 작은 감사라도 전하면 내가 행복해진다는 것을 깨달았다. 나의 작은 선물이나 편지를 받은 상대방이 놀라워하며 기뻐하는 모습을 보면, 내가 더 행복했다. 나눌수록 커지는 게 기쁨이라더니, 정말 그렇다.

행복도 감사도 연습이 필요하다. 그러고 보면 온갖 연습이 모인 결정체가 인생이 아닐까 싶다. 내 주위의 행복을 찾는 연습을 해야 한다.

인도 설화 중의 하나인 〈햇빛구슬〉 이야기를 보자.

아주 오랜 옛날에는 신과 인간이 함께 살았다. 걱정도 불안도 눈물도 없었고 사람들은 모두 행복하기만 했다. 사람들은 저마다 햇빛구슬을 지니고 있어서, 그것 덕분에 신의 세상으로 마음껏 드나들 수 있었다. 호기심 많은 인간들은 신들의 왕인 브라마의 정원을 망쳐놓기 일쑤였다. 신들의 세상에 함부로 돌아다니지 말라는 여러 신들의 경고에도 불구하고 사람들은 귀담아 듣지 않았다. 더 이상 참을 수 없었던 신들은 인간들이 신들의 땅에 다시는 못 들어오게 햇빛구슬을 빼앗기로 결정했다. 사람들이 모두 잠든 밤 신들은 인간들의 집을 다니며 햇빛구슬을 모조리 거두어 왕인 브라마에게 갔다. 브라마가 말했다.

"영리한 인간들은 햇빛구슬을 되찾을 것이다. 절대 찾을 수 없는 곳에 숨겨야 한다. 어디에 숨기면 좋겠는가?"

땅의 신이 말했다.

"땅 속에 숨기면 어떻겠습니까?"

"호기심 많은 인간이 땅이 파헤쳐볼 것이다."

바다의 신이 말했다.

"바다 속에 숨기면 어떻겠습니까?"

"호기심 많은 인간이 바다 밑바닥까지 건져 올릴 것이다."

고민하던 브라마가 말했다.

"햇빛구슬을 숨기기에 가장 좋은 곳이 있다."

모든 신들이 물었다.

"그곳이 어디입니까?"

"바로 인간의 마음속이다."

신들은 인간의 마음속에 햇빛구슬을 숨겼다. 인간들은 햇빛구슬을 찾기 위해 땅도 파보고 바다에도 들어가보았지만, 결국 햇빛구슬을 찾을 수 없었다. 아직도 햇빛구슬을 찾고 있는 인간들을 내려다보며 신들이 혀를 찼다.

"쯧쯧, 가장 가까운 곳에 있는 줄도 모르고."

— 김진락, 『햇빛구슬은 어디에』(바라미디어), 〈줄거리 요약〉

행복은 가장 가까운 곳에, 내 마음속에 있다. 내가 어떤 마음으로, 어떤 시각으로 세상을 바라보느냐에 따라 행복할 수도 있고 아닐 수도 있다. 아이를 다 키운 선배 엄마들은 누구나 이런 말을 한다. "그래도 애 키울 때가, 그때가 제일 행복한 거야." 힘들어 죽겠는데 무슨 저런 소리를 하나 싶었다. 요즘은 가끔 시간이 멈추었으면 할 때가 있다. 엄마 몸이 너무 힘든 신생아를 키우는 것도 아니고, 이제 똥오줌도 가리고 말도 잘하고 자기들끼리도 잘 노는 형제를 볼 때면 문득 '이 순간이 다시는 안 오겠지' 하는 생각이 스친다. 당장 아이들이 갓난아이일 때의 사진, 혹은 걷기 시작하는 사진이나 동영상만 찾아봐도, 이런 때가 있었나 싶다. 온몸이 기억하도록 새겨넣는다고 새겨넣었는데도, 꿈만 같은 시절이다. 훌쩍 커버린 아이들이 아쉬울 때가 있기는 하다. 앞으로 점점 더하겠지. 초등 중학년만 되도 아들은 엄마를 떠난다는데. 점점 더 아이들의 어린 시절이 그리워질 테다.

'현재를 즐기라(Carpe Diem)'는 말도 지금 이 순간에 최선을 다해 행복하라는 말이다. 굳이 거창한 행복을 찾지 말고, 소소한 일상 속의 행복을 찾아 감사하며 살아야 한다. '여기서 행복하라'라는 말을 어떤 이가 '여행'의 줄임말이라고 했다는데, 일상을 여행하는 것처럼 살라는 뜻일 것이다. '여행은 일상처럼, 일상은 여행처럼'이라는 유명한 말도 있다.

우리가 보통 하는 여행을 들여다보면, 여행지에 가야만 모든 것이 새로워진다고 느낀다. 그렇게 다르게 느끼기 위해 여행을 떠나지만, '다르게 보는 시각'을 일상에 적용시켜보자. 어제보다는 훨씬 풍요로운 오늘이 될 것이다. 매일이 특별한 이벤트와 여행일 필요는 없다. 내 평범한 일상을 이벤트로 느끼는 그 마음이 햇빛구슬인 셈이다.

어제는 갑자기 복통이 찾아와 세 시간 동안 힘들었다. 만성적으로 찾아오는 나의 발작성 복통은 보통 대여섯 시간을 견뎌야 사라지는데, 어제는 세 시간 만에 사라졌다. 아프면서도 고통에만 집중하지 않고, '쉬어가라'는 뜻이구나'라고 생각했다. 평소보다 짧게 지나가서 다행이라는 생각도 했다. 멀쩡해진 지금은 이 순간 건강해서 이 글을 쓸 수 있다는 사실이 무척 감사하고 행복하다. 내가 처음부터 이런 사람은 절대 아니었다. 나도 그렇게 생각하려고 '연습'하는 중이다.

아직 어린 우리 아이들에게는 행복 연습이 필요 없다. 아직 세상에 물들지 않은 아이들에게는 모든 것이 놀잇감이고 놀이터이다. 어른이 되어가면서 항상 느끼던 행복이 점차 사라지고 퇴색되며 연습이 필요한 시기가 오게 되는 것이다. 아이의 행복을 부모인 우리가 지켜주어야 하지 않을까? 지금 행복한 아이가 나중에도 행복할 수 있다. 나와 아이 모두의 행복에 집중해보자. 아이와 어떤 놀이를 하면 행복해질지 생각해보자.

요즘 우리 큰아이는 어린이집에서도 체육관에서도 피구를 즐겨 하는 모양이다. 매일 한 번씩은 나에게 피구하자는 말을 한다. 잘 못 놀아주는 나지만, 집에 있는 풍선으로 하루 한 번은 피구를 하며 놀고 있다. 그때 아이 얼굴에 활짝 핀 웃음은 아이에게도 나에게도 행복이다. 작은아이는 나와 눈만 마주쳐도 활짝 웃는다. 그 순간 마음속에 행복감이 물감 방울처럼 쫙 번진다.

진부한 어구에는 절대 진실이 담겨 있기 때문에 지겹도록 회자되는 것이다. 진부한 말이지만, 일상 속의 작은 행복을 꼭 찾아보길 바란다.

진부하다고 할 수 있을 만큼 오랫동안 지속되는 모든 생각에는 진실한 요소가 내재되어 있다.

— 어빙 벌린

CHAPTER 06

나를 찾는 삶

일찍 일어나는 엄마

작년 연말에 우연히 『미라클 모닝』이라는 책을 도서관에서 빌려 읽었다. 오래 전 『아침형 인간』이 세간에 히트 친 적이 있다. 많은 사람들에게 아침 기상의 의지를 불어넣었으나, 나는 거기에 해당되지 않았다. 나는 얼마 전까지도 책을 읽고 '실천'하는 종류의 인간은 아니었으니까. 읽고 나서 '음, 일찍 일어나 생산적인 일 하라고? 좋지. 맞는 말이야. 근데 피곤한데 일찍 일어나기가 쉽나, 어디.' 그러고 나서 아침에 이불 속에서 5분이라도 더 자려고 애를 쓰는 사람이었다. 그런데 『미라클 모닝』이 나의 기상을 변화시켰다!

우리 집에서 가장 늦게 일어나는 사람이 바로 나였다. 우리 아이들은 희한하게 7시쯤 되면 알람이라도 맞춰놓은 것처럼 정확하게 일어난다. 왜 그렇게 꼭두새벽에 일어나는 건지! 7시가 나에게는 너무나 이른 새벽이다. 나는 잠이 많고 게을러서 아이들이 나를 깨우면, 이불을 뒤집어쓰고 어떻게든 더 늦게 일어나려고 버텼다. "엄마, 5분만 더 잘게." 이러면서. 몇 번 실랑이를 벌이다가 아이들이 결국 포기하고 나가서 자기들끼리 놀곤 했다. 늘 자기들끼리 잘 노는 것도 아니다. 결국은 끌려나와서 뜨지도 못한 눈으로 비몽사몽 한참을 거실에 앉아 있기도 했다. 아무튼 그렇게 다양한 방법으로 뭉그적대다가, 8시는 되어야 정신

차리고 아침 준비를 시작하기 일쑤였다.

그랬던 내가 지금은 『미라클 모닝』을 읽고는 갑자기 '이거 한번 해봐야겠다'라고 마음을 먹은 것이다. 책을 읽은 시점이 공교롭게도 연말이었던지라, 새해 결심과 함께 시작하기 너무나 좋은 시기였다. 아침 기상에 관한 책을 처음 읽은 것도 아니고, 갑자기 왜 그런 결심을 하게 되었을까? 근래에 나는 평범한 내 일상에 변화를 갈구하고 있던 중이었다. 어제나 오늘이나 그날이 그날 같은 평범하기 짝이 없는 일상을 바꿔보고 싶은데, '거리'가 없던 차에 『미라클 모닝』이 딱 걸린 것이다.

작년 12월 31일 잠들기 전, 과연 내가 일어날 수 있을까 의문이 들었다. 다음날 새벽, 해보고 싶다는 의지가 나의 신체를 지배하고 있던 게으른 습관을 이긴 것 같다. 온 식구가 같은 방에서 자기 때문에, 그들이 깰까 봐 알람은 해두기 어려운 상황이었다. 알람 없이도 거짓말처럼 눈이 떠졌고, 휴대폰 시계를 확인하니 6시 16분이었다! 더 잘까 아주 잠시 고민한 후 몇 분 동안 휴대폰을 만지작거리다가, 애들 깰까 살금살금 밖으로 나왔다.

거실로 나와서 간단하게 스트레칭을 하고 물을 한 컵 마셨다. 책에서는 물을 몸에 내려보내서 자고 있는 몸을 깨우라고 되어 있다. 그러고 나서 짧게 복식호흡을 하며 명상을 했다. 책에서 말한 대로 눈을 감고 명상하는 동안 정말 온갖 잡생각이 끊임없이 들어오는 것에 놀랐다. 호흡마다 좋은 에너지가 들어와 순환하는 것만 그리려 애를 썼다. 그렇게 몸을 좀 풀고 나서 책상에 앉았다. "미라클 모닝으로 내 인생을 바꾼다!"라고 작게 5번 외치고, 필사 책을 집어 들었다. 요즘 필사가 열풍이라 나도 해보겠다고 사둔 지 꽤 된 책이다. 물론 새것인 채로 고이

모셔만 두었지만. 100일 필사 책인데, 1일차에는 '사람은 생각하는 대로 된다'라고 적혀 있었고, 나는 그 문장을 따라 썼다. 그리고 일기장을 펴서 『미라클 모닝』의 마지막 파트에 적혀 있는 질문들에 대한 답을 써내려갔다. 첫 번째 질문은 '삶의 어떤 면에 더욱 감사함을 느끼고 더 충실할 수 있는가'였다. 말하자면 감사 일기였다. 내가 쓴 답은 이러했다.

- 가족 모두 건강한 것
- 물질적 안녕을 누리며 따뜻한 집에서 따뜻한 밥을 먹고 살아갈 수 있다는 것
- 아이들이 간혹 아프기는 해도 건강하고 씩씩하게 자라고 있으며, 영민하다고 느낄 만큼 머리도 자라고 있다.
- 보다 나은 삶을 위해 내가 변화를 결심하고 실천한 첫 날이라는 것
- 좋은 사람들이 주변에 있어 즐거운 시간을 함께 보낼 수 있다.
- 양가 부모님 건강하셔서 지주가 되어주고 계시다.

그리고 나서 올 한 해 동안 매일 해야 할 일 리스트를 적어본 후, 당시 읽고 있던 자기계발서 한두 페이지 읽는 것으로 미라클 모닝의 의식을 끝냈다.

책에서 이야기하는 미라클 모닝의 단계는 명상(기도), 확언, 비전 생생하게 그리기, 쓰기(감사 일기나 자랑스러운 기억 혹은 노력에 대해), 독서, 운동 이렇게 총 6가지이다. 각자의 사정에 맞게 단계들을 시간이나 순서를 정하고 혹은 가감도 할 수 있다. 내가 위의 의식을 다 마치는 데 소요한 시간은 1시간이 조금 안 걸렸다. 책의 저자 할 엘로드는 이를 기

적의 6분이라 해서, 간단한 버전으로 각 단계에 1분씩만 할애해도 좋다고 이야기한다.

하루를 일찍 시작하니 정해진 24시간보다 더 사는 느낌이었다. 나를 발전시키는 일들을 다 하고도 7시 정도라니! 하루를 충실히 사는 기분, 하루에 최선을 다하는 기분, 이건 해본 사람만 안다. 또 아무에게서도 방해받지 않는 고요한 나만의 시간에 나에게만 집중할 수 있다. 이 얼마나 매력적인가! 그 매력에 빠져 나는 1월의 31일 동안 단 하루도 빼먹지 않고 미라클 모닝을 실천했다. 책에서도 최소 한 달은 해야 습관이 된다고 했고, 일단 한 달을 빼먹지 않고 실천하자는 게 나 자신과의 약속이었기 때문에, 전날 두세 시에 잤어도 아침 의식을 하려고 노력했다.

매일 같은 시간에 일어난 건 아니다. 앞서 언급했듯이, 알람 없이 눈 떠지는 대로 일어났기 때문이다. 일찍 일어나 약속을 지켜야 한다는 나의 의식과 무의식이 내 몸을 조절했던 모양이다. 누가 시켜서 한 것도 아니고 온전히 내가 원해서 시작한 거라서, 몸이 피곤하다는 생각은 별로 들지 않았다. 물론 늦게 일어나던 내가 한두 시간 일찍 일어나니까 몸은 분명 힘들었을지 모른다. 하지만 정신이 신체를 통제하고 있었으므로 피곤해도 좀 그런가보다 하고 마는 정도였다.

일어나는 시각은, 일찍 일어나는 날은 5시가 안 된 날도 있었고, 늦은 날은 6시 반이 된 적도 있었다. 하지만 대부분 6시 전후로 일어날 수 있었다. 나와 약속한 한 달이 지나자, 해냈다는 성취감이 들었다. 2월이 되자 약간은 긴장이 풀리면서 느슨해지기도 했고, 며칠 빼먹은 적도 있었다. 개중엔 의도적으로 빼먹기로 계획한 날도 있었고, 전날 무리해서 못 일어난 적도 있었지만, 나머지는 계속 실천해오고 있다.

아침 시간의 매력에 빠지다 보니 기상 시간이 점점 빨라진다. 저녁에 조금 일찍 자고 요즘은 4시에 일어나고 있다. 알람은 여전히 필요가 없다. 나의 의식이 원하니까 몸도 거기 반응해서 따라주는 것 같다.

처음 한두 달은 아침 시간을 주로 책 읽는 데에 많이 쏟았다. 올 한 해 100권 읽기가 목표라 틈나는 대로 읽는 중인데, 새벽 시간에 읽는 책은 그 어느 때보다 집중이 잘되었다. 오후의 나른한 시간보다 훨씬 책장을 빨리 넘길 수 있었다. 근래에는 아침 시간을 활용해 글도 쓰고 있다.

아침 시간이 늘 잘 보장된 건 아니다. 작은아이의 수면 리듬이 6시 조금 넘은 시각에 한 번씩 깰 때가 많다. 자다 깨서 옆에 내가 없으면 방에서 걸어 나온다. 그럴 때는 아이에게 너무 이른 시간이라 나도 함께 다시 들어가 누워야 한다. 방에 들어가 아이가 다시 잠들 때까지 멍하게 누워 있자니 시간이 너무 아까워서 묘안을 냈다. 곰곰이 생각하다가 e-book 리더기를 사기로 한 것이다! 적은 금액도 아닌데 나를 위한 투자라고 생각해서 샀고, 그건 나의 독서 인생에 최고로 잘한 일이었다! 밤에 아이들 재울 때 함께 누워 있는데, 그럴 때도 늘 e-book을 읽었다. 그러다 보니 e-book 리더기로 읽은 책이 꽤 된다. 역시 하고자 하면 길은 어떻게든 열리나 보다.

가끔 내가 일찍 일어나는 사실을 아는 지인들이 물어본다. 그래서 인생이 좀 바뀌었냐고. 당연히 바뀌었다!

우선 게으름 피던 내가 일찍 일어나게 된 게 첫 번째 변화이고, 시간의 가치를 알아가는 중이다. 허비하는 시간이 생각보다 많았고, 아깝다는 생각이 들기 시작했다. 그런 순간들을 책읽기로 채우는 덕에 책을 그 어느 때보다 많이 읽고 있다. 그리고 감사 일기든 그냥 글이든 간에, 글이라는 걸 쓰기 시작하면서 나를 서서히 알아가고 있다.

아침에 일어나자마자 하는 간단한 스트레칭 덕에 만성 어깨 결림이 훨씬 덜하기도 하다. 또 아이들이 나를 공부하는 엄마로 알고 있다. 며칠 못 가긴 했지만 아이들이 7시쯤 깨서 나오면 식탁에 앉아 있는 날 보고, 맞은편에 같이 앉아 자기들도 뭔가를 끄적였다. 그림을 그리기도 했고, 한글공부도 알아서 했다.

아무튼 아무리 깨워도 안 일어나는 게으른 엄마의 이미지는 최소한 벗었다. 당장 눈에 보이는 결과물은 없지만, 여러 가지 측면에서 나는 성장하고 있다.

한 가지 더! 내가 책을 쓰고 있다는 사실이다. 조만간 이 글이 출판되면, 아주 훌륭하게 변화된 나의 반증이 될 것이다. 사실 변화라는 것은, 어제는 변하지 않은 상태였다가 오늘 짠하고 변하는 게 아니다. 변화는 항상 진행 시제이다. 그래서 요즘은 아침마다 "어제보다 더 발전하는 내가 된다!"라고 확신의 말을 5번씩 외친다.

며칠 전 어느 일요일 아침, 어디라도 바람 쐬러 가자는 남편의 말에, 날씨도 찌뿌둥하니까 그냥 집에서 뒹굴자고 답했다. 실제로 저녁에 비 소식이 있었고, 창밖의 하늘은 금방 비라도 올 것처럼 뿌연 회색이었다. 그렇지만 '그래, 일단 나가보자'고 마음을 바꿨고, 결론은 너무 잘한 선택이었다. 그날 우린 강화도로 향했고, 가서 맛난 점심도 먹고, 아이들에게 갯벌도 밟아보게 했고, 우연히 지나다가 동물 먹이 주기 체험도 했다. 집에만 있었으면 바닷바람이 주는 상쾌함 같은 건 꿈에도 몰랐을 테다. 할까 말까 고민될 때는 무조건 해야 한다!

근래 들어 깨달은 사실이다. 무슨 일이든 일단 하고 보는 게 낫다는 거다. 할까 말까 고민될 때는 일단 하고 봐야 한다. 일단 시작하고 보는 것이다. 시작하고 나서 그만둬도 절대 늦지 않다. 솔직히 말하면, 미라클 모닝을 처음 시작할 때 '에이 이거 한다고 내 인생이 뭐가 그리 바뀌겠어?'라고 생각했다. 며칠 실천하는 중에도 그런 의심은 계속 들었다. 하지만 일단 계속했고, 나는 점점 변화하기 시작했다.

　　미라클 모닝에 대해 인터넷 서핑을 하다가 내가 읽은 책의 작가 블로그를 가게 되었다. 그 작가들도 미라클 모닝을 실천하는 중이라는 사실에 놀랐다. 그러던 중, 글 쓰기 강의가 있다는 사실을 알게 되었다. 글 쓰기 강의를 듣고 난 후 지금 책을 쓰고 있는 것이다. 말 그대로 미라클이 나에게 일어나고 있는 중이다. 이런 걸 두고 나비효과라고 하나 보다. 그저 아침에 좀 일찍 일어났을 뿐인데, 이런 기적 같은 일이 내게 일어나다니!

　　처음 미라클 모닝을 시작할 때는 그걸 통해 나의 인생 목표를 찾고 싶었다. 너무나 평범하게 흘러가는 내 인생의 목표를 찾고 활력을 불어넣고 싶었다. 시작한 지 얼마 되지 않아 나는 삶의 목표를 작게 몇 가지 세웠고, 생활은 활기가 넘쳤다. 이제 나는 더 이상 시간에 내 삶을 맡기기보다는, 내가 시간의 주인이 되어 내 인생을 적극적으로 살고자 한다.

　　미라클 모닝, 참 시작하기 잘했다! 한 번이라도 꼭 해보기를 추천한다. 인생이 조금씩 변화된다. 정말이다! 지금 이 순간 쓰는 나의 글이 출판될지 안 될지 지금은 모든 것이 불확실하다. 이 글을 당신이 읽고 있다면, 당신이 바로 내 변화의 간증인이 될 것이다. 일단 한번 해보라.

책 읽는 엄마

나는 책을 좋아한다. 대단한 독서가는 아니지만, 틈날 때 텔레비전 대신 책을 펴는 정도의 취미를 갖고 있다. 앞서 우리 집 거실은 텔레비전 대신 책장으로 가득하다고 소개한 바 있다. 물론 아이들 책도 한 벽면 가득이다. 거실의 서재화를 실천한 가장 큰 이유는 내가 책을 좋아하기 때문이다. 아니, 보다 정확히 말하면, 내가 책 수집하는 걸 좋아해서라고 말해도 될 것 같다.

우리 집에 처음 온 이들은 이렇게 묻기도 한다. 이 많은 책들을 다 읽었냐고, 혹은 읽어줬냐고. 대답은 아니올시다. 개중에는 펴보지도 않은 새 책들도 있다. 하지만 영원히 세상의 빛을 못 볼 책들은 아니다. 언젠가는 꼭 보게 될 운명의 책들이니까 그 자리에 있는 거다. 나는 그렇게 생각한다. 실제로 나도 아이들도 새 책에 대한 탐험을 계속하는 중이니까.

책 좋아하는 사람치고 책 욕심 없는 사람을 못 봤다. 독서가들의 책 이야기에도 보면, 읽지 않은 책이 서재에 많이 꽂혀 있다고 했다. 이미 읽고 있는 책이 있으면서도, 새로운 책을 발견하면 사고 싶은 욕구가 샘솟는다. 책꽂이에 더 이상 꽂을 수가 없어서 이미 갖고 있는 책을 정리부터 하고 새 책을 들여야 할 텐데, 멈출 수가 없다. 우리 아이들은 택

배가 오면 으레 묻는다. "누구 책이야?"라고. 이쯤 되면 책 수집벽이 있다고 볼 수도 있겠다.

어디선가 책을 사는 것이 곧 자신의 지식이 된다고 착각하지 말라는 내용의 충고를 읽은 적이 있다. 책을 소장하고 싶은 욕구는 알고 싶은 욕구와 연결되어 있다. 책을 사 모으는 것은 나의 지적 허영심을 반영하는 것일 수도 있다. 그렇다 하더라도 나는 책을 살 때가 제일 행복하다. 20대에는 옷 사는 데 대부분을 지출했다면, 이제는 나에게 쓰는 지출의 대부분이 책값이다.

도서관에 가는 것도 좋아한다. 집에 읽을 책이 쌓였는데도 도서관에 가면 책을 한 아름씩 빌려온다. 기간 내 다 읽지 못한 책은 재 대출을 몇 주씩 해가며 꾸역꾸역 읽는다. 그러다 보니 책 한 권을 진득하니 보기보다는, 때와 장소에 따라 읽는 책이 달라지는 편이다. 외출 시 가방에는 못 읽더라도 항상 책을 가지고 다닌다. 버스나 카페 같은 공공장소에서 책을 읽을 때는, 내가 읽는 책을 생판 모르는 남들에게 보여주는 것이 나의 정체성을 다 드러내는 듯한 기분이 들었다. 그런데 어느 날 사은품으로 받은 북 커버는 이를 훌륭하게 보완해주었다. 이제는 어디서나 자신 있게(?) 책을 꺼내들 수 있다!

독서를 하다 보면 문득 외로워질 때가 있다. 내가 읽는 책을 누군가 같이 읽고 생각을 나누면 좋겠다는 생각을 했다. 독서법을 다룬 많은 책들 역시 함께 책을 읽고 토론하는 독서모임에 나가기를 권장한다. 동네 엄마들이랑 독서모임을 추진하려고 했는데 생각보다 쉽지 않았다. 시간도 맞추기 힘들었고, 무엇보다 부담스러워하는 경우가 많았다.

그러던 중 우연히 내가 다니는 도서관에 독서모임이 여러 개 있다는 사실을 알게 되었다. 역시 뜻이 있으면 길이 열리나보다. 간절히 원하고 있으면 그에 관련된 정보가 착착 내게 달라붙는 느낌이랄까. 그렇게 참여한 독서모임에서 많은 분들을 만나고 자극을 받았다. 책을 오래 읽으신 분들이라 연륜도 있고 지식의 깊이가 남달랐다. 말씀 한마디 한마디가 다 배울 것들이라, 무슨 강연을 들으러 간 듯했다. 당시 『논어』 원전을 들추던 차였는데, 그달의 토론 책이 마침 『마흔, 논어를 읽어야 할 시간』이라는 책이어서, 그 우연에 다시 한번 깜짝 놀랐다. 뭔가 착착 맞아떨어지는 기분이었다. 아무튼 그날 참 많은 것을 배울 수 있었다.

20대에는 주로 자기계발서를 읽었고, 아이를 가지게 되면서는 주로 육아서를 읽었다. 지금도 육아서는 많이 읽는 중이고, 조금씩 분야를 넓혀가고 있다. 여전히 자기계발서를 좋아하지만, 대세에 따라 인문학에도 관심이 생겨 조금씩 읽고 있다. 동양 고전도 틈틈이 읽는 중이다.

올 한 해 동안에는 책 100권 읽는 것이 목표이다. 한 달에 10권씩만 읽으면 초과달성할 수 있다. 블로그에 보면 1,000권 독서를 이룬 사람들도 참 많다. 1년에 100권의 속도로는 10년이 걸린다는 이야기인지라, 1,000권은 아직 언감생심이다. 책을 읽는 속도가 그리 빠르지 않은 편이라 속독법에도 관심이 있어 관련 책을 공부해볼 생각이다. 읽고 싶은 책은 많은데 속도가 나지 않으니, 애가 타서 이 방법 저 방법을 찾아보고 있다. 다독하는 사람들은 무슨 재주가 있어서 그 많은 책들을 완독하는지 나로서는 참 미스터리하다.

얼마 전에 읽은 『1만 권 독서법』의 저자 인나미 아쓰시는 정독의 저주에서 벗어나라고 주문한다. 한 줄 한 줄 밑줄 그으면서 꼼꼼하게 읽는 사람이 바로 나다. 그렇게 꼼꼼하게 읽은들 기억하는 것은 1프로도 안 되는 게 현실이니, 그 1프로를 찾는 데 목적을 두고 발상을 전환하라고 한다. 키워드 중심으로 넘겨 읽기와 같은 방법을 추천하고 있다. 오랜 세월 동안 정독의 저주에 갇혀 있던 터라 쉽지는 않지만, 따라 해볼 생각이다. 세상에 읽을 책은 많은데 시간이 부족하다, 정말.

아이가 책을 읽기 원한다면, 부모가 먼저 책 읽는 모습을 보여주라고 한다. 일부러라도 책 읽는 장면을 연출하려고 책 읽는 척하며 안에 스마트폰을 놓고 보기도 한다는 어느 엄마의 웃지 못할 이야기도 어디선가 들었다. 우리 집 아이들은 내가 책을 읽고 있다고 옆에 앉아 책을 읽지는 않는다. 책 안 읽던 엄마가 갑자기 책을 펴서 읽으면 신기해서 잠깐은 아이들이 따라 할 순 있지만, 우리 아이들에게는 워낙 익숙한 장면이라 별다른 자극이 없는 것 같다. 다만 내가 책을 가까이하는 모습을 통해 책 읽는 행위가 숨 쉬는 것과 다르지 않다는 사실을 무의식적으로 받아들이기를 바랄 뿐이다.

사실 아이들에게 놀이의 1순위가 책읽기는 아니다. 재미있는 장난감 놀이가 1순위 아니겠는가. 책은 다른 놀이를 하다 하다가 지겨워서 도저히 할 게 없다고 생각될 때 한 권씩 빼들고 와서 읽어달란다. 아니면 잠자리에서 읽거나. 아이들이 자나 깨나 책만 찾거나 놀이의 1순위가 책이 되기를 바라는 건 아니다. 아니, 책만 읽기를 바라는 부모가 되지 말자고 주문을 외우고 있다고 표현해야 할까. 책을 많이 읽어서 박학다식한 아이를 보면 막상 내심 부러운 마음이 생기기 때문이다. 나의 다독에 대한 열망을 행여 아이에게 투영하게 될까 봐, 아이에게 책을 강요하게 될까 봐 약간은 경계하려 한다.

얼마 전부터 거실에 식탁을 두어 아이들과 나의 책상으로 쓰고 있다. 내가 테이블에 앉아 있으면 작은아이가 와서 "엄마, 또 공부해?"라고 묻는다. 나는 늘 거기서 책을 읽고 글을 쓴다. 『세계 명문가의 독서교육』이라는 책에 보면, 존 스튜어트 밀의 아버지는 아들과 같은 자리에서 각자 자기 공부를 했다고 한다. 아이들이 초등학생이 되면 각자 방이 아닌 거실에서 함께 공부하는 습관을 들이고 싶다. 헤르만 헤세와 루스벨트의 집에도 도서관 수준의 서재가 있어서, 어려서부터 책에 둘러싼 환경에서 자랐다고 한다. 책을 읽는 분위기의 조성은 참으로 중요하지 않을 수 없다. 독서가 이벤트가 아니라, 밥 먹고 숨 쉬는 것처럼 자연스러운 일상으로 녹아들도록 돕는 환경을 만드는 것이다.

아이들과 함께 '도서관 투어'를 자주 한다. 내가 다니는 도서관과 어린이 도서관이 붙어 있어서, 대개 어른 도서관에 먼저 가서 내 책을 빌린 후 어린이 도서관에 가는 식이다. 아이들은 어른 도서관에 들어가는 것을 무슨 금기의 구역에 들어가는 것인 양 신나 한다. 그도 그럴 것이, 조용한 곳에서 자기들 소리만 나는 것이 개구쟁이의 본능을 자극하는 모양이다. 엄마는 조용히 하라고 다그치지만, '금지된 장난'은 숨길 수 없는 유혹인가보다. 민폐를 우려해서 내 책은 몇 분 만에 얼른 빌리고 나온다. 어린이 도서관에서는 아이들이 상대적으로 자유롭다. 역시 집에 아이들 책은 넘쳐나지만, 도서관에 가서 자기들이 고르고 빌려오는 맛은 색다른 모양이다. 자기들이 빌려온 책은 각별히 좋아하기 때문에 읽어달라고 조른다.

큰아이는 아직 소위 말하는 '읽기 독립' 상태가 아니다. 내가 딱히 읽기 독립을 시키려고 노력도 하지 않았다. 그래서 아이들은 아직도 책은 엄마가 읽어주는 건 줄 안다. 다독을 시키려면 읽기 독립이 되어야 한다는데, 사실 딱히 다독을 굳이 해야 하나 하는 생각이 든다. 어떤 책에서 말하기를, 아이가 어린 시기에 한 권의 책을 무한 반복하려는 것은 읽을 때마다 새로운 것을 발견하기 때문이라고 했다. 단순히 같은 내용을 반복적으로 읽는 행위가 아니라, 그때마다 다른 재미를 느낀다는 사실을 믿고, 아이들이 꽤 오랫동안 같은 책을 들고 와도 군말 않고 읽어주는 편이다. 다만 내가 지루해 죽겠다. 그럴 때는 살짝 다른 책을 가져오라고 유도하기도 한다. 아이들이 꽤 자랄 때까지 엄마 목소리로 책을 읽어줄 생각이다. 책을 읽어주는 것은 내가 아이들과 교감할 수 있는 가장 소중한 시간이기 때문이다.

책은 읽으면 읽을수록 많이 알게 되는 것 같기도 하고, 아닌 것 같기도 하다. 더 많이 알게 되면서도 동시에 아직도 모른다는 사실을 깨닫게 된다. 배움에는 항상 목이 마르다. 그래서 읽는 행위를 멈출 수가 없다. 아직도 내가 모르는 것들이 세상에는 너무나 많다. 그래도 내가 모른다는 사실을 알고 계속 배우고 읽어나갈 수 있음에 감사하다. 교만하지 않고 겸손한 자세를 잃지 않으려고 한다. 한때 책 한 권을 읽으면 "와, 바로 이거야!" 하며 마치 그것이 세상의 진리인 양 떠받들 때가 있었다. 아니, 사실 지금도 그러지만 벗어나려고 노력 중이라고 하는 편이 맞겠다. 『독서 8년』에서 저자 황희철은 다음과 같이 이야기했다.

자신이 방금 다 읽은 책 한 권으로 세상을 판단하고 삶의 방향성을 결정해버린다. 더 이상의 탐구나 다른 독서도 필요 없다는 듯 절대 명제로 삼는다. 의견에 동조하지 않는 사람은 한순간에 말귀를 못 알아듣는 사람으로 몰아붙이기도 한다. 선무당이 사람 잡는 꼴이다.

완전히 내 얘기를 하는 것 같아 뜨끔했던 구절이다. 그런 오만과 편견을 갖지 않게 계속 경계해야겠다. 겸손은 언제나 옳으니까.

다시 우리 집 책장으로 돌아가 생각해본다. 우리 가족이 책과 함께 숨 쉬고 거기 담긴 맑은 기운을 담뿍 받고, 중간 중간 책과 함께 쉬어 갈 수 있는 여유를 누릴 수 있기를 바란다. 이런저런 거 다 떠나서 나는 책들을 바라만 봐도 참 좋다. 바라만 봐도 좋은 그대들이 있어 행복하다는데, 무엇이 더 중할까. 바라만 봐도 좋은 것들이 주변에 가득하다면 삶이 얼마나 더 풍요로워질까. 모두 그런 존재를 곁에 두고 행복해졌으면 좋겠다.

남편은 기억력이 좋지 않은 내게 "기억하지도 못할 거면서 책은 왜 읽냐?"고 하지만, 잘 기억 못 하기 때문에 계속 읽는다. 반복하다 보면 머리에 들어오지 않을까 해서. 그래서 매일 한 줄이라도 읽는다. 아이들이 훗날 나를 기억할 때 책 읽고 공부하는 엄마로 기억해주었으면 좋겠다. 쉬어갈 때 책을 집어들 수 있는 아이들이 되기를 바란다. 엄마를 멘토 삼아.

글 쓰는 엄마

나는 기억력이 몹시 안 좋다. 물건을 어디 뒀는지 까먹기 일쑤이고, 방금 하려 했던 일이 기억나지 않아 갔다가 되돌아올 때가 많다. 이런 사소한 일에서부터 제법 중요한 일에 이르기까지 까먹는 종류와 양도 다양하다.

읽은 책을 또 산다거나, 오늘 먹으려고 어제 산 먹거리를 잊어버리고 똑같은 먹거리를 오늘 또 사오는 일도 있다. 남편이 내게 맡긴 중요한 USB도 분명히 어딘가 뒀는데, 어디 뒀는지 도무지 기억이 안 나기도 한다. 분명히 '어딘가'에 두었다는 행동 사실은 기억나는데, 그 어딘가가 어딘지를 모르겠다. 어제 일도 기억이 안 나는데, 몇 년 전의 일은 말할 것도 없다. 예전에 갔던 여행지는 물론 기억이 안 나고, 20대에 갔던 해외여행지의 나라 이름만 기억날 뿐, 구체적으로 어느 장소에서 무얼 했는지 따위는 전혀 모르겠다.

한 번은 이런 일도 있었다. 몇 년 전에 오랜만에 만난 친구가 있었는데, 그 친구의 아버님이 돌아가신 사실을 새까맣게 까먹은 채 아버님의 안부를 물었다가, 상당히 미안했던 적이 있다. 또 한 번은 그 중요하다는 인감도장이 없어져서 다른 도장을 가지고 동사무소 가서 인감도장 변경 신청을 했는데 글쎄, 내가 자그마치 두 번이나 변경 신청을 한 기록이 있었다. 변경 신청을 하러 세 번째 방문한 건데도 그전의 일은 새까맣게 잊고 있었으니. 동사무소 직원이 얼마나 한심하게 나를 생각했을지, 지금 생각해도 참 부끄럽고 스스로 한심하다.

적고 보니 참으로 총체적 난관이다. 이쯤 되면 중증이지 싶다. 30대 중반의 나이에 벌써 이럴진대, 좀 더 나이가 들면 얼마나 더 심각해질지 아찔하다. 경미한 수준의 치매가 아닐까도 의심된다. 갑자기 오래전 영화, 손예진 주연의 〈내 머릿속의 지우개〉가 생각나는 것도 무리는 아닌 듯하다. 하도 잘 까먹고 잊어버리는 엄마라서, 큰아이한테도 "엄마 머릿속에 지우개가 있나봐"라고 변명한 적도 많다. 큰아이를 어린이집 교실에 데려다 주고 나오던 중이었는데, 아래층에 볼일이 있어 내려가는 내게 큰아이가 꼭 다시 올라와서 자기한테 인사하고 가란다. 신신당부를 했음에도 나는 또 까먹고 집에 그냥 오고 말았다. 덕분에 나는 약속 안 지키는 엄마로 아이로부터 신용을 잃고 말았다.

내가 원래 그렇게 무신경한 사람은 아니다. 가족에게도 지인들에게도 관심이 많고 신경을 쓰는데, 단지 기억력이 안 좋아서 알게 모르게 서운하게 한 적이 있다고 하면, 너무 책임감 없는 변명이 될지도 모르겠다.

인간은 망각의 동물이라는 사실로부터 자유로운 사람은 아무도 없을 것이다. 인생이 좋은 일들만으로 가득하다면 오죽 좋을까마는, 우리 인생은 당시에 감당하기 버거웠던 슬픈 일도, 다시 생각하면 '이불 킥' 하는 창피하고 민망한 일도, 다시는 겪고 싶지 않은 두려운 일도 일어나기 마련이다. 일어났던 모든 일들을 모조리 기억하고 살아가야 한다면, 그 또한 형벌이 될 것이다.

설사 기억한다 한들, 시간의 순서대로 연속된 것이 아니라, 기억의 파편들을 재구성하는 것에 불과하다. 이렇게 불확실한 인간의 기억력을 그나마 보완해주는 것이 기록의 힘이다. 적어둔 페이지들을 가끔씩 열람해보면, 이런 일이 있었나 싶을 정도로 새롭다. 그 기록이 추억과 향수를 불러일으키기도 하지만, 다시 읽는 순간에는 새로운 과거의 시간을 살게 된다.

사설이 길었다. 아무튼 이런 내가 이놈의 건망증을 극복해볼 처방을 스스로 내렸는데, 바로 '기록'이다. 그리하여 내 삶은 두 가지로 구성되어 있다고 할 수 있겠다. 기록하는 삶과 기록하지 않는 삶. 블로그에 육아 일기를 시작으로 사진과 짧은 기록을 남기기 시작한 지가 6년 차이다. 6년간 1,000개가 좀 덜 되는 포스팅을 남겼다. 이렇게 해서라도 나의 시간을 기억하고 싶었다. 포스팅을 날마다 한 것도 아닌지라, 기록이 빠진 과거의 날들은 무얼 했는지 알 수가 없다. 우리는 참으로 망각 속에 살아가는 것 같다. 정치인들이 불리할 때 자주 하는 말, "잘 기억이 안 납니다"가 꼭 빠져나가기 위한 전략적 발언만은 아닐 수도 있다는 생각도 한다. 정말 기억이 안 날 수도 있다! 내가 그러니까.

아무튼 내 삶의 기억이 사라지는 것에 대항하여 나는 오늘도 열심히 기록한다. 글뿐만 아니라 사진도 열심히 찍는다. 늘 소지하고 다니는 휴대폰이 있어 얼마나 다행인지 모른다. 옛날처럼 일일이 카메라를 꺼내서 켜고 초점 맞추고 찍어야 하는 게 아니라 얼마나 다행인지 모른다. 휴대폰 카메라는 터치 한 번이면 켜지고 바로 찍을 수 있으니까 순간을 기록하는 데는 그만이다. 그렇게 아이들이 커가는 모습을 남기고, 그 사진들과 기록으로 나의 일상이 채워지고 있다. 아이들의 순간 순간을 찍고, 내가 먹은 음식들을 찍고, 내가 읽은 책이나 감상한 영화 평을 남긴다. 이제는 언제든 사진을 찍지 않으면 불안할 정도이다. 마치 내 삶의 한 부분이 지워지는 것만 같다.

하루는 남편이 그런다. 내가 블로그에 사진 올리기 위해 여행 다니고 먹으러 다니는 것 같다고. 뭐, 그렇게 볼 수도 있으려나? 기록을 하려면 뭔가 '꺼리'가 있어야 하니까 새로운 꺼리를 위해 매일에 활력을 주는 것도 좋은 일 아닐까? 뭔가를 하고 기록을 하든, 기록을 위해 뭔가를 하든, 아무렴 어떤가. 그로 말미암아 내가 만족하고 기쁘면 그만이다. 그렇게 나는 수시로 기록을 하는데, 누군가에게 보여주기 위함도 아니고, 그저 나만의 기록이다. 그래서 그 많은 포스팅에도 나는 파워 블로거가 아니다.

내가 살아오고 살아갈 시간들 속에 믿을 수 있는 것은 내가 남긴 기록이지, 나의 기억이 아니다.

매일 감사 일기를 쓰고 있다. 처음 쓰기 시작할 때는 도대체 무엇이 감사한지 모르겠더니, 쓴 지 몇 달이 지난 요즘은 감사 일기를 쓸 때 하루를 필름처럼 죽 돌린다. 어떤 사건마다 행동마다 만나는 사람마다 감사할 일이 꼭 있다. 가령 누구랑 점심을 먹었으면, "함께할 수 있는 좋은 사람이 곁에 있어 감사하다", 아이들 운동화를 사고 나면, "이렇게 필요한 물건을 살 수 있어서 감사하다", '먹은 칼국수가 국물이 끝내줘서 감사하다'와 같이 쓴다. 행복해서 웃는 게 아니라 웃다 보면 행복해진다는 말처럼, 감사해서 쓰는 게 아니라 쓰다 보면 감사해진다. 감사한 일을 글로 적어보는 것은 굉장한 파워가 있다. 해본 사람만이 느낄 수 있다.

매일 쓰진 않지만 가끔 만나는 지인에게는 감사 손 편지를 써서 준다. 좋은 인연이어서 감사하다고, 과거에 나눈 추억 이야기를 쓰며, 그런 추억을 함께할 수 있어서 감사하다고 쓴다.

『뜨겁게 나를 응원한다』라는 책으로 필사를 하고 있다. 100일 필사인데 거의 다 되어간다. 100일 후에 기적이 일어난다는데, 어떤 기적이 일어날까 사뭇 기대가 된다. 일관된 메시지는 '사람은 생각하는 대로 된다'는 것이다. 사는 대로 생각하지 말고 '생각하면서 사는 사람'이 되라고 한다. 매일 꾸준히 나를 응원하는 글을 필사하다 보면, 나의 무의식이 반응해서 정말로 원하는 대로 된다고 한다. 서서히 경험하고 있는 중이다.

이제는 단순히 남기는 기록을 넘어 나의 삶의 이야기를 쓰는 '글 쓰기'를 하고 있다. 처음엔 컴퓨터의 A4 빈 화면이 어찌나 광활한지, 깜빡이는 커서를 노려본다는 표현을 절감했다. 나의 이야기를 글로 쓰라는데, 내 인생은 도무지 쓸 만한 소재가 없다는 생각만 들었다. 과거에 있었던 일이나 과거의 내 행동, 내 실수들에 대해서 담담히 적어 내려가다 보니, 신기하게도 뭔가 씻겨 내려가는 느낌이 들었다! 글을 쓰다 보니 과거에 내가 왜 그랬는지 이해가 되는 것이었다. 글 쓰기를 왜 치유의 과정이라고 하는지 조금씩 이해가 되었다. 나라는 사람을 아직도 잘 모르겠다고만 생각했는데, 글을 쓰며 나를 마주하게 되었다. 나를 들여다보면서 이제야 내가 어떤 사람인지를 알아가는 중이다. 나를 둘러싼 사람들에 대해 글로 쓰면서 그들을 더 이해하게 되었다.

글을 쓰며 내 오랜 꿈에도 다가가는 중이다. 나의 글 쓰기 멘토인 이은대 작가가 말하기를 "글 쓰기는 머리와 마음과 손이 일체된 궁극의 행위"라고 했다. 그는『무일푼 막노동꾼인 내가 글을 쓰는 이유』(슬로래 빗)에서 다음과 같이 말했다.

> 인간의 무의식은 곧 광활한 우주다. 그렇게 탁월한 능력이 있는 무의식 이란 놈은 아무리 설득해도 쉽게 말려들지 않는다. 무조건 눈으로 보여 주어야만 한다. 그래서 글 쓰기가 중요하다. 여백에 글로 써서 내 눈을 통과하고 나면 우주의 힘을 가진 무의식은 반드시 능력을 발휘하고야 만 다. 전지전능한 무의식으로 하여금 지금 이 순간에 집중하게 하는 일이 내 손 끝에 달려 있다. 아직도 글쓰는 게 두려운가?

속에 있는 생각을 밖으로 꺼내 종이에 적어서 내 무의식에게 직접 보 여주어야 한다고 한다. 그러면 무의식이 이루어낸다고. 대개 사람들이 눈으로 직접 보지 않은 사실은 믿기 힘들어하는 이유도 그래서가 아닐 까. 활자에 담은 소망을 눈으로 직접 보는 것은 그만큼 중요하다. 비전 보드를 만들어 눈에 보이는 곳에 걸어두라는 수많은 자기계발서의 주 문도 그런 이유에서이다. 그래서 나도 나의 소망을 포스트잇에 붙여서 노트북에 붙여두고 매일 스치며 보고 있다. 내 무의식은 나의 소망을 정확이 알고 있고, 그것을 향해 나를 끌어당기고 있다.

글 쓰기는 나에게 기억이요, 감사요, 소망이다. 내가 훗날 희미해진 과거의 기억 속에서 삶의 조각들을 맞출 수 있게 도와줄 것이다. 매사 에 감사하며 살 수 있게 해준다. 나아가 나의 오랜 꿈을 이루게 해줄 강 력한 도구이다. 그래서 지금도 글을 쓴다!

요리하는 엄마

믿지 못하겠지만, 나는 결혼 전에 과일을 깎아본 적이 없다. 변명하자면, 과일 깎아볼 시간이 없었다. 내가 살던 도시는 비평준화 지역이어서 고등학교도 시험 봐서 들어가야 했다. 중학교 때부터 야간 자율학습을 하느라 집에 돌아오면 자기 바빴고, 고등학교에 들어가서 역시 평일은 물론 주말도 학교에 강제로 자율학습을 하러 가야 했다. 서울로 대학을 다니면서 자취를 시작했으니, 내가 집안일 같은 걸 거들어볼 겨를도 없었던 게 사실이다. 자취생이 과일은 무슨 과일, 대충 때우거나 학교식당 가서 끼니를 해결하기 일쑤였으니까. 이런 과거사로 인해 과일을 깎아본 적 없는 나에게 시어머니는 한마디 말씀도 하지 않았다. 오히려 그럴 수도 있다며 결혼 첫 해 명절에 집안 어르신들 모일 때 내가 과일 깔 뻔한 위기를 당신이 막아주기도 했다.

과일도 못 까던 내가 뭔 놈의 요리? 결혼 전에 내가 할 수 있는 요리는 라면과 계란 프라이가 전부였다. 집들이 선물로 지인이 『2,000원으로 요리하기』라는 책을 주었다. 내 요리 인생 입문서였다. 그대로 따라만 하면 되니 그다지 어렵지는 않았다. 지금이야 스마트폰이 있으니 언제든 휴대폰으로 검색하면 그만이지만, 그때는 스마트폰이 대중화되지 않았을 때라 요리책을 끼고 살았다. 물과 각종 양념이 다 튀어버린 그 책은 너덜너덜해지고 말았다. 하지만 내게 도움을 준 고마운 책이다.

시댁에 가면 시어머니는 아무 반찬도 할 줄 모르는 내게 늘 반찬을 한 짐씩 해주었다. 시부모님은 텃밭을 하는데 여름이면 각종 푸성귀가 나왔다. 돌이켜보면 시어머니는 결혼 초에 반찬은 주셨어도, 그런 야채를 내게 주신 적이 거의 없었다. 그땐 관심도 없고 몰랐지만, 지금 생각해보니 알겠다. 야채를 줘봤자 할 줄도 모르고 부담만 될 수도 있다는 걸 잘 아셨던 것이다. 야채는 조금만 시일이 지나면 시들기 십상이라, 반찬 할 줄 모르는 초보 주부에겐 무용지물이기 때문이다. 지금은 물론 준다면 냉큼 다 받아오는 주부가 되었다.

역시 사람은 닥치면 다 하게 되어 있나보다. 과일도 못 깎았고 요리도 전혀 못 하던 내가 두 아이의 엄마가 되어 아이들의 식단을 책임지게 되었다. 우리 남편은 식성이 좋아 김치만 있어도 밥을 뚝딱 해치운다. 가리는 것 없이 다 잘 먹고, 내가 어떤 종류의 음식을 해도 맛있다며 싹 해치운다. 주위에 보면 남편이 입맛이 까다로워 힘든 집도 있던데, 얼마나 고마운지 모르겠다.

하지만 세상은 역시 공평하다. 우리 집은 아이들의 입맛이 까다롭다. 이유식 시기부터 도통 먹지를 않는 아이들 때문에 고생깨나 했다. 열심히 만들어서 갖다 바치면 좀 맛있게 먹어줘야 할 맛이 나지, 무조건 "안 먹어!" 하는 통에 여간 속상한 게 아니었다. 나에게 두 아이 키우면서 가장 힘들었던 걸 꼽으라면 당연히 아이들 먹이는 문제였다. 지금은 두 녀석이 자라서 '그나마' 낫지만 여전히 아무거나 다 잘 먹지는 않는다.

어느 날 우리 집에 놀러온 내 친구가 큰아들에게 물었다.

"엄마가 해주는 음식 중에 어떤 게 제일 맛있어?"

아이는 단번에 대답했다. 유명한 닭 전문회사에서 만드는 냉동된 아이들용 치킨 너겟의 이름을. 지금도 회자되는 나의 요리 굴욕 스토리이다.

게으르고 귀찮아하는 성격의 나는 요리를 즐기는 편은 아니다. 해야 되니까 마지못해 하고 산다. 누가 맨날 밥 좀 해줬으면 좋겠는 심정이다. 오늘 저녁은 또 뭘 해먹나 하는 '중대한' 문제로 매일이 고민이다. 첫 아이 때는 당연히 그래야 하는 줄 알고 이유식을 일일이 냄비에 쑤어서 주었다. 귀찮아서 세 가지 종류의 이유식을 일주일분씩 만들어서 21개의 통에 담아 냉동해두고 먹이곤 했다. 둘째 아이 때는 요령이 생겨 죽 기계를 중고로 사서 편하게 해먹였다. 내가 한 게 맛이 없나 하는 생각에 사서도 먹여봤으나, 반응은 신통찮았다. 아이들이 커서도 먹거리에 대해 크게 신경 쓰지 않았다. 유기농이 진짜 유기농인지 믿을 수도 없고 해서, 대충 저렴한 걸 사서 먹이곤 했다. 어쩌다 귀찮을 때엔 시켜 먹기도 했다.

그러던 중, 집 밥의 중요성에 대한 TV 프로그램을 보고 머리를 두드려 맞은 것 같았다. 내가 우리 아이들에게 무슨 짓을 하고 있나 싶었다. 외식도 시켜 먹은 적도 많았는데, 더 이상 그러면 안 될 것 같았다.

『해독 엄마』라는 책에 이렇게 나와 있다.

피아노, 미술, 영어 학원에 보내고 가정교사를 모시는 등 조기교육을 시키기 전에, 제대로 된 식생활 교육부터 시켜야 한다. 먹을 게 제대로 이뤄져야 진짜 교육이 된다. 부모는 아이에게 좋은 음식을 어떻게 먹일 수 있는지에 대한 고민부터 시작해야 한다.

아이의 교육 문제만 고민했지, 가장 중요한 식습관 교육에는 신경도 안 썼다는 사실에 깊이 반성했다. '내가 먹는 음식이 바로 나'라는 말이 확 와 닿은 적이 있다. 우리 아이가 먹는 음식이 아이의 몸이나 다름없다는 것을 지금이라도 알아서 참 다행이다.

우리 집은 외식할 때 주로 짜장면을 많이 먹는데, 춘장에는 캐러멜 색소와 MSG가 다량 함유되어 있다고 한다. 자주 시켜 먹은 돈가스는 더 심각한 메뉴라고 한다. 『아이 몸에 독이 쌓이고 있다』라는 책에서는 돈가스에 구아검과 인산염이라는 화학 첨가물이 다량 들어 있다고 한다. 이를 다량 섭취 시 부갑상선호르몬이 증가하고, 이는 골다공증으로 이어진다고 한다.

아이들이 좋아하는 캐릭터가 그려진 음료수나 사탕 역시 심각하다. 어린이용으로 시판되고 있는 과자, 음료수, 사탕에는 식용색소가 함유되어 있다. 이 색소의 주원료가 담배와 아스팔트에 들어 있는 바로 그 '타르'라고 한다. 담배연기는 못 맡게 하면서 정작 독소를 먹이고 있었구나 하는 탄식이 절로 나왔다.

많은 사람들의 분개를 산 '가습 살균제 파동' 이후에도 별 생각 없이 아이들 뒤처리에 비데 물티슈를 사용하고 있었는데, 아차 싶었다. 코나 입에는 안 되고 항문은 된다는 의식 없는 생각이 얼마나 위험한지 책을 보고 깨달았다. 그래서 요즘은 두루마리 휴지에 물을 묻혀서 뒤처리를 해주고 있다.

먹거리, 입을 거리, 주변 환경 모두 각종 식품 첨가물과 환경 호르몬으로 가득하다. 엄마가 정신 똑바로 차리지 않으면 위험천만한 환경에 아이들을 그대로 노출시키는 거나 다름없다. 어렴풋이 알고 있는 것과 책을 읽고 공부해서 어떤 성분이 어떻게 어느 정도로 위험한지 확실하게 아는 것은 천지차이이다.

나 역시 식품 첨가물이 안 좋다더라, 들어 있다더라 정도로 알고 있으면서도, 사주는 엄마였다. 어디 놀러가거나 아이가 소풍갈 때면 캐릭터 음료수를 꼭 싸주었다. 기차나 버스 탈 일이 있으면 조용히 하라고 막대사탕을 사주는 엄마였다. 무지는 위험하다. 이렇게 경악스러운 유해 환경에서 아이들을 보호하려면, 엄마가 알아야 한다!

『해독 엄마』라는 책을 읽다가 캐릭터 음료수와 색소가 들어간 젤리나 사탕이 실린 페이지를 아이들에게 보여주었다. 큰아이에게 문장을 읽게 했다. 그런 먹거리가 몸에 너무 안 좋다는 것을 책에서 직접 눈으로 본 아이들은 의외로 그 사실을 잘 받아들였다. 슈퍼를 가도 음료수 코너 앞에서 한 아이가 멈추면, 나머지 한 아이가 "여기 독이 들어 있대~!" 하며 서로를 견제(?)하기 바쁘다. 사탕을 봐도 "엄마, 여기 독 들어 있지?" 그런다. 눈에는 먹고 싶어 죽겠다고 적혀 있는데, 적어도 말은 그렇게 한다. 예전만큼 자주는 아니지만, 요즘도 아주 가끔은 사준다. 아이들이 우선 '알게' 하는 게 무척 중요한 것 같다.

가능하면 자연에서 온 음식을 먹으려고 노력한다. 아이들과 봄나물을 함께 캐면서 겨우내 얼었던 땅을 뚫고 나온 풀의 생명력에 대해서 이야기해주었다. 봄의 기운, 땅의 기운을 가득 갖고 있는 봄나물을 먹는 것이 얼마나 중요한지에 대해서도 이야기를 나누었다. 요즘은 습관처럼 아이들에게 말한다. 공장에서 만든 음식은 몸에 별로 안 좋다고. 내가 하도 반복해서 이야기하니까 이제는 아이들도 안다.

우리 시부모님은 거의 채식을 한다. 밥상이 거의 풀밭 수준이다. 주로 생선을 먹지, 고기는 거의 안 드신다. 신혼 초부터 집 밥과 자연에서 온 음식의 중요성을 그렇게 강조하셨다. 남편이 어릴 때 아버님 계신 동안에는 라면, 치킨 따위의 음식을 절대 먹을 수 없었다고 한다. 결혼 후에도 역시 그런 소리를 귀가 따갑게 들어왔다. 하지만 예전에는 솔직히 이해하기 힘들었다. 햄이랑 어묵 같은 가공식품이 얼마나 맛있는데! 그냥 나이 드신 분들이 하는 말씀이겠거니 했다. 하지만 지금은 정확하게 무슨 말씀을 하는지 이해하게 되었다. 우리 아이들에게 내가 그런 부모가 되게 생겼다.

전에는 유기농 매장에서만 장을 보고, 슈퍼마켓 가서도 뒷면의 함유 성분을 꼼꼼히 보는 엄마들을 유난스럽다고 생각했다. 그들은 알고 있었던 것이다. 가족의 건강을 책임지기 위해서 필요한 행동이 무엇인지를. 현미 채식이 좋다고 해서 현미 반 백미 반으로 밥을 해서 한번 먹여보니, 다음날 아이들 응가에 그대로 나왔다. 조금씩 아이들 소화되는 거 봐가면서 시도해야지, 좋다고 무턱대고 따라 해서도 안 된다.

관련 책을 충분히 읽어본 후 가족의 상황에 맞춰 시도해보길 바란다. 아이들 좋아하는 간식거리에 유해성분이 많이 들어 있다는 내용을 아이들에게 직접 보여주는 것도 좋은 방법이다. 그냥 "몸에 안 좋으니 먹지 마" 하는 것보다는 "네가 좋아하는 과자에 이러이러한 독이 많이 들어 있대" 하고 말해주면 의외로 잘 통한다.

태생적으로 요리를 좋아하고 아이들에게 엄마표 먹거리 만드는 걸

즐겨하는 이들도 있을 것이다. 안타깝게도 나는 그런 부류의 엄마가 아니다. 요리하기 솔직히 귀찮다. 아무리 귀찮아도 먹거리는 중요하다. 내가 먹는 것이 바로 나이기 때문이다. 매의 눈으로 살피지 않으면, 지금도 아이 입으로 독이 들어가고 있다는 사실을 명심해야 한다. 힘들겠지만 사먹는 음식의 성분을 꼼꼼히 살피고, 가능하면 집 밥을 먹여야 한다. 외출할 때마저 집 밥 먹인다고 도시락 싸라는 얘기는 물론 아니다. 집에 있는 동안에는 엄마가 자연 재료로 요리한 음식을 가족들에게 차려주는 것이 좋다.

우리가 사용하고 있는 각종 물건들에 어떤 유해 물질이 방출되고 있는지, 환경 호르몬이 어디서 나오는지 공부해야 한다. 막연히 플라스틱 그릇이 몸에 안 좋다더라 정도로만 알고 있지 말고, 비스페놀 A가 검출되지 않는 비스프리 제품이 어떤 것인지 정확하게 알아야 한다. 비스프리 제품이라고 무턱대고 믿으면 안 된다는 말이다.

요즘은 미세먼지까지 습격해서 우리 아이가 살아갈 우리나라의 환경이 참으로 걱정스럽다. 슬픈 현실이지만, 세상이 우리를 지켜주지 않으면 우리가 스스로를 지켜야 한다. 나도 아직 부족하지만 먹거리에 신경 쓰려고 노력하는 중이다. 앞서 요즘 세상이 엄마들에게 육아 전문가, 교육 전문가의 역할을 요구한다고 언급했다. 그런데 그보다는 먹거리 전문가가 되어야 할 것이다. 아이의 몸, 우리의 노력에 달려 있다.

혼자 시간을 즐기는 엄마

　나는 도서관 성애자이다. 천장에 닿을 듯한 책장들이 가득하고, 그 책장들에 틈도 없이 꽂혀 있는 책들을 바라만 봐도 숨 막힐 듯한 희열을 느낀다. 도서관에 가득 차 있는 무게감 있는 공기를 마시면 가슴이 뛰고, 옅디옅은 지하실 곰팡이 냄새 같은 묵은 책 냄새와 새 책 냄새가 한데 뒤섞여 나는 도서관만의 향기를 맡으면 편안함마저 느낀다. 그렇다고 내가 책을 무진장 많이 읽는 독서가는 아니다. 하지만 분명한 사실은, 나는 책을 사랑하고 책이 있는 공간을 사랑한다는 것이다.

　나의 선택을 기다리고 있는 듯한 책들 사이에 서면, 여기서만큼은 내가 갑이다. 단순하게 책을 소비하는 입장이 아니라, 갖가지 가치와 생각들 중에 어떤 것을 선택하고 소화해야 할지를 1차적으로 걸러내는 작업을 하려고 그곳에 선다. 그러면 이 세상의 모든 지식과 생각들을 소유하고 싶은 저급한 욕심이 일어, 나의 눈동자는 그 어느 때보다 빨리 위아래로 움직인다. 행여나 내가 놓친 책이 있을까 봐 순식간에 책의 제목들을 스캔하고, 순간적인 판단으로 건너뛰고 다음 제목을 훑는다. 잠시 나의 눈을 멈추게 한 간택된 책을 빼내어 펼쳐본다. 목차와 대충 아무 페이지나 펼쳐보고 나의 취향에 견주어보고, 아니다 싶으면 그 책은 다시 제자리로 돌아가야 한다. 그렇게 몇 권을 뽑아 들고 빈 책상에 앉는다. 책을 펼쳐서 집중하기도 하지만, 온갖 잡생각이 머릿속에 들어와도 가만히 내버려둔다. 저절로 물러갈 때까지.

책을 읽기 위해 여기 앉아 있지만, 도서관에 앉아 있기 위해 책을 읽기도 한다. 책의 내용이 머리에 들어오고 안 들어오고를 떠나서, 여기 앉아 있는 이 순간만큼은 나만의 시간이다. 나의 도서관 사랑은 죽기 전에 꼭 가보고 싶은 여행 리스트에도 나타난다. 나중에 세계 도서관 투어를 꼭 갈 거다. 얼마 전에 세계의 도서관을 담은 사진 책자『세계 꿈의 도서관』을 보고 가슴 설레던 흥분이 떠오른다.

책으로 가득 찬 곳이 또 하나 있어, 나는 그곳을 역시나 사랑해 마지않는다. 바로 서점이다. 집에서 멀지 않은 곳에 대형 서점이 있다. 종종 그곳에 들러 신간도 둘러보고, 읽고 싶었던 책을 훑어보기도 하고, 궁금했던 책을 찾아보기도 한다. 서점은 많은 사람들이 있어 조용한 시간을 보낼 수는 없지만, 오히려 군중 속의 고독이 가능한 곳이다. 현란하게 디스플레이되어 있는 책의 표지들을 감상하며, 눈이 호강할 수 있어 좋다. 내 의식은 책의 공간에서 행복하다는 점은 확실하다.

아이를 키우다 보면, 나만의 시간이 새삼 소중해진다. 아이가 어릴수록 24시간 아이의 뒤치다꺼리를 해야 하므로, 그 시기에는 내가 오롯이 존재한다는 느낌을 받기가 어렵다. 아이들이 조금 자라서 어린이집에 갈 수 있는 나이가 되자, 나도 나만의 시간이 생기기 시작했다. 그 시간을 활용하기 나름이지만, 집에 있으면 밀린 집안일이 눈에 띄어 마음이 불편하다.

그러나 도서관에서는 온전히 나만의 시간과 공간에 책이 함께할 뿐이다. 집안일이나 아이들을 돌봐야 하는 엄마로서의 역할, 아내로서의 역할에서 벗어나, 오롯이 나로서 존재할 수 있는 고요한 공간이다. 내가 누구인가, 나는 어디로 가고 있나 따위의 심오한 질문에 굳이 답을 찾지 않아도, 가만히 앉아만 있어도 가슴이 가득 차오르는 느낌을 받을 수 있는 곳이다. 이러한 공간을 어찌 사랑하지 않을 수 있으랴.

혼자 밥도 먹을 줄 알게 되었으니 이제 어른은 어른인 모양이다. 아니, 아줌마가 되었다고 하는 편이 낫겠다. 식당 가서 밥만 혼자 먹을 수 있을 뿐 아니라, 영화도 자주 혼자 보러 간다. 작은아이까지 어린이집에 다니기 시작한 후, 몇 년 만에 처음으로 영화관을 갔을 때의 기분은 형용하기 어려웠다. 보고 싶은 흥행 영화가 있으면 혼자 보러 가곤 한다. 누군가와 함께 가는 것도 좋지만, 시간 맞추기 어려울 때는 주저 없이 혼자 간다. 내 스케줄대로 할 수 있고 신경 쓸 사람이 없으니 편하기도 하다. 근래에는 쇼핑에도 관심이 없어졌지만, 옷 사러 갈 일이 있을 때도 혼자 가는 게 익숙해졌다. 피팅한 모습을 봐줄 친구가 없다는 건 좀 아쉽지만, 점원이 있으니 괜찮다.

이 모든 것이 누군가한테는 당연할 수도 있지만, 나에게는 아니었다. 앞에서 혼자 식당에서 밥 먹는 것을 견딜 수 없어 다 큰 대학생이 울었다는 이야기를 쓴 바 있다. 어쩔 때는 혼자 무언가를 하는 것이 가장 효율적이라는 것을 서른 중반이 되어서야 깨닫게 되었다. 미약한 마음을 굳게 해주는 세월의 힘은 역시 대단하다.

카페에서 책 읽는 시간을 사랑하지 않는 여자를 보지 못했다. 요즘 카페에선 소위 '혼커피' 하는 사람들이 전혀 어색하지 않다. 그런 여유를 누구나 꿈꾼다. 그런 시간이 행복하다면, 자주 가서 즐기자.

굳이 카페가 아니더라도, 집에서 클래식 CD 틀어두고 커피 한 잔을 해도 좋다. 아이들 보내놓고 조용한 시간을 보내는 것은 단언컨대 모든 엄마들에게 최고로 행복한 시간 중 하나일 것이다.

도서관에 가지 않을 때면 나는 거실 한 켠에 둔 테이블에서 도서관 의식을 치른다. 간혹 스마트폰이나 집안일이 의식을 방해할 때도 많지만, 그래도 이런 시간을 누리고자 노력한다.

아이들이 잠든 시간 또한 나만의 시간이다. 아이들이 자고 있는 밤이나 이른 새벽 시간은 오롯이 나만의 시간이다. 나의 경우에는 주로 이른 새벽 시간을 좋아한다. 미라클 모닝을 할 수 있는 시간을 늘리려고 점점 일찍 자고 일찍 일어나는 패턴을 유지한다. 오늘 새벽에도 4시에 일어나서 고요함을 즐겼다. 세상이 모두 잠들었는데 나만 깨어 있는 듯한 느낌은 설렘과 흥분이다. 겨울에는 7시가 훨씬 넘어서 동이 트지만, 봄이 오는 요즈음은 6시면 벌써 환해진다. 어두움과 고요함이 아무래도 잘 어울리는 한 쌍 같다. 빨리 밝아지면 빨리 분주해지고 소란해지는 기분이다. 아무튼 조용한 아침 시간을 누릴 수 있다는 것은 크나큰 행복이다. 어두운 거실에서 스탠드 하나 켜고 나만의 의식을 치른다. 명상도 하고 스트레칭도 하고, 글도 쓰고 책도 읽는다.

밤 시간은 피로가 몰려오는 시간이라 저질 체력인 나에게는 상쾌한 기분으로 고요를 즐기기에 다소 힘든 면이 있다. 그래도 내가 사랑해 마지않는 밤 시간이 있다면 귀뚜라미 우는 가을밤이다. 늦여름 베란다 창문을 열어두면 온 세상이 풀벌레 천지처럼 느껴진다. 그런 밤에 하는 독서는 심장이 떨릴 만큼 사랑스럽다!

밤 깊어 인적이 고요한 때 홀로 앉아 자신의 마음을 관찰해보면, 비로

소 망령된 생각이 모두 사라지고 인간의 깨끗한 본성이 드러남을 깨닫게 되니, 항상 이 속에서 자유로운 마음의 움직임을 얻게 된다. 이미 본성이 드러났는데도 망령된 생각에서 쉽게 벗어나기 어려움을 깨닫는다면, 또한 이 가운데에서 깊이 부끄러움을 느끼게 될 것이다.

— 전집 『채근담』 9절

고요한 곳에서 가만히 앉아 있으면 나를 느낄 수 있다. 아이들과 남편 챙기는 엄마로, 슈퍼에서 찬거리 사는 아줌마로, 혹은 회사 생활에 치여 살다 보면 마주하기 힘든 나를 마주할 수 있는 소중한 시간이다. 홀로 앉아 글을 읽거나 쓰면서 일상 속에서 닳아버린 나를 정화하고 '진짜 나'로 재정비할 수 있다. 꼭 독서나 글쓰기를 할 필요는 없다. 나의 방법을 소개했을 뿐, 각자 좋아하는 것을 하면 된다. 좋아하는 일에 집중하면서 타인이 아닌 나와의 대화를 할 수 있다. 말로 표현하지 않아도 내 안에 흐르는 생각을 가만히 내버려두면, 복잡했던 고민의 답이 저절로 나올 수 있고, 마음이 평온해짐을 느낄 것이다. 힐링이 대세인 시대라 마음의 치유를 도와주는 도구들도 시중에 많다. DIY 명화 그리기 키트도 있고, 퍼즐, 컬러링북 등 종류도 다양하다. 좋아하는 것이 딱히 생각 안 난다면, 이런 도구들을 이용해보는 것도 좋을 것 같다.

'나'만이 존재할 수 있는 공간을 누구나 갖고 살았으면 좋겠다. 거실한 구석의 안 쓰는 작은 테이블이어도 좋고, 가족이 모두 잠든 가운데 식탁 한 자리라도 좋다. 내 영혼이 편안함을 느낄 수 있는 곳이라면 어디든 좋다. 매일 반복되는 물리적인 일상을 살아가다 보면 잊히기 쉬운 나를 찾을 수 있어야 한다. 내 지친 몸과 마음이 잠시 쉬어갈 수 있는 시간과 공간이 삶 속에 녹아들어 있어야 한다. 그래야만 내일 다시 일상을 살아낼 수 있는 에너지가 충전된다.

언제가 될지 모르겠지만, 단 2박 3일이라도 가까운 일본에 혼자 여행을 가고 싶다. 도쿄의 서점과 도서관들을 방문해보고 싶다. 만물상 같은 일본의 드럭 스토어나 편의점도 돌면서 아이쇼핑이라도 실컷 하고 싶다. 일상에서 벗어나 색다른 곳에서도 나만의 시간을 누려보고 싶은 소망이다.

고즈넉한 경주도 혼자 여행하고 싶은 곳 중 하나이다. 학창시절 소풍이나 수학여행 때 지겹도록 간 경주지만, 나이 들어 가본 경주는 또다른 느낌으로 다가왔다.

이렇게 혼자 가고 싶은 여행지 리스트를 차곡차곡 모으고 있는 중이다. 젊은 시절 진작 왜 혼자 여행을 많이 못 해봤을까 후회한 적도 있지만 까짓것, 앞으로 하면 된다고 생각하기로 했다.

지금 당장 혼자만의 시간을 가져보자. 집에서이건 가까운 곳으로의 여행이건, 어떤 형태이든지 간에 무얼 하든지 간에, 마음이 채워지는 것을 느낄 수 있을 것이다.

혼자 있는 시간을 이용하여 혼자가 아니고는 할 수 없는 세계를 즐길 수 있다면 40대, 50대, 60대가 되어도 충실한 날을 보낼 수 있다. 사람들과 함께 있어도 즐겁고, 혼자가 되어도 만족스럽다. 자유롭게 내면에 축적된 내공을 꺼낼 수 있는 사람은 누구에게나 매력적으로 보인다. 혼자여도 괜찮다는 당당함이 여유로움과 안정감으로 이어지기 때문이다.
— 사이토 다카시, 『혼자 있는 시간의 힘』(위즈덤하우스)

결국 엄마가
행복해야 한다

당신은 지금 행복한가? OECD에 가입되어 있는 34개 회원국 중에 우리나라의 행복지수는 10점 만점에 4.2점을 받으며 32위로 나타났다고 한다.

그렇다면 우리나라 여성들의 행복지수는 어떨까? 2015년 통계청의 인구센서스 자료를 살펴보자. 19~69세의 기혼여성을 대상으로 한 여론조사에서 본인이 행복하다고 생각하느냐는 질문에 기혼여성의 81.8%가 행복하다고 응답했다.

흥미로운 것은 대상을 '대한민국 엄마'로 바꾸었을 때이다. 대한민국 엄마로 주체를 바꾸자, 행복하다고 대답한 여성이 42.2%로 줄었다. 그 중 '매우 행복'이 2.5%, '다소 행복'이 39.7%이고 '행복하지 않다'는 답변이 49.9%('전혀 행복하지 않다' 3.4%, '별로 행복하지 않다' 46.5%)로 조사되었다.

'본인이 행복하다'고 답한 응답층 중에서도 '대한민국 엄마의 행복'에 대해서는 '행복하다'는 응답이 48.1%('매우 행복' 2.6%, '다소 행복' 45.5%)에 그 쳤고, '행복하지 않다'는 응답은 45.3%('별로 행복하지 않다' 43.9%, '전혀 행복하지 않다' 1.4%)로 높아졌다.

요약하면, 대한민국 엄마들은 별로 행복하지 않다는 결론이다. 우리가 선망하는 북유럽의 덴마크 엄마들은 세계에서 행복지수가 가장 높은 것으로 나타났다고 한다. 인테리어나 패션만 북유럽 스타일을 추구하지 말고, 엄마의 행복지수도 북유럽 스타일이면 얼마나 좋을까?

솔직히 우리나라에서 애 키우기는 정말 어렵다. 교육제도가 그렇고, 요즘은 미세먼지까지 최악이라 이민 가고 싶다는 소리가 여기저기서 들린다. 이민을 가지 않는 이상 '헬조선'의 현실에서 아등바등 살아야 하는데, 솔직히 막막하다. 사교육을 지양하자는 마음을 먹고 있기는 하지만, 갈대처럼 흔들리는 중이다. 나들이도 많이 다니고 싶은데, 그놈의 미세먼지가 발목을 잡는다. 잘 키우고 싶은 마음으로 최선을 다하고 있는데, 사회는 '맘충'이라는 공격적인 말로 엄마들의 마음에 상처를 입힌다. 애 키우는 데 돈은 또 왜 그리 많이 드는지. 정부는 인구절벽이라며 애 낳기를 권장하는데, 이런 현실에서 어떻게 더 낳으라는 건지.

이렇게 팍팍한 현실에서 행복해지라고 강요하는 것은 거의 폭력에 가깝다. 하지만 현실이 힘들다고 자포자기하고 살 수는 없지 않은가. 이 나라를 떠날 생각이 아니라면 엄마들이, 우리가 중심을 잡아야 한다. 우리는 촛불의 힘을 보았다. 정치는 뉴스로만 접하는 것이 아니라, 우리가 참여해야 하는 것이다. 교육제도가 마음에 안 든다고 불평만 할 것이 아니라, 나와 맞는 교육관, 교육제도를 만들 수 있는 정치인을 뽑아야 한다. 당장 교육제도가 뿌리째 바뀌는 일은 없겠지만, 나의 한 표로 서서히 바꾸어나갈 수 있다고 믿어야 한다. 우리 아이들이 살아갈 세상이다. 그들을 위한 세상을 만들어주기 위해서, 밖으로는 행동하는 시민이 되어 희망을 좇아야 한다. 키에르케고르는 절망을 죽음에 이르는 병이라고 칭했다. 부디 희망을 잃지 말자.

안으로는 나 개인의 행복을 좇아야 한다. 엄마도 사람이고 인생이 있다. 아이 키운다고 치워둔 내 이름 석 자를 꺼내고, 고이 접어둔 꿈이 있다면 펼쳐보았으면 좋겠다. 엄마의 역할에만 집중하지 말고, 내가 무얼 할 때 즐거운지, 무얼 할 때 힐링이 되는지, 나만의 힐링 방법을 찾았으면 좋겠다. 엄마 역할을 때려치우고 나만의 살 길을 찾으라는 이야기가 아니다. 지금 여기서 할 수 있는 방법을 타협이 되는 선에서 찾아보자. 나의 꿈을 좇겠다고 나를 제외한 나머지 가족이 희생하면 결국 본인도 힘들어지기 때문이다. 본인과 가족의 상황에 맞게 현명한 선택을 해야 한다. 대한민국의 엄마가 누군가의 도움 없이 가정의 틀 밖에서 뭔가를 하는 게 힘들다는 현실은 개탄할 일이다. 그러므로 개인의 현명한 판단이 절실하다.

나의 힐링 방법은 앞에 소개했다. 내가 누군지, 무얼 좋아하는지 모를 때가 있었다. 돌이켜보면 서른이 넘어서까지 나의 정체성을 찾아 이리저리 걸어온 여정이라는 생각이 든다. 잘 다니던 직장도 내가 더 잘하는 것을 찾겠다고 때려치웠고, 결혼하고 공부를 더 해보겠다고 대학원에 덜컥 입학했으며, 지금은 글을 쓰며 내 정체성을 찾고 있으니 말이다. 좋아하는 무언가를 하고 있다는 사실 하나로 참 행복해질 수 있다. 좋아하는 일을 하며 꿈에 한 발짝씩 다가가는 것. 이것만큼 가슴 설레는 일이 또 어디 있을까?

아이를 낳은 후 내가 좋은 엄마가 아니라는 죄책감에 계속 시달려왔다. 육아서도, 엄마 역할을 잘하는 주변의 엄마들도 나를 주눅 들게 했다. 좋은 엄마 증후군에서 벗어나지 못했던 것 같다. 인격적으로 미숙한 어른인 내가 아이를 키워도 되는 걸까 고민하며 괴로워했다.

지난번에 참석한 독서모임에서 선배 엄마들에게 나의 이야기를 털

어놓았더니 하나같이 하는 말들이, 당신들도 다 그렇게 키웠다고 한다. 다들 화내고 키웠고, 어떤 선택을 했든 후회가 남는 부분이 있다며. 나한테 좀 편해졌으면 좋겠다고 했다. 그렇게 고민하는 것 자체로 이미 훌륭한 엄마니까 너무 죄책감은 가지지 말라고 했다. 얼마나 위안이 되던지.

〈Bad Moms(나쁜 엄마들, 2016)〉라는 미국 영화는 엄마들의 유쾌한 일탈을 그렸다. 눈코 뜰 새 없이 정신없는 아이들과의 일상에 지친 엄마들이 모여 나누는 대화가 내 얘기 같고 매우 인상적이었다.

에이미: 내가 꿈꾸는 엄마 판타지가 뭔지 알아요? 혼자 하는 조용한 아침 식사예요.

키키/컬러: 멋지네요! 끝내주는데요!

키키: 혼자 운전하고 갈 때면 차 사고가 나는 환상에 빠져요. 불타고 그런 거 말고 작은 사고요. 반드시 다쳐야 해요. 2주간 병원에 입원하고, 하루 종일 잠자고 젤리 먹으며 TV 보는 거죠. 비용은 모두 보험에서 나와요. 아이들은 풍선을 가져오고, 간호사가 발마사지 해주고요.

컬러: 내가 제일 싫어하는 게 뭔지 알아요? 멍청한 규칙들이에요.

에이미: 맞아요. 아이를 벌주지 말아라.

키키: 아이에게 '안 된다'라고 말하지 말아라.

컬러: 아이들과 야구장에 가라. 아이에게 사랑한다고 자주 말해줘라.

에이미: 자신을 완벽하게 바꾸려니 정말 미칠 것 같아요.

키키: 요즘 같은 세상엔 좋은 엄마 되는 건 불가능해요.

에이미: 다 집어치워요. 우리 나쁜 엄마 해요!

미국 엄마들도 다 비슷한가보다. 혼자만의 시간을 갈구하며, 좋은 엄마가 되기 위한 수많은 규칙들에 염증을 느낀다. 완벽한 엄마가 되기 힘든 현실을 토로하며 나쁜 엄마가 되어보자고 결론 내리는 그들에게 너무나 공감을 했다.

사람은 크게 다르지 않다고 한다. 느끼고 생각하는 바가 비슷하며, 살아가는 모습도 사람마다 큰 차이가 없다는 말이다. 그래서 남의 이야기에 공감하고 위안을 얻고 살아갈 수 있다.

설문조사를 하나 더 보자. 쁘띠엘린이라는 육아용품 기업이 최근 36개월 이하 아이를 키우는 엄마 410명을 대상으로 한 설문조사에서, 엄마들의 85.1%가 '스스로 나쁜 엄마'라고 생각한 적이 있다고 답했다. 그 이유로는 '아이에게 짜증이나 화를 낼 때(70.2%)', '아이와 떨어져 있고 싶거나 혼자 있고 싶을 때(16.6%)'로 답했다. 이밖에도 '완모'를 못 했을 때, 지쳐서 아이에게 동영상 보여줄 때, 피곤해서 아이를 방치할 때를 이유로 들었다.

이들을 가장 힘들게 하는 부분으로 '나를 위한 개인적인 시간이 없는 것(52.7%)'을 꼽았다. 또 육아 스트레스를 해소하는 방법으로 '육아 커뮤니티나 SNS를 통한 소통(42.7%)', '주변인과의 만남(19.8%)' 등으로 나타났다. 이외에도 'TV시청, 휴식(13.7%)', '개인적인 취미생활(11.2%)', '아이와 떨어져 혼자 있는 시간 확보(9.0%)'가 있다.

대부분 고개를 끄덕일 것이다. 36개월 이하의 아이는 특히 더 손이 많이 가는 시기이다. 기관이나 다른 사람이 아이를 봐주지 않는 이상

24시간을 혹처럼 달고 다녀야 한다. 아기 띠를 벗을 수 있을 때까지는 견뎌야 한다. 아이가 내 몸에서 떨어져 나가 자유롭게 혼자 돌아다닐 수 있게 되면서 엄마는 서서히 자유로워질 수 있다. 아이가 자랄수록 엄마가 숨 돌릴 수 있는 시간은 점점 많아진다. 그런 시간을 최대한 이용해서 내가 행복하고 충전할 수 있는 방법을 찾는 수밖에 없다. 어린 아이일수록 잠을 많이 잔다. 엄마들에게는 아이의 잠시간이 가장 행복할 것이다. 그런 틈새 시간을 이용해서 짧더라도 내가 좋아하는 일을 하고 잠깐의 행복을 누려보았으면 좋겠다.

결국은 엄마가 행복해야 한다. 엄마가 행복하면 아이가 행복할 수 있다. 엄마의 행복은 우리 가족 행복의 전제조건이다. 꼭 좋은 집에 좋은 차를 타고 다니며 공부 잘하는 아이를 둔 엄마가 행복할까?

우리는 이미 행복할 조건을 갖추었다. 음식을 오물오물 씹는 아이의 그 입, 아침에 자고 깼을 때 부스스한 까치집 같은 아이의 머리에도 행복은 깃들어 있다. 낮에 잠깐 주어지는 틈새 시간에 누리는 잠깐의 내 시간도 얼마나 행복한가. 봄의 여왕이 선물하는 산수유화, 목련, 벚꽃도 너무 예뻐서 내 눈이 행복하다. 내가 가진 행복에 감사하며 그 행복을 누릴 줄 아는 엄마가 되자. 행복 연습을 해보자.

나는 아직도 진행형

아침 먹는 큰아이에게 또 화를 내고 말았다. 전날 친구가 놀러올 때 가져온 레고 장난감을 빨리 갖고 싶다는 것이다. 그건 분명히 다가올 어린이날 선물로 받기로 한 건데, 아직 서른 밤이나 남아서 기다리기가 힘들단다. 지난번에 레고를 사러 갔을 때 자기가 찾던 게 없어서 다른 종류를 샀었다. 원하는 걸 인터넷으로 사자니까 싫단다. 당장 사야겠다고 했다.

"그래서 지난번에 살 때 인터넷으로 사자고 했잖아. 네가 선택한 거 잖아! 돈으로 맨날 장난감만 살 거야? 돈이 어딨는데?"

"아빠 사무실…"

순간 화가 머리끝까지 뻗쳤다. 대체 경제관념이 어디로 가버린 건지. 아니, 내가 경제교육을 한참 잘못 시키고 있구나 싶었다. 잘못 가르친 내 탓이니 '내 탓이오' 하고 화를 참고 조곤조곤 바른 교육을 시켜야 했는데, 그 순간 나는 그 화를 아이에게 쏟아 붓고 말았다. 도대체 인내심이 없다는 둥, 아빠가 얼마나 힘들게 벌어 오시는 돈인데, 그 돈으로 네 장난감만 사야 하냐는 둥 폭풍 잔소리를 해댔다. 만족지연 능력이 좋아야 아이가 나중에 성공한다는데, 얘는 도무지 참을 줄을 몰라! 눈 앞의 마시멜로를 날름 먹어버릴 것 같은 아이의 모습에 평소보다 화가 더 많이 나서 데시벨이 더 올라갔다. 그러자 결국 아이는 눈물을 글썽거렸다.

매일 아침 '화 안 내는 엄마가 되자'고 몇 번씩 다짐을 하고 참으려 노력하는데도, 어느 순간 폭발하는 때가 생긴다. 그렇다. 나는 노력은 하지만, 여전히 화내는 엄마이다.

얼마 전에 도서관에서 하는 부모교육 강좌에 참석했다. 맨 앞자리에 앉아 강의를 듣고 쉬는 시간이 되었을 때, 강사님께 질문을 했다. 큰아이가 아침마다 어린이집에 가기 싫어하는데, 그때 말을 어떻게 해줘야 하는지에 대한 질문이었다.

"선생님, 저희 큰애가 7살인데, 아침마다 어린이집에 가기 싫은 마음이 든대요. 그럴 때 저는 '네 마음이니까 네가 책임지는 거야'라고 말해주는데, 이래도 되나요?"

"음…, 만약에 어머니께서 힘들다고 남편에게 이야기했는데, 남편이 '네 마음 네가 책임져' 이러면 기분이 어떨까요?"

확 와 닿았다. 내가 아이한테 무슨 말을 하고 있었던가! 아이의 마음을 읽어주고 공감해주라는 이야기를 수십 번도 더 들어서 너무 잘 알고 있는데, 내 입에서 나온 말은 "네가 알아서 해"라는 식이었으니.

아이가 그럴 때마다 화가 많이 난다는 이야기를 나누는데, 선생님이 내게 물었다.

"아이가 가기 싫다 할 때마다 왜 화가 나세요?"

"그야…, 다른 아이들은 다 가는데, 가야 하는 걸 안 간다고 하니까…, 제 말을 안 듣는 것도 같으니까 화가 나고…"

"혹시 아이가 가야 엄마의 시간이 생기니까 그런 이유도 있지 않을

까요?"

혹 치고 들어오는 한마디. 왜 화가 나는지에 대한 '진짜 이유'가 내 시간을 뺏길까 봐였던가. 차마 몰랐던, 아니 모른 척하고 싶었던 내 속 깊은 이유를 정확히 짚어냈다. 선생님은 자극(어린이집 가기 싫다는 아이의 말)과 반응(나의 화나는 감정) 사이에 생각이 존재한다고 했다. 연습을 안 하면 부정적인 반응은 자꾸 반복되므로, 중간에 끼어 있는 '생각'을 잘 들여다보아야 한다고 했다. 같은 행동을 작은아이가 하면 괜찮은데, 왜 큰아이가 하면 화가 나는지, 그 생각을 들여다보라고 했다. 그 머물러 있는 생각을 자꾸 스스로 물어보고, 생각의 흐름을 들여다보는 것이 필요하다고 했다.

또 한번 여전히 나는 부족하고 연습해야 할 게 많구나 하고 느꼈다. '구나, 구나' 하는 공감의 말이 입에 붙으려면 2년이 걸린다고 한다. 머리로는 아이의 말에 공감해주어야 한다는 걸 잘 알지만, 생활에서 적용이 잘 안 되지 않던가. 연습이 부족해서라고 한다. 연습할 것도 많고, 알아야 할 것도 여전히 많다.

또 내가 얼마나 내 시간을 사수하려는 마음이 큰지를 다시 한번 느꼈다. 그걸 빼앗길까 봐 아이의 그 말에 화가 나는 거였구나 하고 내 생각을 들여다보는 계기가 되었다. 물론 다른 이유도 존재하겠지만 인정하기 싫었던 사실이다. 미안하고 죄책감 드니까. 큰아이에게는 화를 많이 내서 그런지 미안할 일도 많다. 내 아픈 손가락 같은 생각이 든다.

어제 남편과 크게 다퉜다. 한동안 뜸했는데, 아이 훈육문제로 둘 다 언성을 크게 높이고 말았다. 그것도 아이들 앞에서. 작은아이가 레고 조립을 하는데 뭐가 잘 안 되는지 온갖 짜증을 내며 징징거렸다. 블록

한 조각을 원하는 자리에 끼우고 싶어 하는데, 그 옆 칸에 이미 끼워져 있는 블록 때문에 끼울 수가 없는 상황이었다. 나는 이미 끼워져 있는 블록을 빼내야 끼울 수 있다고 타일렀다. 네 살 아이는 막무가내다. 무조건 끼워내라고 울고 난리가 났다. 작은아이는 평소에는 순한데, 한번 떼가 났다 하면 아무도 막을 수가 없다. 그럴 때면 스스로 마음이 가라앉을 때까지 나는 내버려두는 편이다. 악을 쓰든 말든 나는 욕실로 들어가 양치하고 내 할 일을 했다.

그것이 발단이었다. 남편은 애가 울고불고 난리인데 달래든가 잘 이야기를 하든가 혼내든가 해야지, 가만히 내버려둔다고 뭐라 했다. 그 문제로 우리는 한참 언쟁을 벌였다. 고성이 오가니까 큰아이가 와서 아빠를 안으며 말했다. "아빠 무서워."

아이들은 부모가 싸우면 자기 탓으로 돌리고 죄책감을 느껴 몹시 불안해한다고 한다. 나는 아이의 불안하고 무서운 감정을 그대로 목격하고 말았다. 무슨 일이 있어도 아이들 앞에서는 싸우면 안 된다고 하는데, 하수 중에 제일 하수 같은 행동을 하고야 말았다. 후회가 물밀듯이 밀려왔다. 누구의 잘잘못을 떠나 최소한 아이들 앞에서는 싸우지 말 걸. 부모가 보여줄 수 있는 최악의 장면을 연출하고 만 우리는 못난 부모다.

'완벽한 부모는 없다'고, '부모도 사람'이라는 변명으로만 감당하려니, 부모 노릇은 참 무겁다. 부모의 일거수일투족을 사진 찍듯이 받아들이는 아이들 앞에서 너무 인간적인 면모를 보여주기가 부담스러운 것은 사실이다. 그래도 어쩌겠는가, 그저 노력하며 발전하는 모습을 보여주는 수밖에. 아이들은 포장되지 않은 날것 그대로의 인생 면면을 부모가 살아가는 모습에서 발견하게 되는 것 아닐까.

어차피 완벽할 수 없다면, 최소한 나아지기 위해 노력하는 모습을 보여주며 살아가는 것이 최선이라고 생각한다. 부족함 투성이이지만 좀 더 나아지기 위해 노력하며 하루하루를 채워나가는 부모의 모습을 보며 아이들은 또 배워나갈 것이다.

하늘이 장차 그 사람에게 큰 사명을 주려 할 때는

반드시 먼저 그의 마음과 뜻을 흔들어 고통스럽게 하고

그 힘줄과 뼈를 굶주리게 하여 궁핍하게 만들어

그가 하고자 하는 일을 흔들고 어지럽게 하나니

그것은 타고난 작고 못난 성품을 인내로써 담금질을 하여

하늘의 사명을 능히 감당할 만하도록

그 기국과 역량을 키워주기 위함이다.

—『맹자』

맹자의 말처럼, 하늘은 아이를 통해 부모라는 사명을 우리에게 주었다. 그 사명을 감당하기에 애초에 우리는 부족하다. 아이를 키우다 보면 기쁠 때만큼 괴로운 날들도 많다. 몸과 마음의 시련을 통해 조금 더 나은, 조금 더 단단한 부모가 되어가는 것이다. 어쩌면 아이는 우리를 성장시키려고 우리에게 왔는지도 모른다. 부모 노릇을 하면서 내가 얼마나 부족한 인간인지를 깨닫게 되었고, 아직 배울 게 한참 많다는 것을 알게 되었다. 부모가 된다는 것은 한 인간이 성숙할 수 있는 기회를 부여받는 것이다. 아이를 통해 인내를 연습하고, 사랑을 연습한다. 오

히려 이렇게 부족한 엄마를 아무 조건 없이 사랑해주는 아이에게 사랑을 배우는 중이다.

영화 〈Bad Moms〉의 주인공 대사를 한 번 더 인용한다.

컬러: 무슨 일이 있어도 엄마들은 멈추지 않아. 그냥…, 가는 거야. 왠지 알아? 왜냐면 우리는 우리 아이를 사랑하기 때문이야. 감사할 줄도 모르는 이기적인 녀석들을 위해서는 뭐든 다 하지. 그게 이유야. 아이들을 너무너무 사랑하기 때문이라고.

(중략)

에이미: 어떤 때는 너무 관대하고 어떤 때는 너무 엄격했죠. 가끔은 못할 말들도 내뱉곤 했어요. 확실히 아들이랑 딸은 완전히 달라요. 이제 좀 애들을 파악했다 싶으면 훌쩍 자라서 나는 제자리로 돌아오고 말죠. 한 가지 분명한 건 엄마가 되려면…, 뭘 해야할지 모르겠어요. 어떤 엄마가 그걸 알겠어요. 우린 모두 나쁜 엄마예요. 왠지 알아요? 요즘 좋은 엄마가 되는 건 불가능해요. 그러니 다 아는 척 그만하고 서로 판단하려고 하지 마세요.

화를 안 내려고 노력하지만 여전히 화를 내고, 내 시간이 있어야 내가 행복해진다는 사실을 알지만 괜히 미안하고 이기적인 것 같다. 육아에 정답은 없다는데, 그렇다면 내 마음대로 다 해도 되나? 그건 또 아닌 것 같다. 여전히 갈팡질팡하고 모르는 것투성이의 부족한 엄마다.

넘어지면 다시 일어나고, 또 넘어지면 다시 일어나고, 그렇게 앞으로 조금씩 나아가는 게 우리네 인생인 것 같다. 완벽한 사람이 없듯이, 완벽한 엄마도 없다. 내 아이와 나의 행복을 위해서 사랑하는 마음으로 지금 우리가 행복하면 된다. 부족한 걸 알기에 계속해서 읽고 배우고 실천하려고 노력 중이다. 어제보다 조금만 더 발전한 오늘을 살기로 결심한다. 나는 나인 동시에 엄마니까.

쓰고 나니 내 이야기의 대부분이 큰아이에 대한 고민인 것 같다. 엄마 역할이 처음이기 때문이다. 첫 아이를 키우면서 당면하는 문제들은 모든 것이 다 처음이라 서툴고 모르는 것투성이다. 큰아이 키우기는 사실 아직도 어렵다. 어쩌면 아이가 어른이 되어도 그럴지 모르겠다.

알파고의 시대가 온다고 한다. 현존하는 직업의 50%가 없어진다고 하는데, 우리 아이들이 맞이할 세상에 대해서 생각해보아야 한다. 새로운 시대를 살아갈 인재를 길러내는 일은 우리에게 또다시 생소한 문제로 다가올 것이다. 분명한 사실은 지금처럼 수동적인 교육 방식은 더 이상 의미가 없다는 것이다. 미래의 인재상은 창의적이고 융합적인 사람이라는데, 도대체 어떻게 키워야 할까?

아무리 시대가 격변해도 진리는 변하지 않는다. 엄마가 아이를 사랑하는 마음을 연료로 지금 아이가 행복하도록 도와주면 된다. 육아에 정답은 없다지만, 내 아이는 정답이다. 아이의 눈과 표정과 입술이 모든 것을 말해준다. 내 아이의 눈을 들여다보고, 내 아이가 하는 이야기에 귀를 기울여보자. 자연을 가까이할 때 충만해지는 아이의 감성을 느껴보자.

옆집 엄마가 어떻게 하고 있는지, 옆집 아이는 무얼 얼마만큼 잘

하는지에 관심을 기울이기보다는, 나와 나의 아이에게 집중해야 한다. 나는 이미 잘하고 있다는 믿음을 갖고 내가 갈 수 있는 나의 길을 가도록 하자. 이리저리 흔들린들 뭐 어떠한가. 방향만 잘 잡고 있으면 괜찮다.

다만, 아이는 금방 자란다. 어느새 사춘기가 된 아이의 뒷모습을 보며 지난 시간을 아쉬워하지 않도록, 지금 아이의 모습을 내 눈에, 내 마음에 충분히 담아두자. 지금 이 순간이 내 육아 인생의 가장 소중한 순간임을 잊지 말자.

아이를 사랑하는 마음으로 나 자신도 사랑하기를 바란다. 아이에게 내 모든 것을 걸려고 하지 않았으면 좋겠다. 서로에게 옭아 매여 옴짝달싹 못 하는 관계이기보다는, 한 발짝 떨어져서 서로의 공간을 확보해주는 사랑을 해야 한다. 엄마와 자식도 독립적인 인간으로서 각자 성장해야 하기 때문이다. 추운 날 너무 가까이 다가가니 가시에 찔리고, 너무 멀면 추워지는 고슴도치 두 마리의 이야기처럼, 너무 가깝지도 멀지도 않은 사이가 되는 것이 좋겠다.

러디어드 키플링은 "소소한 일들을 통해 기쁨을 얻을 수 있다"고 했다. 일상의 순간을 포착해내어 행복이라 명명할 수 있도록 노력하라. 내가 행복해지기 위해서 할 수 있는 무언가가 있다면, 지금 당장 해보기를 바란다. 나중에? 나중이란 없다는 걸 우리는 이미 수없이 경험했다. 간절히 원하는 바가 있으면 반드시 이루어지게 되어 있다. 이루어지지 않는 것은 간절하지 않았기 때문이다. 간절히 원하면 신기하게도 방법이 보인다. '나중에 아이가 좀 더 크면 그때 해야지'라는 마음은 접고, 방법을 연구해보길 바란다. 이제는 엄마가 성장해야 할 시간이다.

내 이야기를 책으로 쓰고 싶다는 소망을 늘 가슴에 품고 있었다. 간절히 원하니 방법이 눈에 보여서 당장 실천했다. 이 책은 그 결과물이다. 작은 실천이 모여, 내가 그렇게 바라던 기적을 일궈낸 것이다. 나의 결함을 들춰내고 담담히 써내려가다 보니, 나 자신을 똑바로 마주하고 나의 상처를 치유해낼 수 있었다. 책을 쓰면서 내가 더욱 성장한 것이다.

어제보다 더 나은 내가 되고자 노력 중이다. 하지만 여전히 부족한 인간이고 부족한 엄마이다. 직장 맘들은 회사 일에만 매달릴 수 있는 것도 아니고, 그렇다고 엄마 역할에 충실한 것 같지도 않은, 이도 저도 아니라는 자괴감에 시달린다. 전업 맘들은 내 인생이 사라진 루저(loser)의 삶을 살고 있다는 생각에 시달린다. 어느 쪽이든, 이 시대의 엄마는 참 힘들다. 이 길을 가기로 마음먹었는데 저쪽에서 오라고 손짓하면, 어느새 흔들리는 나 자신과 마주한다. 아이의 시험성적에 얽매이지 않겠노라 다짐하지만, '노력'이라고 적힌 결과지를 보면 울화가 치민다. 고고하게 나의 길을 가기가 참 녹록지 않은 현실이다.

그래도 우리는 엄마다. 아이가 스스로 일어서서 자기의 인생을 모험하고 즐기며 살 수 있게 때로는 뒤에서 따라가고, 때로는 앞에서 당겨주어야 할 의무가 있다. 나와 아이가 어떤 사람이 되면 좋겠는지를 머릿속에 그려보고, 지금부터 밑그림을 그려나가보자, 나만의 방법으로.

어떤 엄마로 살아가든 행복은 내가 선택하는 것이다. 나를 찾고 행복을 찾는 노력을 멈추지 않는 엄마로 살아가기를 진심으로, 진심으로 응원한다.

엄마가 작가가 되었다고 큰아이에게 말했더니 큰아이가 그런다.

"엄마, 작가 하지 마. 작가 하면 엄마 못 하잖아."

참 많은 생각을 하게 하는 아이의 말이었다. 나는 아이에게 말했다.

"엄마가 작가를 하더라도, 엄마는 너의 영원한 엄마야. 걱정하지 않아도 돼."

그렇다. 나는 작가이기도 하지만, 엄마이기도 하다. 누군가의 엄마로, 아내로, 딸로, 며느리로, 친구로, 그리고 나 자신으로 살아갈 수 있기를. 나를 규정짓는 모든 타이틀에 최선을 다해 살아갈 수 있기를 스스로에게 응원을 보낸다.

마지막으로, 나의 꿈을 응원해주고 도와주시는 이은대 작가님, 신유경 작가님께 진심으로 감사드린다. 이 세상 누구보다 나를 사랑해주시는 우리 부모님, 나에게 늘 아낌없는 지원과 사랑을 주시는 시부모님, 그리고 구시렁거려도 늘 나의 성장을 응원해주는 남편, 내가 성장할 기회를 안겨준 우리 아이들에게 사랑과 감사를 보낸다.